Birgit Waßmann
Die Pforte zu anderen Bewusstseinsebenen
Mediale Botschaften

***Der
Aufstieg
findet zuerst
im Bewusstsein statt.***

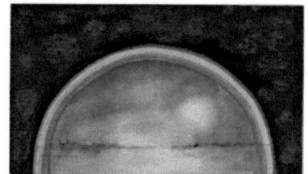

Birgit Waßmann

Die Pforte zu anderen Bewusstseinsebenen

Mediale Botschaften

Bibliografische Information der Deutschen Nationalbibliothek:
Die Deutsche Nationalbibliothek verzeichnet diese Publikation
in der Deutschen Nationalbibliografie, detaillierte bibliografische
Daten sind im Internet über dnb.dnb.de abrufbar.

TWENTYSIX
Eine Marke der Books on Demand GmbH

© 2021 Birgit Waßmann

Herstellung und Verlag:
BoD – Books on Demand, Norderstedt

Illustrationen: Birgit Waßmann

ISBN: 9-783740-783198

Inhalt

Vorwort 8

Einleitung: Der Kanal zu geistigen Ebenen 11

Mensch und Schöpfung

Eine kosmische Katastrophe 19
Die göttliche Urkraft 22
Was die Welt im Innersten zusammenhält 24
Die Frühzeit der Menschheitsgeschichte 79
Der Auftrag des Menschen 29
Das Menschheits-Ich 33
Mann und Frau: Gegensatz und Ergänzung 37
Die Geistige Hierarchie 43
Zeitenwechsel 46
Rückkehr in die geistige Heimat 49

Geheimnisse der Natur

Energieströme 58
Energie im Jahreslauf 60
Das menschliche Energiesystem 61
Die Aufgaben der Pflanzenwelt 63
Geheimnis des Regens 66
Die Kräfte des Wassers 67
Hochprozentiger Alkohol 69
Wind und Steine 70
Bedeutung der Farben 72

Die menschliche Psyche

Bewusstseinsstufen 76
Das Unterbewusstsein 78

Die Ego-Persönlichkeit 86
Gefühle: das Salz des Lebens 88

Physische Belastungen

Spannungsgefühl im Kopf 102
Schmerzen im Brustbereich 103
Stoffwechselstörung und Halsentzündung 104
Leberschäden 105
Schwindelgefühl – gestörte Balance 168
Schlaganfall: Kurzschluss in der Seele 110
Asthmatische Beschweren 111
Leukämie und Lebensenergie 114
Im Wachkoma 118
Gesunde Ernährung 122

Schatten auf der Seele

Menschliche Beziehungen 125
Distanz und Nähe 126
Schwäche und Antriebslosigkeit 179
Schuldgefühle bei Magersucht 129
Partner-Probleme 131
Eine schwierige Lebenslage 133
In einer Sinnkrise 136
Zwanghaftes Verhalten 138
Hypnotische Beeinflussung 113
Spirituelle Probleme 142
Angst als Hindernis 143
Mentale Zerrüttung 145
Eine abwärts führende Spirale 149
Der therapeutische Prozess 154
Das Tourette-Syndrom 155
Epileptische Anfälle 157

Die Entstehung von Psychosen 160
Wenn die Einheit verloren geht 164
Stimmenhörer 166
Kundalini - Aufstieg und Schizophrenie 167
Spirituelle Krise oder Psychose? 170
Befreiung durch Exorzismus? 173

Geistige Mächte

Über- und Unterbewusstsein 175
Geistige Helfer und Wächter 178
Feinstoffliche Verbindungen 188
Spirituelle Gemeinschaften 198
Fremde Energieströme 203
Die Wesen der Geisterwelt 212
Inbesitznahme 228
Schutz vor dunklen Energien 238
Moderne Technik 245
Kosmische Beeinflussung 258

Das Lebensprinzip 264

Vorwort

Der natürliche Austausch zwischen Mensch und Natur, Himmel und Erde, ging im Laufe der Zeit verloren. Es gibt viele Realitäten, von denen wir umgeben sind. Wir nehmen sie nicht wahr, da wir uns nur auf eine begrenzte Form der Wirklichkeit konzentrieren.

Mediale Menschen sind der geistigen Welt ein Stück näher als andere. Sie setzen sich direkt mit der unsichtbaren Welt in Verbindung und stellen Beziehungen her zwischen der sichtbaren und der unsichtbaren Welt. Über große Distanzen hinweg empfangen sie Botschaften und Visionen, die den meisten Menschen verborgen bleiben.

Die Übermittlung medialer Botschaften kann mit dem Aussenden von Funkwellen alt verglichen werden. Funkwellen sind elektromagnetische Wellen mit Längen bis zu vielen Kilometern, die zur drahtlosen Verbreitung von Informationen dienen. Das Netz aus elektromagnetischen Wellen, das die Atmosphäre durchdringt, ist für das Auge normalerweise unsichtbar.

Sensitive sind auf einen spezifischen Wellenbereich eingestellt, allerdings auf der geistigen Ebene. Sie senden über ihr Bewusstsein eigene Funkwellen in die Weiten des Universums und können auf diese Weise mit anderem Bewusstsein kommunizieren. Die Kontaktaufnahme zur geistigen Welt ähnelt in gewisser Weise der Kommunikation im Diesseits. Die eigenen Gedanken erreichen unterbewusst diejenigen Personen, an die man gerade gedacht hat, denn *Denken schafft eine Verbindung*.

Ein Medium beschäftigt sich auf der rein intuitiven Ebene mit bestimmten Themen. Die Voraussetzung, um mediale Botschaften zu empfangen, ist eine direkte Verbindung zu einem oder mehreren Geistwesen. Viele Medien werden von einem geistigen Helfer angeleitet, der ihnen Informationen zukommen lässt und über sie Nachrichten aus der geistigen Welt aussendet. Das setzt seitens des Mediums Offenheit voraus, um eine Verbindung herzustellen. Dabei tritt das Verstandesbewusstsein zeitweilig in den Hintergrund.

Mediale Kommunikation ist eine Brücke, die es der jenseitigen Welt ermöglicht, in die physische Welt einzutreten und gewissermaßen an ihr teilzuhaben. Ein ‚sechster Sinn' entwickelt sich. Die Feinheit der Wahrnehmung des ‚sechsten Sinnes' übertrifft die übrigen fünf Sinne. Diesen bleibt verborgen, was der sechste Sinn zu erkennen vermag. So erspürt bspw. ein sensitiver Mensch die in einem Raum vorhandenen ‚Schwingungen', die von den dort Anwesenden erzeugt werden.

Der Kontakt mit der geistigen Welt ist nicht immer einfach, sondern gilt vielen als gewagtes Unterfangen. Nicht ganz zu Unrecht, denn es gibt Schattenseiten, die oft zuwenig beachtet werden. Auf dem Gebiet medialer Durchgaben bleibt vieles undurchsichtig. Oft tappen Leute, die sich mit spirituellen und magischen Themen befassen, im Dunkeln und geraten in eine Falle, aus der sie nur schwer wieder herauskommen. Das geschieht bspw., wenn jemand aus Neugierde ein *Quija-Brett* zur Kontaktaufnahme benutzt oder sich in ‚automatischem Schreiben' übt.

Auf der anderen Seite erhält ein medialer Mensch Einblicke in unbekannte Themengebiete, die ihm ansonsten verschlossen blieben. Er wandert durch unbekanntes Terrain und macht mitunter aufregende Entdeckungen, von denen andere nur zu träumen wagen. Die Werke vieler Künstler und die Errungenschaften bedeutender Wissenschaftler beruhen zum großen Teil auf den Mitteilungen, die ihnen aus unsichtbaren Quellen zugeflossen sind.

Im Grunde empfängt jeder Mensch tagtäglich intuitive Botschaften aus dem Geistigen, ohne sie zu beachten. Würde nicht jedem Einzelnen permanente Unterstützung aus dem geistigen Urgrund zufließen, wäre er nicht überlebensfähig. Der Unterschied bei Medien ist ein gewisser Grad an Bewusstheit, mit dem die Informationen aufgenommen werden. Ohne die Verbindung zum Geistigen wäre für Viele das Dasein öde und farblos.

Intuitives Wissen ist gewöhnlichem Wissen in vieler Hinsicht überlegen. Der geistige Anteil an den ‚Errungenschaften' der Menschheit ist weitaus größer, als allgemein angenommen wird.

Der Kanal zu geistigen Ebenen

Verliere niemals den Glauben an die Möglichkeit des Unmöglichen.

Ein Medium gilt gemeinhin als Vermittler zwischen der geistigen und der materiellen Wirklichkeit. Medialität ist die Fähigkeit des Bewusstseins zu außersinnlicher Wahrnehmung. Zu ihren Gebieten zählen, neben der Übermittlung von Botschaften aus der unsichtbaren Welt, das Hellsehen, Hellhören und die telepathische Verbindung.

Der mediale Empfang von Botschaften aus unsichtbaren Sphären, *channeling* genannt, ist eine bewusste oder in Trance erfolgende Übermittlung von verbalen und nonverbalen Botschaften unsichtbarer, meist unverkörperter Energiewesen. In mancher Hinsicht gleicht ein *Channel* (Kanal) einem elektrischen Transformator, der eine bestimmte Energiemenge auf eine andere Frequenzebene hinauf- und herunterstuft. Nicht nur das Medium, sondern auch die nähere Umgebung wird bei diesem Vorgang magnetisiert.

Medien, die mit geistigen Kräften arbeiten, werden zum Kanal für die sie durchströmenden Energien. Personen mit medialer Begabung hegen in der Regel keinen Zweifel an ihren Fähigkeiten. Geistwesen kommunizieren mit ihnen über Bilder, Töne, Symbole, Impulse oder Gefühle.

Aufgabe des Mediums ist es, die Gedanken zu bündeln und in eine Richtung zu lenken, denn die Kräfte folgen immer der Richtung der Aufmerksamkeit. Wer sich mit okkulten Praktiken befasst, ohne eine ausreichende gedankliche Kontrolle zustande zu bringen, ist schlecht beraten.

Einige Medien sind fähig, mit verbundenen Augen Worte und Bilder zu erkennen. Dabei können sie ferne Gegenden treffend beschreiben oder anhand von Briefen und Gegenständen die persönlichen Eigenheiten des Besitzers schildern (= Psychometrie). Auch Telekinese, bei der sich Gegenstände wie von Geisterhand bewegen, gehört zu den medialen Begabungen.

Da die Unterschiede zwischen den Bewusstseinsebenen sehr subtil sind, ist ein gehöriges Maß an Sensibilität erforderlich, um sie überhaupt wahrzunehmen. Die Reaktionen eines Individuums auf alltägliche Ereignisse, seine vorherrschende Stimmung, qualifizieren ihn für die eine oder andere geistige Ebene.

Mediale Praktiken und Wege sind nicht frei von falschen Annahmen und Missverständnissen. Um den Pfad gefahrlos beschreiten zu können, erhält die Unterscheidung von hell und dunkel eine besondere Bedeutung. Die Geistwesen, denen der Pilger unterwegs begegnet, weisen gravierende Unterschiede und verschiedene Helligkeitsgrade auf. Dies ist auf den ersten Blick nicht immer klar zu erkennen, was oft zu bedauerlichen Irrtümern führt.[1]

Spirituelle Menschen, deren Wahrnehmungsfokus erweitert ist, erhalten Mitteilungen aus verschiedenen geistigen Regionen, die sich bei einer fehlerhaften Ausrichtung leicht vermischen. Fehlendes Unterscheidungsvermögen sowie mangelhafte Konzentration bedingen den Empfang von Botschaften, die irreführend sind und sogar bleibende Schäden hinterlassen können. Besonders in kleinen, in sich abgeschlossenen Gemeinschaften und Sekten werden zerstörerische Irrwege zu einer großen Gefahr.

Während die dunklen Mächte Hinweise vorenthalten oder mit falschen Botschaften aufwarten, geben Lichtwesen bereitwillig Informationen preis. Unter diesem Gesichtspunkt lässt sich einigermaßen gut unterscheiden, ob jemand mit der hellen Seite Kontakt aufgenommen hat oder ob er falsch bzw. gar nicht informiert wird.

---

[1] Vgl. dazu meine Bücher: *Übergriffe aus dem Jenseits* und *Channel-Medien zwischen Licht und Schatten*.

Die Geistwesen, die sich medialen Menschen annähern, sind keineswegs immer Wesen des Lichts. Sie treiben ein Spiel mit der Leichtgläubigkeit derer, denen es an fundamentalen Kenntnissen mangelt oder die vor allem auf den eigenen Vorteil bedacht sind. Es ist notwendig, diese Mächte als das zu erkennen, was sie sind und sich von ihnen zu distanzieren. Man hat die Wahl, ihnen verbunden zu bleiben oder sich höheren Seinsebenen zu öffnen. Im günstigen Fall werden die persönlichen Widerstandskräfte der Betroffenen gestärkt und die psychische Stabilität gefestigt.

Bereits R. Steiner forderte eine klare, sichere Urteilskraft von den Geistesschülern. Schon in frühen Stadien müsse sich erweisen, ob der Anwärter für den Pfad der Erkenntnis geeignet ist. „Er kann nur dann weiterkommen, wenn er Illusion, wesenlose Phantasiegebilde, Aberglauben und alle Art von Blendwerk von der wahren Wirklichkeit unterscheiden kann. Und auf den höheren Stufen des Daseins ist das zunächst schwieriger als auf den niederen." (In: Wie erlangt man Erkenntnisse der höheren Welten? S.84f.) Dieser Grundsatz ist heutzutage wichtiger denn je, da erstaunlich viel Unwissen und fälschliche Annahmen in der spirituellen Szene anzutreffen sind.

Die meisten Menschen hegen ein gewisses Misstrauen ihrem Unterbewusstsein gegenüber. Sie haben gegen die Hinweise aus der Innenwelt Schranken errichtet und konzentrieren und beschränken sich auf in erster Linie auf die greifbaren Fakten und Vorkommnisse in der Außenwelt. Dieses Misstrauen ist nicht ganz unbegründet.

Etliche esoterische Berater legen ihren interessierten Klienten nahe, die medialen Fähigkeiten zu entwickeln und zu trainieren, ohne gleichzeitig auf die Problematik einer medialen Öffnung hinzuweisen. Menschen, die sich den übersinnlichen Welten ohne ausreichende Kenntnisse und Vorbehalte zuwenden, haben möglicherweise mit fatalen Konsequenzen zu rechnen. Die Kommunikation mit unsichtbaren Bewusstseinsebenen, die oft in leuchtenden Farben beschrieben wird, kann sich leicht in einem Alptraum verwandeln.

In der medialen Praxis werden sie mit Erfahrungen konfrontiert, mit denen sie nicht gerechnet haben und die sie überfordern. Sie springen bildlich gesehen ins kalte Wasser, ohne vorher das Schwimmen erlernt zu haben. Das Erlebte erscheint ihnen fremd, unzugänglich und bildet einen krassen Gegensatz zu der ihnen vertrauten Wirklichkeit. Die individuellen Erfahrungen decken sich häufig nicht mit den Empfehlungen ihrer Lehrmeister, auf die sie ihr Vertrauen gesetzt hatten.

Unsichtbare Begleiter halten sich in der Nähe eines jeden Menschen auf, obwohl ihre Anwesenheit im Allgemeinen verleugnet wird. Die meisten Menschen konzentrieren sich ausschließlich auf materielle Belange. Medien hingegen, die geistige Botschaften übermitteln, kommen mit geistigen Wesen verschiedener Schwingungsgrade in bewussten Kontakt. In der Regel sind sie nicht nur mit einer einzigen Wesenheit verbunden. Hinter wohlklingenden Namen wie *Saint Germain* oder *Hilarius* verbergen sich verschiedene ‚Energiewesen', welche die Namen benutzen, um eine größere Akzeptanz zu erreichen.

Während niedere Geister dazu neigen, ihnen direkte Anweisungen zu erteilen, halten sich die weiter entwickelten Wesen mit Äußerungen in Befehlsform zurück. Mit ‚Geistführer' oder ‚geistige Lehrer' sind in der Regel nichtphysische Wesen gemeint, die Menschen auf dem spirituellen Weg begleiten und bei anfallenden Problemen eine beratende Funktion ausüben.

Meditierende, die sich über längere Zeit hinweg nach innen wenden, lernen unterschiedliche Geistlehrer kennen mit jeweils speziellen Kenntnissen und Fähigkeiten. Viele sind Experten in bestimmten Bereichen der seelischen Bildung und Entwicklung. Sie bieten Unterstützung in spirituellen Belangen und ziehen sich wieder zurück, sofern jemand nicht mit ihrer Schwingungsebene harmoniert.

Mit geistigen Lehrern in Verbindung zu sein bedeutet, dass jeder Aspekt der menschlichen Natur, der nicht in Übereinstimmung mit dem höheren Selbst ist, sichtbar wird. Auch eher wohlmeinende

Geisthelfer und Lehrer bauen von Zeit zu Zeit Hürden auf, um Lernprozesse zu forcieren. Schwierige Situationen werden geschaffen als ‚Lektionen' für die Adepten. Geistige Lehrer helfen dabei, Widersprüche zu erkennen und aufzulösen, indem sie zur Klärung der innerseelischen Prozesse beitragen.

Nicht jede Botschaft verdient Vertrauen: Bei der Menge an Mitteilungen, die Medien erhalten, schleichen sich mitunter auch solche ein, denen nicht die besten Intentionen zugrunde liegen. Nicht nur die übermittelten Botschaften sind von Bedeutung, sondern auch die Energie, die mit ihnen verbunden ist. In solchen Fällen ist die Unterscheidungsfähigkeit, die intuitive Wahrnehmung, von Bedeutung. Überall existiert Lichtes und Dunkles. Praktizierende Medien haben die Wahl, sich einer der beiden Seiten zuzuwenden.

Eine ausgeglichene, harmonische Gedanken- und Gefühlswelt hebt das Energieniveau auf eine höhere Schwingungsebene. Dies ermöglicht eine Verbindung zu Wesenheiten, die diesem Niveau entsprechen. Ganz im Gegensatz zu niederen Wesenheiten drängen sich geistige Lehrer niemals auf.

Die leise, innere Stimme, die sich von Zeit zu Zeit bemerkbar macht, gehört einer höheren Bewusstseinsebene an. Von dort aus findet der Kontakt zum höheren Selbst des Menschen statt. Als Teil der Überseele verfügt das höhere Selbst über eine umfassende, vorausschauende Wahrnehmung und kann daher dem eingeschränkten irdischen Bewusstsein wertvolle Hinweise geben. Es ist der Funke im Innern eines jeden Individuums, der entfacht werden und sich zur Flamme entwickeln kann. Wenn das geschieht, wird ein geistiger Lehrer in Erscheinung treten.

Die Unterscheidung der Boten aus der geistigen Welt fällt Medien nicht immer leicht. Während niedrig schwingende Energiewesen unruhige, aggressive Impulse aussenden und danach trachten, die Medien zu kontrollieren und für eigene Zwecke zu benutzen, strahlt ein hohes Bewusstsein Kraft und Ruhe aus. Wenn plötzlich die Gedanken eines fremden, unbekannten Wesens ins Bewusstsein dringen, dann ist die dahinter stehende Absicht von Bedeutung: Wirken die Mitteilungen konstruktiv und aufbauend oder sind sie dazu geeignet, Kontrolle auszuüben? Im letzteren Fall steckt eine niedere Astralenergie hinter den Botschaften.

Mitglieder spiritueller Gemeinschaften verbinden sich in ihren Meditationen mit der höheren Geistebene mittels gewisser Übungen. Werden diese über einen längeren Zeitraum fortgesetzt, erzeugen sie ein unsichtbares Band bzw. *Bindeglied* zur geistigen Welt. Das astrale Band ermöglicht den Anschluss an einen ‚magischen Stromkreis', mit dem auch die Mitglieder der Gemeinschaft verbunden sind. Wird die Konzentration auf das Band eine zeitlang vernachlässigt, löst es sich wieder auf.

Bei jedem Individuum besteht zwar ebenfalls eine Verbindung zu seinem inneren Selbst, doch das Band zu höheren Geistmächten ist meist unterbrochen bzw. nicht vorhanden. Während meditativer Übungen wird dieses Band erzeugt und wiederbelebt. Das Mittel hierzu ist die Konzentration der Gedankenkräfte auf die höhere geistige Welt. Die Inhalte des Unterbewusstseins werden durchlichtet und von negativen und überflüssigen Inhalten befreit. Diesem Zweck dient das deutlichere Hervortreten der unterbewussten Inhalte während spiritueller Übungen. Den Meditierenden ist damit Gelegenheit gegeben, sich mit ihrer unterbewussten Psyche auseinanderzusetzen und ‚ins Reine' zu kommen.

Die menschliche Psyche birgt noch viele Geheimnisse, die bislang nur zu einem geringen Teil erschlossen wurden. Telepathische Kommunikation zwischen Lebewesen findet fortwährend statt. Sie bleibt im Allgemeinen unbewusst, weil das individuelle Bewusstsein noch in der Entwicklung begriffen ist. Das menschliche Ich vernachlässigt in der Regel Informationen, die aus den tieferen Schichten seines Bewusstseins aufsteigen.

Das Ich ist derjenige Teil der Persönlichkeit, der am stärksten an der physischen Ebene orientiert ist und sich am unmittelbarsten mit der Außenwelt auseinandersetzt. Es kann theoretisch in beide Richtungen schauen: nach außen und nach innen. Doch es ist außerstande, alle Informationen zu erfassen, die ihm zur Verfügung stehen.

Ich und Bewusstsein werden häufig gleichgesetzt, obwohl sie nicht ein- und dasselbe sind. Das Bewusstsein besteht aus verschiedenen Persönlichkeitskomponenten, aus einer Kombination sich ständig wandelnder Eigenschaften, die vereint agieren. Das normale Tagesbewusstsein macht lediglich die oberste Schicht der Psyche aus. Dem Bewusstsein stehen insgesamt weit mehr Möglichkeiten zur Verfügung. Es könnte sich einen viel größeren Teil der Informationen bewusst machen, wenn es sich von falschen, einengenden Überzeugungen befreien würde.

Die Frage nach der Herkunft von Inspirationen wird von der psychologischen Wissenschaft nur sehr oberflächlich beantwortet. Für sie sind es schlichtweg Erzeugnisse des persönlichen Unbewussten. Wer sich mit dieser Antwort nicht zufrieden geben mag, könnte nun weiterfragen: Und was versteht man unter diesem geheimnisvollen Unbewussten, über das bereits eine breitgefächerte Anzahl an Schriften existiert? Die Psychologie sieht im unbewussten Teil der Psyche offenbar ein großes Sammelbecken, in dem alles, was sich der einfachen Erklärung entzieht, untergebracht werden kann. Die Begriffe ‚Unbewusstes' und ‚Unterbewusstsein' verschleiern die unbequeme Wahrheit, dass sich weite Bereiche der menschlichen Psyche dem wissenschaftlichen Verständnis entziehen.

Auch über die Kraftzentren im Innern eines jeden Menschen ist gemeinhin wenig bekannt. In den unsichtbaren, feinstofflichen Körpern des menschlichen Organismus befinden sich Zentren, die den Organen des sichtbaren Körpers entsprechen. Diese Energiezentren, Chakren genannt, fungieren als Übertragungssystem für feinstoffliche Energien. Sie ermöglichen es den subtilen Energien, in die dichteren Bereiche der Existenz zu fließen. Der Austausch vollzieht sich über die Zentren, auch Chakren genannt, die sich wie Ventile öffnen und schließen und so den Energie-Haushalt regulieren. Bei medialen

Menschen werden diese Zentren aktiviert und beginnen, sich zu drehen.

Ein erfolgreiches Medium lernt als Erstes, sich abzugrenzen gegenüber den Einflüssen aus dem Geistigen. Es ist in der Lage, die Tür in andere Bereiche der Wahrnehmung zeitweilig zu schließen, um nicht permanent mit Bildern und Informationen überschwemmt zu werden. Das Medium allein bestimmt, wie oft und wie lange eine Verbindung aufrechterhalten wird. Dabei wird sparsam mit den eigenen Kräften umgegangen, denn ein niedriger Energiepegel schadet der Gesundheit.

Der Kontakt zur Geisterwelt hat nicht nur Vorteile, doch er kann auch nicht einseitig als negativ eingestuft werden. Bei der Entfaltung medialer Fähigkeiten kann sich niemand den dunklen Mächten gänzlich entziehen. Bevor die eigentliche spirituelle Entwicklung einsetzt, wird ein Mensch lernen müssen, mit der dunklen Seite umzugehen und diese zu neutralisieren.

Im nächsten Kapitel beginnt die Wiedergabe der medialen Texte, die der Autorin im Verlauf mehrerer Jahre aus der geistigen Welt übermittelt wurden. Die Reihenfolge ist nicht chronologisch geordnet, sondern wurde frei nach Themenschwerpunkten gestaltet.

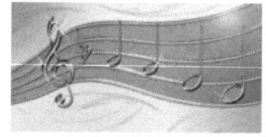

Mensch und Schöpfung

*Die Welt ist ein Geheimnis.
Und sie ist ganz anders, als wir
sie uns ausmalen.*
Carlos Castaneda

Eine kosmische Katastrophe

Im Anbeginn der Zeiten existierten weder Gut noch Böse; es gab nur das reine Sein. Eine hohe Schwingungsenergie, einem reinen Klang ähnlich, bewirkte den kosmischen Kräfteausgleich. Aufgrund dieses Ausgleichs konnten die kosmischen Prozesse ungehindert ablaufen; eine vollendete, rhythmische Bewegung entstand. Es existierte ein Geben und Nehmen. Bewegung folgte der Ruhe, wodurch ein vollkommenes Gleichgewicht gewahrt wurde. Es gab weder Trägheit noch Passivität, noch ein Überschießen von Energie, das Unruhe erzeugt hätte. Die hohe, reine Schwingungsenergie bewirkte den Zusammenhalt der Kräfte und erzeugte einen Zustand göttlicher Vollkommenheit.

Das folgenschwere Ungleichgewicht entstand durch das mutwillige und gewaltsame Ausbrechen ganzer Strahlenbündel, die sich eigenmächtig von der Urenergie lösten. Es war die Folge eines Überschäumens des Bewegungsdrangs, wobei ein relativ geringes Ungleichgewicht die Ablösung bewirkte. Zu diesem Zeitpunkt waren die Folgen noch nicht absehbar.

Die göttliche Urenergie versuchte vergeblich, die abtrünnigen Kräfte zur Rückkehr zu bewegen. Die Kräfte setzten ihre eigenmächtige Bewegung fort, während sich die Geschwindigkeit immer mehr erhöhte. Sie rotierten immer schneller um die eigene Achse, wobei immer mehr Energie in einer spiralenförmigen Bewegung nach außen geschleudert wurde. Das gesamte System geriet außer Kontrolle. Es fand eine Explosion von gigantischem Ausmaß statt. Ausgleichende Kräfte, welche die Katastrophe hätten verhindern können, fehlten. Der Bewegungsdrang war übermächtig und riss alles mit sich fort. Immer mehr Teile trennten sich von dem in immer schnellere Bewegung geratenden Energiekern ab bzw. wurden davon geschleudert. Die Bewegung war nicht mehr einzudämmen. Das ganze System brach auseinander in unendlich viele Einzelteile.

Die materielle Erde und mit ihr die Menschheit sind ein Teil dieser Energie, der nach der Explosion versucht hat, die Geschwindigkeit zu verringern und wieder ein Gleichgewicht herzustellen. Die Trägheit der Materie stellt einen Ausgleich zum vormaligen Übermaß an Bewegung dar; das Prinzip der Ruhe sollte ein weiteres Auseinanderfliegen verhindern. Dieses Ziel wurde auch erreicht, allerdings unter sehr hohen Kosten. Um einen halbwegs stabilen Ausgleich herstellen zu können, wurden die am höchsten beschleunigten Teile der Energie in die Materie sozusagen eingeschlossen, um sie zu verlangsamen und zur Ruhe kommen zu lassen.

Die feste Materie bildet den Ausgleich zu der noch immer aktiven zweiten Hälfte, die ihre ursprüngliche Beschaffenheit bewahrt hat und darauf wartet, sich mit der anderen Hälfte wieder zu vereinigen. Die Menschheit ist, obwohl göttlichen Ursprungs, ‚hinabgestiegen' in die Materie, um das Energiegleichgewicht wieder herzustellen. Man könnte sagen, sie hat sich ‚geopfert' für einen höheren Zweck. Die geistige Welt wacht über sie und steht ihr jeden Augenblick zur Seite. Die Höherentwicklung ist das eigentliche Ziel des Menschen; es hat absoluten Vorrang.

Die Menschheit ist ein Hoffnungsträger; sehr viel hängt von ihr ab. Sie sollte vor allem auf harmonischen Ausgleich bedacht sein. Wo es nur irgend geht, sollte sie ihre Energien im Gleichgewicht halten und Disharmonie weitestgehend vermeiden. Doch Vielen ist diese Aufgabe nicht bewusst.

Das hat seine Gründe: Bei einem Teil der mit unvorstellbar hoher Geschwindigkeit rotierenden Energie wurde das göttliche Ursprungsbewusstsein vernichtet. Auf diese Weise entstand Unbewusstheit, die es vorher nicht gab. Die Unbewusstheit ist Folge eines übermächtigen Drucks, dem die Energie ausgesetzt war. Das Bewusstsein entfloh und kehrte zum Ursprung zurück. Infolge des ungeheuren Drucks entstand eine Zweiteilung, die es vorher nicht gab. Ein Sinnbild für diese Zweiteilung sind die Polaritäten auf der irdischen Ebene. Die Materie ist ein Sinnbild für kosmische Gegebenheiten; Mensch und Kosmos bilden eine Polarität.

Sich dem geistigen Ursprung wieder anzunähern, ist nicht einfach. Vieles ist schon getan, wenn der Menschheit die Hintergründe bewusst werden und sie das Ziel erkennt. Die letztendliche Befreiung ist nur in der Gesamtheit möglich. Jeder Einzelne sollte sein Bestmöglichstes tun, um die Qualität der Schwingungen zu erhöhen.

Die Menschheit hat noch viel zu lernen. Doch sie ist nicht allein allen negativen Strömungen ausgesetzt. Ihr wird mächtige Hilfe zuteil, auch wenn sie davon nichts ahnt. Vielen Menschen ist bereits ein wichtiger Durchbruch gelungen, indem sie einen Teil der Mauer, welche die beiden Welten trennt, zum Einsturz gebracht haben. Es muss noch viel mehr Schutt aus der Vergangenheit weggeräumt werden, ehe das letztendliche Ziel, die Vereinigung mit dem Ursprung, erreicht werden kann.

Eine Vereinigung des Einzelnen ist schon jetzt möglich durch Konzentration der Gedankenkräfte auf die höheren Welten. Wenn es jemandem gelingt, seine Energie auf eine höhere Schwingungsebene zu heben, ist er frei von der Last der Materie. Letztendliches Ziel ist die Befreiung aller Menschen. Wenn ein Individuum die höheren

Schwingungsebenen erreicht, wird damit unmerklich das Gesamtniveau angehoben.

Jeder Einzelne trägt seinen Teil zur Befreiung bei, daher ist es sehr wichtig, immer wieder den Kontakt zu den höheren Ebenen herzustellen. Je öfter es einem Individuum gelingt, eine Verbindung aufzunehmen, desto eher wird es die Fesseln des Irdischen abstreifen können. Subtile Verbindungen dieser Art helfen, einen Durchgang zu schaffen von einer Ebene zur anderen und dienen letztendlich dem Ziel der Befreiung. Doch die endgültige Befreiung ist nur in der Gesamtheit möglich. Solange sich noch irgendein Teil der Materie auf einer niedrigen Schwingungsebene befindet, muss der Geist mit der Materie eine Verbindung eingehen, um eine Höherentwicklung zu erreichen.

Die göttliche Urkraft

Gott ist die Urkraft, der Große Geist, der im Urzustand auf ein Minimum, auf einen ganz kleinen Kern, reduziert ist. Physiker meinen diese Kraft, wenn sie in ihren Theorien von einer bis aufs Äußerste konzentrierten Energie ausgehen. Diese konzentrierte Energie ist der Große Geist. Es ist keine ziellose Energie, sondern ein gewaltiges Bewusstsein, das sich aus dem konzentrierten Urzustand heraus ausgebreitet hat in die unerschöpfliche Fülle des Daseins, in die unermessliche Weite des Universums.

Auch die Kernkraft ist Gotteskraft. Im Samenkorn ist diese Urkraft in konzentrierter Form vorhanden Im verhältnismäßig kleinen Samen befindet sich bereits die gesamte Kraft bspw. eines Baumes.

Die göttlichen Energien schwingen auf einem sehr hohen Niveau. Sonnenenergie ist die reinste Energie; sie schwingt auf der höchsten Ebene. Um diese hohe Energie für menschliche Zwecke verfügbar zu machen, ist es notwendig, sie auf ein niederes Niveau zu transformieren. Dies wird erreicht durch eine Verlangsamung der Schwingungsfrequenz, wodurch die Energie in den sichtbaren Bereich überführt wird.

Mit der Reduzierung der Schwingungsrate ist aber auch eine Abnahme der ursprünglichen Energie verbunden, was letztendlich eine qualitative Verminderung bedeutet. Damit das Niveau nicht immer weiter absinkt bis zur niedrigsten Stufe, ist die Verankerung in einem Organismus notwendig, der den Fluss der Energie aufhält. Zielgerichtete Energie ruft die unterschiedlichen Manifestationen auf der Oberfläche der Erde hervor. Sie ist die Kraft, die den Kreislauf des Lebens bewirkt.

Reine göttliche Energie, die frei fließt, ist von ungeheurer Kraft und Vitalität. In reinem Zustand ist sie von mitreißender Gewalt; die tobenden Elemente veranschaulichen diese Kraft. Sobald die Energie durch einen Leiter fließt, wird die gebündelte Kraft in eine Richtung gelenkt und zentriert. Die Zentrifugalkraft ist ein Beispiel für eine gelenkte Kraft, die es ermöglicht, ein Gleichgewicht unterschiedlich wirkender Kräfte herzustellen. Ein anderes Beispiel ist die Erdanziehung, die verhindert, dass der Erdball und die darauf befindliche Materie in alle Richtungen auseinanderkatapultiert wird.

Die meisten Menschen haben den Kontakt zum Geist verloren, der einen Schöpferkraft, die niemals stillsteht und die inzwischen unendlich viele Universen erschaffen hat. Dadurch ist die Diskrepanz zwischen dem göttlichen Geist und den Menschen immer größer geworden. Sie hat ein erschreckendes Ausmaß angenommen, das die Identität und geistige Integrität des Menschen bedroht, sobald ihm der Unterschied zwischen sich und der Schöpferkraft bewusst wird.

Der Schöpfergeist erscheint vielen Menschen übermächtig und fremd. Das ist so, weil entgegen dem ursprünglichen Schöpfungsplan die gefallene Materie - und mit ihr verbunden auch der Mensch - aufgrund der Loslösung vom Schöpfer sehr lange in Dunkelheit und Unbewusstheit verharrt hat. Der Schöpfergeist hat sich von den Menschen abgewandt, als sie begannen, sich vom göttlichen Plan zu entfernen und zu gewalttätigen und grausamen Handlungen fähig wurden.

Viele Gläubige haben ein Verhältnis zu Gott wie kleine Kinder gegenüber ihren Eltern, die sie als allmächtig erleben und idealisieren. Es ist an der Zeit, dass die Menschheit erwachsener wird und Verantwortung für ihr Tun übernimmt. Menschen können nur im Diesseits, in der materiellen Welt, Erfahrungen in der Gemeinschaft machen und sich weiterentwickeln. Im Jenseits sind sie auf sich allein gestellt.

Die Hölle, auch *Gehenna* oder *Scheol* genannt, ist eigentlich das göttliche Feuer, mit welchem die Toten nach ihrem Dahinscheiden wieder vereint werden, denn aus ihm sind sie hervor gegangen. Es ist ihre Lichtheimat, also im Grunde identisch mit dem Himmel. Die Hölle in der den Christen bekannten Form existiert demnach nicht.

Was die Welt im Innersten zusammenhält

Das Bindemittel, das die bewegende Kraft des Universums festigt, sind Gefühlsbeziehungen. Ohne Beziehungen - die natürlich auf einer tieferen Ebene mit Liebe und Sympathie gleichzusetzen sind -, würde das Universum in alle Richtungen auseinander katapultiert werden. Nur durch intensive Verbindungen, die auf Liebe basieren, wird die explosive Kraft des Universums zurückgehalten und ein Auseinanderbrechen verhindert.

Das gesamte Universum rotiert um einen Kern, der flüssig und rotglühend ist wie Lava. Dieses innere Zentrum pulsiert sehr heftig und dreht sich mit großer Geschwindigkeit um seinen eigenen Mittelpunkt. Ein Gleichgewicht gewaltiger Kräfte muss aufrechterhalten werden;, eine gigantische Masse in Form von Gedankenenergie, von Bewusstseinskonzentration, muss sich im Ausgleich befinden. Ein starker Sog geht von der Peripherie aus, der alles zu sprengen droht.

Gefühle sind eine zusammenhaltende Kraft. Sie bilden den „Kitt' des Universums. Dabei ist von ausschlaggebender Bedeutung, welcher Art die Gefühle sind. Vereinfacht kann man es so ausdrücken: Gefühle der Liebe wirken zusammenziehend, harmonisierend, während Gefühle des Hasses eine gewaltige Sprengkraft entfalten, welche das gesamte Universum in seinen Grundfesten erschüttern kann. Diese Erschütterung kann so gewaltige Ausmaße annehmen, dass in Bruchteilen von Sekunden soviel Material hervorgeschleudert wird, das ganz neue Universen entstehen und wieder vergehen.

Ein Gleichgewicht von Anziehung und Abstoßung hält das Planetensystem zusammen. Dieses Gleichgewicht basiert auf einem Ausgleich von Kräften, die innerhalb dieses Systems präsent sind. Eine empfindliche Störung des Gleichgewichts würde zu einem Kräftezerfall führen und ein Auseinandersplittern bewirken. Die Asteroiden sind ein Beispiel für eine derartige Zersplitterung von Energie.

Die Sonne, als der Mittelpunkt des Planetensystems, hält das Gleichgewicht mithilfe eines unermesslichen Volumens an Strahlenenergie aufrecht, die bis weit hinaus in den Weltraum reicht. Diese Energie ist so gewaltig, dass daneben die Energie der Planeten winzig erscheint. Sonne und Planeten bilden eine Einheit, die niemals aufgelöst werden kann. Ein Sternensystem im Universum ist ein eigenständiger Organismus, der sich von allen anderen Sonnensystemen unterscheidet.

Das Sonnensystem hat bestimmte Aufgaben zu bewältigen, die spezifische Problemfelder beinhalten. Die Saat von Gewalt und Hass, die über Jahrhunderte hinweg erzeugt wurde, hat ein Auseinandersplittern von Energie - wie oben beschrieben -, bewirkt und dazu beigetragen, instabile Verhältnisse im Universum zu erzeugen. Eine Folge dieser Instabilität sind der Klimawechsel und die Schwankungen im Jahreskreislauf. Gezeiten wie Ebbe und Flut deuten ebenfalls darauf hin.

Alle diese Schwankungen haben zur Folge, dass die Energien des Universums einer Deformation anheim fallen. Die Kräfte werden herumgewirbelt wie loses Blattwerk. Die Folge davon ist eine Zerstreuung der Energie, wodurch die die Richtung verloren geht und die Zielgerichtetheit abnimmt. Besonders stark bemerkbar macht sich dieses Phänomen bei der Energie von Fixsternen, die mit großer Geschwindigkeit um einen Kern rotieren. Energie wird in den Weltraum hinausgeschleudert. Diese riesige Energiemenge geht aber nicht verloren, sondern es bilden sich in der Nachbarschaft des Sterns Planeten, die in kreisförmiger Bewegung um den Stern rotieren.

Bei der Entstehung von Planeten kommt es zu Eruptionen von gewaltigem Ausmaß, die ihresgleichen suchen. Einige der riesigen Materieteile werden weiter weggeschleudert als andere und so entstehen die verschiedenen Gruppierungen innerhalb des Planetensystems.

Bevor all' dies geschieht, existiert ein krasses Ungleichgewicht der Kräfte, welches zu den Deformationen geführt hat. Einige der deformierenden Kräfte haben stärkere Auswirkungen als andere; so hat bspw. der Hass die stärkste negative Auswirkung und führt regelmäßig zur Aufsplitterung von Energie und zum Auseinanderbrechen ganzer Systeme. Der Harmonisierung von Gefühlen kommt auf den höheren Ebenen daher eine besondere Bedeutung zu, da starke Gefühlsschwankungen sogleich verheerende Auswirkungen haben und regelmäßig zu großen eruptiven Veränderungen führen. Die Aufrechterhaltung des Kräftegleichgewichts ist von enormer Wichtigkeit, um Katastrophen von unvorstellbarem Ausmaß zu verhindern.

Bereits auf den unteren Ebenen machen sich disharmonische Kräfte in Gewaltakten und kriegerischen Auseinandersetzungen Luft, was regelmäßig großes Leid und Verzweiflung nach sich zieht. Dieses zerstörerische Potential ist noch weitaus mächtiger, wenn kosmische Kräfte zur Auswirkung kommen.

Die Eigenschaften des Lichtes sind durchaus zwiespältiger Natur, wie ein Rückblick auf die Geschichte zeigt. Neben den Wärme spendenden, aufbauenden und erhaltenden Eigenschaften, die das Licht charakterisieren, ist auch der zweite Aspekt unübersehbar vorhanden. Dieser zweite Aspekt des Lichtes macht sich bemerkbar im Zerfall und der Vernichtung ganzer Zivilisationen. Die Zivilisationen, die am Rande des Abgrundes stehen, werden der völligen Vernichtung anheim gegeben durch ein Eingreifen der bewussten Lichtenergie.

Dem Prinzip des Erhalts steht also ein Prinzip der Zerstörung gegenüber. Das Potential des Lichts ist ungeheuer groß, weshalb Umwälzungen von gigantischen Ausmaßen stattfinden können. Diese Eigenschaft des Lichts, sowohl aufbauende als auch zerstörerische Wirkung zu entfalten, ist in der Natur allenthalben anzutreffen.

Disharmonische Kräfte bewirken letztendlich eine Degeneration der rein geistigen Energien, die im Urzustand klar und rein und von großer Erhabenheit sind. Der paradiesische Urzustand konnte nicht von Dauer sein, weil Bewegung und Drang nach Veränderung die gewaltigste Kraft im Universum ist, stärker noch als der entgegengesetzte Drang nach Ruhe und Harmonie. Diese beiden gegenteilig wirkenden Kräfte bilden, wenn sie sich im Ausgleich befinden, ein Wechselspiel von erhabener Schönheit und Harmonie. Nur wenn ein Ungleichgewicht entsteht, hat dies Katastrophen von kosmischem Ausmaß zur Folge.

Eine der Auswirkungen des Ungleichgewichts kosmischer Kräfte ist die Entstehung der materiellen Welt, wobei vormals göttliche Energien auf eine der untersten Stufen hinab gesunken sind. In der Materie wirkt das Gesetz der Trägheit, was verhindert, das die Negativität umgehend kosmische Ausmaße annimmt. Die Verheerungen sind auch so schon von beträchtlichem Umfang.

Die Frühzeit der Menschheitsgeschichte

Um zu verstehen, wie es zu umwälzenden Entwicklungen kam, ist es notwendig, an den Beginn der Menschheitsgeschichte zurückzugehen. In der menschlichen Evolution kam es immer wieder zu Fehlentwicklungen, die dafür verantwortlich waren, dass die Menschen einem Massensterben, z.B. Seuchen, zum Opfer fielen. Sie kamen vom Wege ab, weil sie sich dem Einfluss aus geistigen Sphären entzogen hatten. Als Folge von Fehlentwicklungen durch eine strenge

Erziehung und hartem, militärischen Drill dominierten oft Grausamkeit und Rücksichtslosigkeit, was besonders in hartem Vorgehen gegen Mitmenschen zum Ausdruck kam.

Als Sommer der Menschheitsgeschichte erwies sich die Eiszeit, wo trotz eisbedeckter Fluren und Minus-Temperaturen das Gefühl für den Mitmenschen erstarkte. Auch für seine anderen Mitlebewesen, die Tiere, empfand der Mensch Mitgefühl, woran es ihm zuvor gemangelt hatte. In der rauen Wildnis, in den Gebirgen, wohin er sich vor den riesigen, immer weiter vorrückenden Eismassen zurückgezogen hatte, erkannte er zum ersten Mal seine Abhängigkeit und fundamentale Einsamkeit. Die weiten Steppen und Tundren der Erde bedeckte ein Eispanzer, der meterhohes Geröll vor sich her schob.

Bereits in der Frühzeit der Menschheitsgeschichte entstanden daher verschiedene Sippen und Verbände, die sich zusammen schlossen, um gemeinsam den Unbilden der Natur zu trotzen. Dies war eine wichtige Etappe bei dem Ziel der Höherentwicklung der gesamten Materie. Zuvor waren Menschen einzeln oder in kleinen Familienverbänden, die nur wenige Mitglieder zählten, umher gestreift.

Im Laufe der Zeit wurden es immer mehr, die sich in Verbänden organisierten und in gemeinsamem Handeln ein Gefühl für die Gemeinschaft entwickelten. Sie erlernten in Gruppen die Jagd auf große Tiere, wie z.B. das Mammut und das Wisent. Bei der Nahrungsbeschaffung wurde der Vorratshaltung große Bedeutung beigemessen.

Es gab Zyklen, innerhalb derer sich die Evolution verlangsamte bzw. beschleunigte. Einer der Bewusstseinssprünge fand während der Eiszeit statt. Die weltweite Erstarrung bewirkte eine Verlangsamung aller Lebensprozesse. Dies hatte - ähnlich den Vorgängen im Winter - eine Regeneration zur Folge, wodurch das Neue in Erscheinung treten konnte.

In Ruheperioden findet eine Neuorientierung statt; Lebenskeime entwickeln sich und Zerfallsprozesse kommen zum Abschluss. Auf große Turbulenzen und Phasen, die von Fehlentwicklungen geprägt sind, folgt eine Zeit der Besinnung. Eine Neuausrichtung wird notwendig, wenn Stagnation und Verfall vermieden werden sollen. Die ‚Pausen' in der Evolution sind also im eigentlichen Sinne schöpferisch, denn in ihnen ist das Potential zu Neuem angelegt.

Der Auftrag des Menschen

Schon seit Beginn der evolutionären Entwicklung war das Streben nach geistigem Fortschritt ein Ziel des Menschen. Sobald dieser Gedanke Bedeutung erlangte, bekam er absoluten Vorrang vor allem anderen. Die Zielsetzung erfolgte nicht willkürlich, sondern sie wurde der Menschheit von höheren Bewusstseinsebenen eingegeben.

Die gesamte Materie ist im Grunde eine gefallene Schöpfung. Einige Teile des göttlichen Bewusstseins erhoben sich gegen seinen Schöpfer und fielen von ihm ab. Daraufhin wurden sie aus der rein geistigen Sphäre verbannt und in Materie verwandelt, in das Mineralien-, Pflanzen- und Tierreich, wo sie keinen nennenswerten Schaden anrichten konnten. Die materielle Schöpfung ist - im Gegensatz zu den rein geistigen Ebenen - starr und unbeweglich und daher widerstandfähig gegen alle möglichen Einflüsse.

Die gesamte Materie ist vom Prinzip der Gewalt durchdrungen, - eine Folge der Entartung des ehemals gewaltlosen, reinen Bewusstseins. Die grobstofflichen Bewusstseinsteile sind sich ihrer göttlichen Herkunft nicht bewusst. Dies ist eine Auswirkung und Strafe dafür, dass sie sich vom rein geistigen Prinzip losgesagt haben. Sie reagieren instinktiv, ohne Möglichkeiten der Weiterentwicklung und abgetrennt von himmlischen Freuden und der Klarheit des Bewusstseins.

Der Mensch ist ein ‚Zwitterwesen', das zwischen der Materiewelt und geistigen Sphären angesiedelt ist. Einige Engel bedauerten dazumal die materiellen Schöpfungen, denen keinerlei Möglichkeiten der Höherentwicklung zur Verfügung standen. Sie paarten sich daraufhin mit einigen Exemplaren der tierischen Spezies, um göttliche Bewusstheit in sie einzupflanzen. Ein Ergebnis dieser Paarung ist der Mensch.

Der Menschheit kommt nun die Aufgabe zu, das rein geistige Bewusstsein in ihrem Innern nach und nach zu erkennen, zu läutern und unter dem Einfluss der höheren Sphären zu steigern. Menschen sind aufgerufen, die Materie zu erheben und zur geistigen Sphäre zurückführen. Dadurch erwächst ihnen eine Sonderstellung in der materiellen Schöpfung.

Der tierische Anteil des menschlichen Wesens, dessen Körper aus den Zellen der niederen Natur zusammengesetzt ist, bewirkt die ungebändigten Fehlhaltungen und Grausamkeiten. Mit der Nahrung nimmt das Individuum die Bewusstseinsteile von Tieren und Pflanzen auf und assimiliert sie. Der Vorgang der Nahrungsaufnahme hängt immer mit einem Transformationsprozess zusammen, bei dem niedrig schwingende Energie in die nächsthöhere Stufe umgewandelt wird.

Menschliches Handeln hat weitaus stärkere und verheerendere Auswirkungen als die Gewalttätigkeit im Tierreich, da die Kraft der höheren Geistwelt einen Anteil der menschlichen Natur bildet und diese mit zusätzlicher Energie versorgt.

Ohne davon zu wissen, ist jeder Mensch mit einem Tierwesen zusammengespannt. Er steht mit der Tierwelt in enger Verbindung, soll aber keineswegs tierische Eigenschaften annehmen. Ganz im Gegenteil soll das Tier sich den menschlichen Eigenschaften annähern.

Eine mediale Person ist stärker den tierischen Eigenschaften ausgesetzt, da sich in ihrer Psyche die Bande gelockert haben. Sie ist gefordert, die Zügel nun straffer zu nehmen, andernfalls entgleitet ihr die Kontrolle und das Tier geht mit ihr durch. Hat es erst bemerkt, wie nachlässig es geführt wird, wird es immer öfter auszubrechen versuchen. Dies ist aber nicht im Sinne einer spirituellen Weiterentwicklung, die darauf abzielt, für höhere Schwingungen zugänglich zu werden.

Daher ist es von enormer Wichtigkeit, dass der Mensch im Laufe der Zeit seine Bewusstheit steigert und Gewalttätigkeit meidet, um nach und nach die gesamte materielle Schöpfung auf eine höhere

Stufe zu heben. Dies war ursprünglich der eigentliche Grund, weshalb sich der Mensch die Erde untertan machen sollte: Er sollte die Schöpfung zu ihrem Ursprung zurückführen, indem er kraft seines Willens und seines höheren Bewusstseins entsprechende Weisungen an die Körperzellen gab, um diese zu verändern im Hinblick auf eine Höherentwicklung. Dazu war es notwendig, mit den geistigen Ebenen eine Verbindung herzustellen.

Der menschliche Körper besteht aus einer ungeheuren Vielzahl von Bewusstseinspartikeln. Er speichert sämtliche Erinnerungen aus zurückliegenden Lebenserfahrungen. Die Körperzellen besitzen die Fähigkeit, sich laufend selbst zu regenerieren. Ein dauernder Informationsaustausch findet statt.

Nur der menschliche Geist ist fähig, die Stufen in höhere Sphären zu erklimmen; nur er vermag die Grenzen zu überwinden, die das Obere vom Unteren trennen. Ohne Hilfe und Unterstützung aus der geistigen Welt würde ihm das allerdings schwer fallen, denn sie ist ein unverzichtbarer Teil des geistigen Weges. Sie öffnet Türen und ebnet die Pfade.

Der Mensch ist das Bindeglied, durch das die geistige Ebene auf die Materie einwirken kann. Nur auf diese Weise ist letztendlich eine Höherentwicklung möglich. Sobald das Individuum beginnt, unabhängig von jeglicher Einflussnahme Entscheidungen in eigener Regie zu treffen, entsteht oftmals Chaos und Unordnung. Die Aufgabe des Menschen besteht darin, Ereignisse und Situationen bewusst wahrzunehmen und einzuordnen. Sobald ihm dies angemessen gelingt, kann die geistige Welt erfolgreich intervenieren.

Gedankengebilde, in Kombination mit Gefühlen, sind der ausschlaggebende Faktor bei der Erzeugung des Universums. Durch intensive Gefühle und Leidenschaften wird die geistige, ursprünglich undifferenzierte Lebenskraft konzentriert und umgewandelt. Ist ein Gedanke zur Verwirklichung gelangt, trägt er wesentlich zum Erhalt des Universums bei, denn die materiellen Konstrukte sind es, die als Stützpfeiler dienen und dem Universum Festigkeit verleihen. Die zur

Realisierung gelangten Ideen können auch als ‚Blaupausen' betrachtet werden, die der materiellen Realität zugrunde liegen. *Die erzeugte Lebenskraft bringt die Umwelt hervor und sorgt für den Kreislauf des Lebens; sie ist an sich weder positiv noch negativ.*
Wird zuwenig Lebenskraft erzeugt, droht der Kreislauf zum Erliegen zu kommen; Lethargie und Langeweile sind Vorboten davon. Ein deprimierter und lethargischer Mensch ist nicht in der Lage, genügend Lebenskraft an sich zu ziehen und in Tatkraft umzuwandeln, was seine hoffnungslose Stimmung noch verstärkt. Ein Überschuss an Lebenskraft hingegen führt zu Ruhelosigkeit und im Extremfall zu Gewalt und Katastrophen. Ausgeglichenheit ist daher die notwendige Voraussetzung, um ein Zuviel oder Zuwenig an Energie zu vermeiden.

Beziehungen sind das Bindemittel, das die bewegende Kraft des Universums festhält. Ohne Beziehungen - was natürlich auf einer tieferen Ebene mit Liebe gleichzusetzen ist -, würde das Universum in alle Richtungen auseinander katapultiert werden. Nur durch Gefühlsbeziehungen, die auf Zuneigung basieren, wird die explosive Kraft des Universums zurückgehalten und ein Auseinanderbrechen verhindert.

Die Reinhaltung der Gefühle ist auf den höheren Ebenen daher von besonderer Wichtigkeit, da starke Gefühlsschwankungen sogleich verheerende Auswirkungen haben und regelmäßig zu großen eruptiven Veränderungen führen. Von größter Wichtigkeit ist daher die Aufrechterhaltung des Kräftegleichgewichts, um Katastrophen von unvorstellbarem Ausmaß zu verhindern.

Bereits auf den unteren Ebenen machen sich die disharmonischen Kräfte in Gewaltakten und kriegerischen Auseinandersetzungen Luft, was Leid und Verzweiflung zur Folge hat. Dieses Potential ist noch weitaus mächtiger, wenn kosmische Kräfte zur Auswirkung kommen. Die disharmonischen Kräfte bewirken letztendlich eine Degeneration der hohen geistigen Energien, die im Urzustand klar und rein und von großer Erhabenheit sind.

Die Höherentwicklung der Menschheit und der gesamten Schöpfung ist das eigentliche Ziel, dem alle anderen Ziele untergeordnet sind. Sobald die materielle Schöpfung einen gewissen Bewusstseinsstand erreicht hat, sind die Unterschiede zwischen materiellem und menschlichem Bewusstsein aufgehoben. An der Spitze des materiellen Bewusstseins steht der Mensch; an der Spitze des menschlichen Bewusstseins steht das Gottesbewusstsein.

Das Menschheits-Ich

Am Beginn der Menschheitsgeschichte war es für die Menschen notwendig, ein stabiles Ich zu entwickeln. Ihr Bewusstsein war noch nicht genügend zentriert, d.h. sie konnten ihre Aufmerksamkeit noch nicht lange genug auf einen Punkt oder ein Ereignis richten. Die Konzentration war unterentwickelt oder fehlte ganz.

Daher war es für das menschliche Bewusstsein wichtig und notwendig, sich im Laufe der Zeit diese Konzentrationsfähigkeit anzueignen, d.h. seine Aufmerksamkeit immer länger in eine Richtung lenken zu können. Solange ihm dies nicht in ausreichendem Maße gelang, bestand immer wieder die Tendenz, sich vorzeitig mit dem schöpferischen Urgrund zu vereinigen, zu zerfließen in der Unendlichkeit. Die Menschheit musste somit große Anstrengungen unternehmen, dem mächtigen Sog zu widerstehen.

In ihren Grundzügen ähnelt sich die menschliche Psyche, was aber keine Rückschlüsse auf stets gleiche Anlagen zulässt. Jeder menschliche Organismus besitzt ein Grundmuster, innerhalb dessen vielfältige Variationsmöglichkeiten existieren. Der Aufbau des Lebenskeims ist überall gleich; eine wunderbare Ordnung durchzieht die gesamte Natur. Der Aufbau der Grundbausteine erfolgt in Stufen. Jede Stufe entspricht einem spezifischen Entwicklungsstand.

Zu Beginn der Entwicklung gab es nur dieses eine Muster, das sich wiederum aus einer großen Anzahl von Möglichkeiten herauskristallisiert hatte. Um zu verstehen, wie es zu den Abweichungen kam, ist es notwendig, an den Beginn der Menschheitsgeschichte zurückzugehen. Es gab Zyklen, innerhalb derer sich die Evolution verlangsamte bzw. beschleunigte. Einer der Bewusstseinssprünge fand während der Eiszeit statt. Die weltweite Erstarrung bewirkte eine Verlangsamung aller Lebensprozesse. Dies hatte eine Regeneration zur Folge, währenddessen das Neue in Erscheinung treten konnte (ähnlich den Vorgängen im Winter).

In den Ruheperioden findet eine Neuorientierung statt. Lebenskeime entwickeln sich, Zerfallsprozesse kommen zum Abschluss. Eine Zeit der Besinnung folgt auf große Turbulenzen und auf Phasen der Fehlentwicklung. Eine Neuausrichtung wird notwendig, um Stagnation und Verfall zu vermeiden. Die ‚Pausen' in der Evolution sind also im eigentlichen Sinne schöpferisch, in ihnen ist das Potential zu Neuem angelegt.

Die Energien der Menschen konzentrierten sich anfangs auf einen eng begrenzten Bereich. Sie waren zu Beginn der evolutionären Entwicklung nicht in der Lage, eigene Zielrichtungen zu entwickeln und für ihre Zwecke nutzbar zu machen. Das prekäre Gleichgewicht des menschlichen Ichs erlaubte ihnen keine Abweichungen in irgendeiner Form.

Die teils sehr harten Bedingungen auf dem Planeten Erde dienten der Entfaltung von Aktivität und Kreativität. Das Bewusstsein musste sich nach und nach seiner Umwelt gewahr werden; ein langer, mühevoller Prozess. Das menschliche Bewusstsein ist erst dann vollständig entwickelt, wenn es lernt, zwischen den Botschaften des Geistes und den Übermittlungen aus der materiellen Ebene zu unterscheiden.

In ihren Grundzügen ähnelt sich die Psyche aller Menschen, was aber keine Rückschlüsse auf stets gleiche Anlagen zulässt. Jeder menschliche Organismus besitzt ein Grundmuster und innerhalb dieses Musters existieren vielfältige Variationsmöglichkeiten. Zu Beginn der Entwicklung gab es nur dieses eine Muster, welches sich wiederum aus einer großen Anzahl von Möglichkeiten herauskristallisiert hatte.

Den Menschen fehlte es ursprünglich an Besonnenheit. Sie reagierten impulsiv aus ihren momentanen Bedürfnissen und Stimmungen heraus; zogen die Aufmerksamkeit bald ab und wandten sich etwas anderem zu. Bei der Beobachtung kleiner Kinder sieht man in etwa die Menschheitsentwicklung in ihren Anfängen.

Der Mensch verliert sein irdisches Bewusstsein, d.h. er nimmt den ihm bestimmten Ausschnitt der Wirklichkeit nicht mehr angemessen wahr, wenn er nicht in der Lage ist, seine Konzentration in ausreichendem Maße zu steuern. Nur die Zentrierung auf einen bestimmten Ausschnitt der Wirklichkeit ermöglicht es der menschlichen Persönlichkeit, eine partielle Bewusstheit zu entwickeln, die diesen Teil der Wirklichkeit adäquat wahrnehmen kann. Das menschliche Ich wäre niemals dazu imstande, die übermächtige Gesamtheit der Wirklichkeit zu erfassen. Daher bezeichnet es sie als ‚unbewusst'. Nun ist das sogenannte Unbewusste in Wahrheit gar nicht unbewusst, sondern seine Bewusstheit ist so groß, dass ein menschliches Ich nicht imstande ist, sie zu fassen.

Ein ausgeprägter Mangel an Konzentration macht sich als Geistesstörung bemerkbar. Die Betroffenen sind nicht in ausreichendem Maß in der Lage, ihr Bewusstsein auf einen Brennpunkt auszurichten. Sie nehmen daher andere Realitäten wahr, hören bspw. Stimmen oder andere Geräusche, riechen, schmecken etwas oder sehen Teilaspekte anderer Realitäten; alles dies als Folge der mangelhaften Konzentration.

Das Ringen der Menschheit und die Gefahren, die es barg, führten zu einer Verunsicherung des keimenden, aufstrebenden Ichs. Es misstraute dem Urgrund, der ihm so mächtig erschien und bemühte sich um Distanz, um die Gefahr des Zurücksinkens oder der geistigen Umnachtung zu verringern. Das sich entwickelnde Ich fühlte sich teilweise nicht in der Lage, den starken Impulsen, die es in sich. aufsteigen fühlte und die es bedrängten, Ziel und Richtung zu geben. Es fühlte sich seinen Gefühlen ausgeliefert, wurde überschwemmt von seinen Emotionen.

Die Männer haben einen wichtigen Teil zur Kulturentwicklung beigetragen. Aus sich selbst heraus haben sie so etwas wie ein ‚Hilfs-Ich' erschaffen, ohne das die Entwicklung auf dem Planeten stagniert und es über weite Zeiträume nur Öde und Leere gegeben hätte. Dem männlichen Ego ist es gelungen, einen gewissen Entwicklungsrückstand aufzuholen, der durch die Eiszeiten entstanden war. Sie haben alles Menschenmögliche getan, um aus den Tiefen der Urzeit zu entkommen.

Die Urgewalten der Natur standen ihnen feindlich gegenüber. Sie hatten alle Hände voll zu tun, standzuhalten und in den Strömen der Zeit nicht unterzugehen. In diesem Licht gesehen, war das Verhalten der Männer, das sich teilweise in aggressivem Eroberungsdrang äußerte, entschuldbar, wenngleich sie damit eine geistige Höherentwicklung des menschlichen Bewusstseins verhinderten. Im Lauf der Zeit vermischten sich die Tendenzen, eine geistige Entwicklung anzustreben, mit dem Willen zur Machtausübung beim männlichen Teil der Bevölkerung. Positive Tendenzen wurden dadurch blockiert und feindselige Haltungen gewannen die Oberhand.

Des Ich der Menschen erstarkte im Laufe der Zeit, doch niemals verlor es die Erinnerung an die Mühen des Anfangs und die Gefährdung, der es ausgesetzt war und die ihm im Fall von Geisteskrankheiten immer wieder vor Augen trat. Erst nach und nach gelang es ihm, den Abstand zu vergrößern und an Sicherheit zu gewinnen. Das Ich wurde stark genug, die in ihm aufsteigenden, zum Teil sehr heftigen, Regungen zu kanalisieren und fruchtbar zu machen. *An dieser Stelle kam es zum Bruch.*

Das nun gestärkte Ich, das so lange um Fassung gerungen und die Distanz vom Urgrund gesucht hatte, war seinem. Ursprung entfremdet und nicht mehr bereit, die ihm ursprünglich zugedachte Aufgabe zu übernehmen. Es fühlte sich stark und unabhängig; nach langem Kampf war es als Sieger hervorgegangen. Nun endlich, da die

Schwierigkeiten gemeistert waren, weigerte es sich, seine Funktion zu erfüllen. Es wurde herrschsüchtig und anmaßend, indem es glaubte, keine Hilfe mehr zu benötigen und alles in eigener Regie bewerkstelligen zu können. Es glaubte sich völlig frei und unabhängig. Seine in ihm wirkenden Regungen, Gedankenkräfte und Impulse nahm es nur noch als die eigenen wahr.

Die Menschheit hatte den Urgrund, aus dem sie hervorgegangen war, vergessen. Der Abstand war zu groß geworden. Den Impulsen und Emotionen, die das Bewusstsein früher zu überschwemmen drohten, ließ es nun kaum noch Raum. Es steckte sie in ein Zwangskorsett und übte die absolute Kontrolle über sie aus. Individuen, die diese Kontrolle noch nicht in demselben Ausmaß zuwege brachten, galten als chaotisch und unterentwickelt.

Seine Impulse, Gefühle und Gedanken nahm der Mensch fortan nur noch als seine eigenen wahr, nicht mehr als von außerhalb seines persönlichen Ichs kommend. Durch die permanente Selbstbeherrschung ging allerdings die Ursprünglichkeit verloren. Der Mensch filterte alles durch das Sieb seiner Persönlichkeit; er gestaltete es beliebig nach eigenem Gutdünken um. Er setzte sich eigene Ziele, die mit dem höheren Ziel, für das er geschaffen worden war, nichts mehr gemein hatten. - Diese Abtrennung blieb nicht ohne Folgen.

Der Mensch war einst ein Hoffnungsträger, doch er hat die in ihn gesetzten Erwartungen nicht erfüllt. Bei der Frage der Höherentwicklung kommt der Menschheit eine entscheidende Bedeutung zu. Doch sie ist dabei, ihre Vorrangstellung zu verlieren, da sie die Natur nicht kultiviert und keine Weiterentwicklung in Gang setzt, sondern die Umwelt zunehmend zugrunde richtet.

Mann und Frau: Gegensatz und Ergänzung

Mittlerweile hat das Individuum im Rahmen seiner Möglichkeiten einen gewissen Entscheidungsspielraum, einen abgegrenzten Bereich, den es für eigene Ziele nutzen kann. Der weibliche Teil der Menschheit, die Frauen, war ursprünglich dazu bestimmt, den Kontakt zu den höheren geistigen Kräften herzustellen, indem sie die Stille suchten und ihre intuitiven Anlagen entfalteten. Dazu war eine gewisse Passivität und Aufnahmefähigkeit vonnöten. Aufgrund der weitgehenden Unterdrückung des Weiblichen blieben diese Anlagen unterentwickelt.

Der Schönheitssinn, der Sinn für harmonische Proportionen, ist bei Frauen ausgeprägter als bei Männern. Die Männer sind dafür eher in der Lage, tatkräftig zu handeln und Pläne in die Tat umzusetzen. Sie haben sich tiefer in die Materie hineinbegeben als Frauen. Daher sind sie tatkräftiger, aber auch rauer. In einer materialistischen Weltsicht dominiert dieses Bewusstsein.

Der ursprüngliche Plan sah vor, dass die Menschen sich ebenso nach außen wie nach innen wenden sollten. Während die männliche Spezies die äußere Welt gestalteten, sollten die Frauen durch intuitives Aufnehmen geistiger Botschaften den Männern die ungefähre Richtung weisen und, falls nötig, zu Korrekturen veranlassen. Dabei war immer genügend Spielraum für Eigeninitiative vorgesehen, für intuitives Entscheiden und Handeln.

Da den Frauen in der westlichen Kultur jede relevante Einflussmöglichkeit beschnitten wurde und sie weitgehend auf die biologische Rolle verpflichtet wurden, macht sich nun überall der Mangel des weiblichen Einflusses bemerkbar, der in der Tiefe ein Mangel an Einfluss aus göttlichen Sphären ist.

Bei den Germanen übten die Frauen noch eine wichtige Funktion aus; sie galten als weise und den Göttern nahe stehend, als Mittler zwischen Gott und Mensch. Das Ungleichgewicht entstand, als der aggressivere Teil, der Mann, seine Kraft und körperliche Stärke, die ihm zur Bewältigung seiner Aufgaben verliehen waren, missbrauchte und sich selbstherrlich über die intuitiven Einsichten und Handlungsanweisungen der Frauen, hinwegsetzten. Sie erprobten ihre Macht und Stärke und schreckten auch vor Gewalttaten nicht zurück.

Es gab Frauen, die sich gegen diese Entwicklung zur Wehr setzten; sie sind als Amazonen in die Geschichte eingegangen. Seinen Höhepunkt fand diese gegen die intuitiven und damit höheren Kräfte gerichtete Entwicklung in den Hexenverfolgungen des Mittelalters, wo alle Frauen, die ihrer ursprünglichen Rolle gerecht zu werden versuchten, dahingemordet wurden.

Zu dem Zeitpunkt war die gesellschaftliche Entwicklung bereits so verzerrt und gewalttätig, dass auch das Denken und Handeln der Frauen davon nicht verschont geblieben war. Es gab tatsächlich Hexen in dem Sinne, wie dies heute verstanden wird. Die Hexenverfolgungen besiegelten die Niederlage des intuitiven Wahrnehmens. Der Kontakt zur geistigen Sphäre war weitgehend unterbrochen bzw. in den Hintergrund gerückt.

Zu Beginn sah dies wie ein echter Fortschritt aus, da die vorherige Entwicklung bereits derart pervertiert war, dass nur noch finsterer Aberglaube herrschte. Geistige Klarheit und Helligkeit trat nun an die Stelle von Trübsal und Finsternis, so hatte es den Anschein. Also kam es erstmal zu einem Aufschwung. Diese Entwicklung konnte aber nur für einen gewissen Zeitraum gutgehen, da die Einseitigkeit das Scheitern bereits vorprogrammierte.

Das selbstherrliche Handeln der Männer, weitgehend dem geistigen Einfluss entzogen, musste zu dem Zustand führen, wie er gegenwärtig herrscht. Es hatte schon vorher zu Mord und Kriegen geführt, dem Abgrund der Menschheit. Die Frauen, von der Natur aus nicht zu tatkräftigem Handeln bestimmt, konnten dieser Misere nichts Effektives entgegensetzen; ihnen waren buchstäblich die Hände gebunden. Sie litten natürlich unter dieser Entwicklung, mehr noch als die Männer. Diese wurden allerdings grausam auf Schlachtfeldern dahingeopfert. Frauen wurden aufgrund dieser Entwicklung als das von Natur aus ‚leidende Geschlecht' angesehen, was natürlich so nicht stimmt, sondern eine Folge der Fehlentwicklung war.

In der indischen Kultur verlief die Entwicklung in anderen Bahnen, da hier die Religionen von jeher einen hohen Stellenwert einnahmen und weit entwickelt waren, weiter als in den meisten anderen Kulturen. Auch in Indien wurden die Frauen unterdrückt, doch die Religionen behielten ihren ursprünglichen Stellenwert. Sie wurden nicht, - wie im späteren Christentum (vom Urchristentum einmal abgesehen) - grundlegend verändert und den patriarchalen Überzeugungen angepasst.

In Indien nahmen demzufolge die Männer die eigentlich für Frauen vorgesehene Rolle ein. Aus diesem Grunde konnten sie ihrer Aufgabe als aktiver Teil der Gesellschaft nicht in ausreichendem Maße nachkommen, weshalb dort über einen langen Zeitraum hinweg der Geist der Passivität und Trägheit vorherrschte, wobei die äußeren, materiellen Belange zuwenig Berücksichtigung fanden. Armut und Hunger waren die Folge, eine Ablehnung und Missachtung des Materiellen. Auch hier herrscht also Einseitigkeit, wenngleich in entgegengesetzter Richtung, als dies in den Industrieländern der Fall ist. Die Parallelen zwischen beiden Systemen zeigen sich in der Unterdrückung der weiblichen Seite.

Im Islam hat diese Unterdrückung die stärksten Ausmaße angenommen, weshalb auch die Auswirkungen dort entsprechend deutlich zu sehen sind. Bei den Naturvölkern ist das Wissen um die ursprünglichen Geheimnisse noch nicht verloren gegangen. Hier herrscht bis in die Gegenwart hinein eine magische Einstellung zu den umgebenden Dingen. Es kam allerdings auch hier zu Fehlentwicklungen und Entartungen, die sich in Gewalttätigkeiten und Kriegen äußerten.

Ein menschlicher Kontakt wird dann als angenehm erlebt, wenn die Energien ein ähnliches Schwingungsmuster aufweisen. Das Beisammensein zweier Menschen, die sich auf gleicher Ebene befinden, ähnelt den Bewegungen zweier Tänzer, die in einheitlichem Rhythmus und in vollendeter Harmonie miteinander schwingen. Es lässt sich vergleichen mit dem Klavierspiel eines begnadeten Künstlers, der einen hohen Grad an Übereinstimmung mit seinem Instrument erreicht und auf geistiger Ebene mit ihm verschmilzt.

Die körperliche Liebe zwischen zwei Menschen ist ein heiliger Akt und symbolisiert die Einswerdung mit dem göttlichen Geist. Die enge Verbundenheit zwischen Individuen ist ein Mysterium, das seine Ursache in tiefer liegenden Quellen hat, als den meisten bekannt ist. So wie ein Schmetterling sich aus einer Raupe entwickelt, lässt die Liebe zweier Menschen ein Wachstum zu, das allein nur schwer zu erreichen ist.

Mann und Frau weisen unterschiedliche Schwingungsmuster auf, die auf den polaren Gegensätzlichkeiten von Anziehung und Abstoßung beruhen. Die Gegensätzlichkeit der Pole bedingt eine Anziehung, die bei der Höherentwicklung immer mehr an Stabilität gewinnt, was letztendlich in der Unauflösbarkeit der Bindung gipfelt. Diese Verschmelzung der Gegensätze ist das eigentliche Ziel des Menschen. Zwei Personen gelangen zur Vollendung, wenn das höchste Ziel, das Einssein - die Verschmelzung zweier Individuen - erreicht ist.

Die Grundvoraussetzung für dieses Einheitserlebnis ist eine sehr hohe Schwingungsfrequenz beider Partner, die das Niveau über einen längeren Zeitraum halten können. Sobald zwei Menschen unauflösbar miteinander verschmolzen sind, kehren sie zum Urgrund allen Seins zurück. Eine lange Reise ist damit zuende.

Es gibt doch auch Klöster, wo Nonnen und Mönche einzeln nach geistiger Vollkommenheit streben.

Es gibt einen Unterschied zwischen spiritueller und geistiger Vervollkommnung. Die Interessen der Menschen sind unterschiedlich und ebenso sind es die Entwicklungsrichtungen. Es existieren verschiedene Wege, die alle zum gleichen Ziel führen. Alle Wege sind von gleicher Bedeutung und führen letztendlich zur Vollkommenheit, auch wenn die Voraussetzungen jeweils unterschiedlich sind.

Die Polaritäten (wie bspw. das Gute und das Böse) dienen dem Zweck, die Erfahrung zu mehren, die auf der oberen Ebene nicht gewonnen werden kann. Das eine stellt eine Ergänzung des anderen dar, sie bedingen sich gegenseitig. Das eine würde ohne das andere nicht existieren. Zwischen beiden findet ein Wechselspiel statt von unglaublicher Schönheit und Harmonie. Doch die Harmonie entfaltet sich nur dann, wenn sich die beiden Polaritäten im Ausgleich befinden. Disharmonie und negative Folgen stellen sich ein, sobald dieser Ausgleich gestört ist.

Man stelle sich im Geiste eine Pyramide vor und am Fuß der Pyramide die beiden extremen Gegensätze *Liebe* und *Hass*. Bei der Höherentwicklung nähern sich die beiden Gegensätze immer mehr an, bis sie sich im höchsten Punkt vereinigen. Dann sind alle Polaritäten aufgehoben; die vollkommene Einheit ist erreicht. Auf dem Gipfelpunkt herrscht vollkommene Harmonie und Klarheit.

Alle Erfahrung dient einem höheren Zweck. Das Gute sowie das Böse existieren nur in der Polarität. Am Scheitelpunkt der Pyramide hat die Vereinigung von Gut *und* Böse stattgefunden; sie bilden eine Einheit, die auf den unteren Ebenen noch nicht sichtbar ist.

Eines der Symbole für die im Ausgleich befindlichen Polaritäten ist der Wasserträger oder die Waage, bei der sich beide Seiten im Gleichgewicht befinden. Ein anderes ist die aufgehende Sonne. Die Nacht weicht dem Tag; es ist die Grenze zwischen Tag und Nacht, zwischen hell und dunkel.

Dunkel und Hell: Auf der obersten Geistebene sind die Gegensätze aufgehoben? Das ist schwer verständlich.

Dunkel und Hell vereinigen sich. Das Helle würde ohne das Dunkel nicht existieren. Beide bedingen einander. Hell und dunkel sind nur zwei Seiten des einen Lichts. Das Helle repräsentiert Schönheit, doch wer erkennt Schönheit ohne seinen Gegensatz? Schönheit allein hat wenig Wert, wenn man nicht auch die Kehrseite kennt.

Die Schönheit ist wie eine Perle, doch ohne Muschen könnte sie nicht entstehen. Was wäre ein Tropfen ohne Behälter?

Doch die Frage bleibt: Warum steigen beide auf und vereinigen sich zuletzt? Es wäre doch auch ein Auf und Ab, eine gegenläufige Entwicklung denkbar?

Die Theorie der Gegensätze verlangt eine Vereinigung beider, um einen Ausgleich zu schaffen, eine Harmonie, die andernfalls nicht möglich wäre. Der Ausgleich der Gegensätze ist die Vollkommenheit; Gegensätze ziehen sich an.

Die Zusammenhänge zu verstehen ist nicht ganz einfach. Das Schöne und das Hässliche sind zwei Seiten derselben Münze. Die geistige Ebene kennt keine Unterschiede mehr; alles ist eins. Beide Seiten erkennen sich als Gegensatz und Ergänzung. Harmonie wird erzeugt durch den Ausgleich der Gegensätze. *(Harmonie kann doch auch ohne Gegensätze existieren.)* Der Gegensatz ist Teil der Harmonie. –

Die Aufwärtsentwicklung erfolgt stufenweise. Beide Seiten nähern sich immer weiter an; erst dann vereinigen sie sich. Die Gegensätze existieren lediglich auf den unteren Ebenen. *(Das würde allerdings bedeuten, dass außerordentliche Schönheit vor allem auf den unteren Rängen existiert...)*

...so wie auch die größere Hässlichkeit. Eine Schönheit, die den Geist durchscheinen lässt, ist eher auf höheren Stufen anzutreffen. Vergeistigte Schönheit übt die größte Faszination und Anziehungskraft aus.

Die Geistige Hierarchie

Im göttlichen Plan existierten ursprünglich keine Hierarchien. Diese entstanden erst nach dem Abfall vom göttlichen Ursprung, als Gewalttätigkeit zu einem Problem wurde. Der Schöpfergeist duldet keine Gewalt. Alle Menschen haben noch eine schwache Erinnerung an die allumfassende göttliche Liebe, die alles Irdische verblassen lässt.

Daher rühren die oft übermäßig erscheinenden hohen Ansprüche, die auf der Erde niemals erfüllt werden können. Eine stete Unzufriedenheit und Suche ist die Folge.

Das Leid auf Erden wurde nicht vom Geist erschaffen; leidvolle Erfahrungen waren im ursprünglichen Schöpfungsplan nicht vorgesehen. Nur wenn jemand die höheren Gesetze missachtet, entstehen Kummer und Leid. Dies kann unter Umständen dazu führen, die Betreffenden wieder auf den rechten Weg zu lenken. Menschen verfügen über einen freien Willen und werden somit nicht gezwungen, den geistigen Gesetzen Folge zu leisten. Zufriedenheit und Frohsinn sind ein untrügliches Zeichen dafür, dass jemand mit dem höheren Plan übereinstimmt und sich der geistigen Führung anvertraut.

Der Mensch hat die Natur oft als feindlich angesehen. Tatsächlich sind in ihr viele aggressive Momente zu finden, die ja ursprünglich durch den Einfluss des Menschen kultiviert werden sollten. Stattdessen er die Natur als Maßstab für sein eigenes Handeln angesehen und damit missdeutet.

Aggression darf nur in Form des kreativen Vorwärtsdrängens zum Ausdruck kommen, wobei die Belange der Mitmenschen immer in Betracht gezogen werden müssen. Feindselige Aggression sollte grundsätzlich gemieden werden. Es ist nur ein kleiner Sprung von der schöpferischen, erneuernden Aggression, die in tätigem Handeln zum Ausdruck kommt, bis hin zu Gewalt. Die besten Absichten verlieren ihre Bedeutung, wo Gewalt angewendet wird. Das angestrebte - ursprünglich positive - Ziel kann auf diesem Wege niemals erreicht werden. Der Schöpfergeist verabscheut Gewalt, denn die Grundlage von Gewalt ist Hass. Wie kann daraus etwas Gutes entstehen?

Das positive, aufbauende Prinzip erscheint auf dem Planeten oftmals schwach. Dies ist so, weil weitgehend das Negative dominiert und die kämpferischen Eigenschaften auf seiner Seite hat. In Wahrheit ist Liebe das höhere Prinzip und damit ungleich stärker. *Das Negative, der Hass, lässt sich allerdings nicht allein mit Liebe, dem höchsten Prinzip, aus der Welt schaffen. Das Böse ist ja gerade durch die Abwesenheit von Liebe gekennzeichnet, ja durch die Ablehnung derselben. Negativität bewirkt Leiden, und dies ist das Mittel zu seiner Bekämpfung.* Das bedeutet nun nicht, dass Liebe niemals in der Lage ist, mit dem Hass fertigzuwerden.

Ein Mensch, der sich auf dem spirituellen Pfad befindet, ist befugt, der Negativität mit Strenge und Ablehnung zu begegnen. Eine ‚laissez-faire' - Haltung wäre in diesem Fall nicht angebracht. Er darf darüber aber nicht vergessen, dass Liebe das höchste Ziel ist. Die Gefahr besteht darin, über den Kampf gegen das Böse das eigentliche Ziel aus den Augen zu verlieren. Dann gewinnt die Negativität und damit das Böse die Oberhand. Der Teufel wird mit Beelzebub ausgetrieben und damit das eigentliche Ziel verfehlt.

Derjenige, der Strenge als Mittel der Läuterung einsetzt, darf sich niemals gänzlich auf die andere Seite begeben. Was würde ihn dann noch von seinem Gegenüber trennen? Sobald der Gegner Reue zeigt, sollte dies anerkannt werden, damit die positiven Tendenzen verstärkt und belohnt werden. Das Mittel der Strenge muss also fein dosiert angewandt werden, sonst wird das Ziel verfehlt.

Innerhalb der materiellen Welt ist Autorität nicht grundsätzlich negativ zu werten. Ursprünglich sollte die Menschheit durch autoritäre Führer lernen, den Willen des Geistes anzuerkennen und auszuführen. Die Voraussetzung hierfür wäre allerdings, dass die Führer selbst den höheren Willen erkennen und in seinem Namen handeln. Wo dies nicht geschieht, wird Autorität leicht zur Anmaßung und Herrschsucht macht sich breit mit schädlichen Auswirkungen. Sadistische und masochistische Tendenzen sind die Folge.

Das in Deutschland entstandene Dritte Reich war eine deutliche Warnung, denn es zeigte der Menschheit, wohin blinder Gehorsam autoritären Führern gegenüber führen kann. An den Geschehnissen des Dritten Reiches hatte der göttliche Geist keinen Anteil. Menschliche Führer sind nicht ohne Fehler. Ihnen sollte nur dann Gefolgschaft geleistet werden, wenn ihre Ambitionen mit den göttlichen Plänen übereinstimmen. Die Voraussetzung hierfür ist ein subtiles

Gespür für die ‚innere Stimme', die geistige Instanz im Innern eines jeden Menschen, die intuitiv den rechten Weg weist.

Die Menschheit hat es versäumt, den Einfluss aus höheren Sphären anzuerkennen und einseitigen irdischen Interessen entgegenzusteuern. Aus diesem Grunde existieren Not und Leid in großem Ausmaß in der Welt. Der ursprüngliche Plan sah viele alternative Entwicklungsmöglichkeiten für die Menschheit vor, unter denen sie frei wählen konnte und die alle in dasselbe Ziel einmünden sollten.

Die Abkehr der Menschheit vom eigentlichen Ziel - der Erhöhung der Materie aus dem Dunkel der Unbewusstheit - hatte die Notwendigkeit von strengen Gegenmaßnahmen zur Folge. Gehorsam gegenüber den höheren Mächten wurde notwendig, als die Menschen begannen, vorwiegend egoistischen Bestrebungen zu folgen. Es wurde eine ausgleichende Gerechtigkeit geschaffen, welche die Vergehen gegen die geistigen Gesetze ahndet. Solange die Menschen in der Materie verhaftet sind, kommen die geistigen Gesetze für sie zur Auswirkung. Erst bei der Höherentwicklung werden sie nach und nach von den Fesseln frei, die ihnen jetzt auferlegt sind.

Zeitenwechsel

Die Menschheit verfolgt häufig spezifische, eigenmächtige Ziele, die nicht mit den Zielsetzungen der höheren Welten übereinstimmen. Werden die Abweichungen sehr dominant, gerät der allem zugrunde liegende göttliche Plan weit ins Abseits, was regelmäßig Chaos und Verwirrung stiftet. Die Nichtbeachtung geistiger Zielsetzungen hat schwerwiegende Folgen für Mensch und Tier, denn die natürliche Ordnung gerät aus den Fugen. Die ursprüngliche Schönheit und Harmonie geht verloren, sobald die höheren Welten in Vergessenheit geraten.

Tiefgreifende Eingriffe des Menschen in den natürlichen Ablauf der Dinge haben verheerende Folgen, die auf lange Sicht den Naturhaushalt durcheinander bringen. Diesem Zustand des allgemeinen Verfalls geht ein Werteverfall voraus. Die eigensüchtigen Ziele der Menschheit verdrängen nach und nach die höheren Werte und Zielsetzungen. Ein allgemeines Desinteresse breitet sich wie ein schleichendes Gift aus und durchdringt nach und nach alle Herzen und Gemüter. Wenn es soweit ist, naht das Ende der zivilisatorischen Epoche: Eine grundlegende Erneuerung wird notwendig.

In der Gegenwart ist der Schöpfergeist bereit, die Menschheit zu unterstützen, da sie offenbar nicht in der Lage ist, sich ohne Hilfe weiter zu entwickeln, sondern eine Geschichte der Katastrophen hinter sich hat. Es geht nun darum, die geistige Führung willkommen zu heißen, die menschlich-entarteten Eigenschaften zu beherrschen und umzuwandeln in göttliche Reinheit und Liebe. Geist ist höchste Bewusstheit. In dem Maße, wie die Lebewesen der materiellen Schöpfung bereit sind, sich ihm anzunähern und seinen Plänen entsprechend zu handeln, wird ihnen mehr Bewusstheit zuteil. Das sogenannte Unbewusste wird verwandelt.

Eine neue Ära zieht herauf. Die alten Strukturen werden aufgelöst und durch neue ersetzt. Dieser Umschwung erfolgt aber in der Regel nicht plötzlich oder völlig unvorhergesehen, sondern alte Ordnungen werden ganz allmählich durch Neue ersetzt. Vorübergehend geht die menschliche Spezies durch eine Phase der Desorientierung, in der die alten Sicherheiten scheinbar verloren gehen. Der sichere Rahmen existiert nicht mehr, während das Neue noch nicht in ausreichendem Maße entwickelt ist.

Eine Spaltung innerhalb der Menschheit findet statt, wobei der eine Teil sich auf den spirituellen Weg vorbereitet, während die andere Seite in der Materie verbleibt. Begrenzende Erfahrungen bringen ein begrenztes Bewusstsein hervor, das nicht gemessen werden kann an einer freien, unbegrenzten Daseinsweise. Ein Mensch mit einem begrenzten Bewusstsein ähnelt eher einem Staubkorn; ein freier Geist aber ist dem Sandsturm ähnlich, der die Staubkörner herumwirbelt.

Der Bewusstseinswandel der Menschen vollzieht sich in Etappen, von denen die größere noch bevorsteht. Wenn dies geschieht, treten regelmäßig historische Persönlichkeiten auf den Plan; Helfer der Menschheit, die bei der Etablierung der neuen Strukturen behilflich sind. Geisthelfer sind die Avantgarde, die den Menschen auf dem Weg vorausgegangen ist.

In den unsichtbaren Gefilden existieren hilfreiche Mächte, sowie herabziehende dunkle Kräfte, die alle bestrebt sind, ihren Einfluss geltend zu machen. Entsprechend der Motivation eines Individuums kommen diese unterschiedlichen Mächte zum Einsatz. Der geistige Weg führt entweder nach oben, in die Lichtwelt, oder abwärts in düstere Gefilde. Ein Dazwischen existiert in der Regel nicht. Das Bestreben der geistigen Welt liegt darin, Menschen den Aufstieg durch hilfreiche Interventionen zu erleichtern. So konnte schon mancher tiefe Fall verhindert werden.

Ein Zeitenwechsel ist da, eine neue Sonne geht am Horizont auf. Es weht ein frischer Wind, der Staub und Ablagerungen der vergangenen Jahrhunderte hinwegfegt. Ein strahlender Morgen zieht herauf, voll Erhabenheit und Schönheit, eine ‚Götterdämmerung'. Das Alte ist vergessen, das Neue bricht sich Bahn.

Die Menschheit atmet auf und fühlt sich wie befreit, nachdem sie die Ketten der alten Strukturen, die sie einengten wie eine Zwangsjacke, abgestreift hat. Dies gelingt ihr mit Hilfe der Gesandten, welche auf die Erde kommen zu ihrem Beistand. Diese öffnen das Tor zu neuem Leben. Neue Entwicklungen, neue Strömungen breiten sich aus: Zuerst zaghaft hier und da, wie vereinzelte Inseln, die das Kommende ahnen lassen, doch dann immer heftiger und stärker, bis es anschwillt zu einem brausenden Strom, der in mitreißendem Überschwang und mit übermächtiger Gewalt hereinbricht und alles mit sich fortreißt. Unmöglich, gegen den Strom zu schwimmen, zu gewaltig sind die Fluten, die das Alte, überkommene unter sich begraben. Wer sich in den Weg stellt, wird zerschmettert, denn urgewaltige Kräfte sind am Werk, die jedes Hindernis mit sich fortreißen.

Die Menschen erkennen die urtümliche Kraft, die hinter allem steht, sie lassen sich fortreißen, neuen Ufern entgegen. Das Alte hat ausgedient; es wird abgestreift wie ein abgetragener Mantel, der zu nichts mehr gut ist, als auf den Müll der Geschichte geworfen zu werden. Wie ein Schmetterling, der sich nach langer Erdgebundenheit aus der Raupe entwickelt und seine Fühler dem Licht entgegenstreckt, befindet sich der heutige Mensch an der Schwelle eines neuen Zeitalters.

Die blendende Helle der neuen Zeit erregt die Gemüter und verleiht ihnen Kraft auf unabsehbare Zeit. Eine heilende Wirkung geht davon aus; alte Wunden schließen sich und vernarben. Die frühere Traurigkeit weicht dem Frohsinn. Die Menschen lernen wieder zu lachen, was sie zuvor verlernt hatten. Dem tiefen Ernst der Vergangenheit weicht die Heiterkeit. Als ein Ergebnis der neuen Sinnfindung macht sich allenthalben Zufriedenheit breit.

Das Göttliche steigt herab zu den Menschen und ist überall zu spüren. Die Natur verändert ihre Farben; die Blumen blühen in kräftigeren und leuchtenderen Tönen; alles wirkt reichhaltiger und schöner und atmet die Frische des Neugeborenen. Nicht nur die Pflanzenwelt erneuert sich. Durch die gesamte Schöpfung geht ein Raunen und Tönen, das in den Sphären widerhallt. Der Beginn der der neuen Zeit ist da.

Rückkehr in die geistige Heimat

Ein Teil der Menschheit entwickelt sich derzeit in rascher Folge in Richtung Aufstieg, womit in erster Linie die Erhöhung der Schwingungsrate gemeint ist. Das Bewusstseinsfeld erweitert und erhöht sich auf eine Weise, die ihresgleichen sucht. Diese Maßnahmen sind notwendig geworden, um ein Rückfall der gesamten Menschheit in frühere Entwicklungsphasen zu verhindern. Immer mehr Individuen erkennen ihren Ursprung und entscheiden sich, dorthin zurückzukehren.

Jemand, der sich ernsthaft auf den spirituellen Weg begibt, setzt neue Prioritäten und entwickelt abweichende Interessen vom normalen Pfad des Lebens. Er verfolgt andere Ziele, denn ihm geht es nicht mehr darum, Reichtümer anzuhäufen oder Erfolg in der Gesellschaft zu erringen. Wie eine Blume, die unaufhaltsam zum Sonnenlicht drängt, strebt er nach höheren Weihen.

Finanzielle Belange spielen nicht mehr die gleiche Rolle wie zuvor; sie verlieren an Stellenwert. Daher sind Bestrebungen, bei denen es vorrangig darum geht, Reichtümer aufzuhäufen, hinderlich auf dem Pfad. Zwar ist Wohlstand durchaus kein Hindernis, doch nützt er wenig, wenn er zum vorrangigen Ziel wird.

Sobald sich die Schwingungsrate eines Individuums erhöht, sind Kräfte am Werk, die diesen Vorgang unterstützen. Die Schwingungserhöhung ist eine Voraussetzung für ein Leben in der rein geistigen Welt. Wenn ein bestimmtes Niveau erreicht ist, fällt es dem spirituellen Menschen leicht, die Ebene zu wechseln und in die geistige Heimat zurückzukehren. Eine lange Entwicklung ist zu seinem Abschluss gekommen.

Doch nicht jeder Sinnsucher wünscht eine vollständige Rückkehr in geistige Gefilde. Die Pläne und Absichten des Einzelnen können, abhängig von dem jeweiligen Reifegrad, sehr unterschiedlich sein. Es gibt verschiedene Stadien der Erleuchtung. Der Zustand, der von einigen Mystikern sehnsüchtig angestrebt wird, wirkt auf andere eher abschreckend. Sie haben Angst, auf die altgewohnte Umgebung und vertraute Gewohnheiten verzichten zu müssen. Diese Bedenken sind durchaus verständlich, nur leider führen sie manchmal zu rigorosen Abwehrhaltungen, die jegliches Weiterkommen unterbinden. Dies hat leider Auswirkungen, die nicht jeder überschaut.

Der spirituelle Fortschritt eines Menschen findet zu einem Zeitpunkt statt, an dem er einen gewissen Reifegrad erreicht hat. Verhindert er durch seine Abwehrhaltung eine Weiterentwicklung, kommt die Entfaltung des Bewusstseins zu einem Stillstand. Das Bewusstsein stagniert und kommt erst sehr viel später in die Lage, auf ähnliche Weise einen Fortschritt zu erzielen. Ein bedauerlicher Rückschritt mit unabsehbaren Folgen ist die Konsequenz eines strikt abweisenden Verhaltens. Die Konsequenzen sind allerdings unterschiedlich, denn nicht jeder Weg ist im Detail vorgezeichnet. Der Betreffende hat demnach verschiedene Möglichkeiten, seine Entwicklung mitzugestalten.

Ist ein gewisser Entwicklungsstand noch nicht erreicht, dann eröffnen sich andere Alternativen und Möglichkeiten. Einer der Wege besteht darin, seine bisherigen Interessen weiter zu verfolgen und darin erfolgreich zu sein. Ein anderer Zweig wäre die Aufnahme einer Schulungstätigkeit, um anderen Menschen den Weg zu weisen, den man selbst gegangen ist und sie durch die gesammelten Erfahrungen zu bereichern. Die Möglichkeiten sind zahlreich und sollen nicht alle aufgezählt werden. Jeder Mensch ist Teil eines umfassenden Plans und kann innerhalb desselben frei wählen und entscheiden.

Das Ziel ist keineswegs in allen Einzelheiten festgelegt; jeder erschafft es in seinen Gedanken und Träumen. Ein Beispiel kann dies veranschaulichen:

So wie eine Sommerblume - wenn sie reift -, einen Fruchtstand bildet und Samen abwirft, so blüht der Mensch und trägt Früchte. Die Beschaffenheit des ausgereiften Samens entscheidet über das Ergebnis. Die zutage tretenden Früchte sind so unterschiedlich wie die Menschen, die sie hervorbringen.

Da die Stadien der Erleuchtung verschieden sind, wirkt sich dies auch auf den Grad der spirituellen Entwicklung aus. Bedingt durch die unterschiedlichen Stufen des individuellen Bewusstseins sind die Wege vielfältiger, als allgemein angenommen wird. Der Fortschritt hängt mit der Art der geistigen Entwicklung zusammen.

Ein rigoroser Umbruch, wie von vielen befürchtet, ist in der Regel nicht vorgesehen. Ein Wanderer, der eine bestimmte Stufe der Entwicklung erklommen hat, kann frei über den weiteren Fortgang bestimmen. Er ähnelt einem Flugzeuginsassen, der sein Ziel frei wählen kann.

Die unterschiedlichen Abstufungen sind sehr vielfältig. Das Bild einer Treppe kann dabei helfen, den Aufstieg des Bewusstseins zu verdeutlichen. Jede Stufe enthält unterschiedliche Aufgaben und Bewusstseinszustände, die Akzeptanz und Verhalten beeinflussen. Das letztendliche Ziel ist aber bei allen Bewusstsein das gleiche: Die Verbindung mit der Alleinheit.

Wissen und Fähigkeiten eines Menschen gehen bei der Höherentwicklung nicht vollständig verloren. Auf den Geistebenen existieren viele Räume; eine große Anzahl von Möglichkeiten wartet auf den Reisenden. Die Geistwelt ist bestrebt, jedes einzelne Individuum in seinen Anlagen und Vorlieben zu unterstützen, um sein Potential bestmöglich zur Geltung zu bringen. Die Anlagen sind so vielfältig und verschieden wie es Menschen gibt. Der Weg ist nicht in allen Einzelheiten vorgezeichnet; die Entwicklung geht schrittweise und fast unbemerkt vonstatten.

Ein Mensch, der die Stufenleiter nach oben erklimmt, tendiert mit der Zeit zunehmend dazu, sich von irdischen Interessen abzuwenden und geistige Interessen an deren Stelle zu setzen. Sobald diese an erster Stelle stehen, steht dem Sprung in die geistigen Gefilde nichts mehr im Wege. Dort erwartet den Probanden aber nicht das Nichts, sondern neue Aufgaben und Entwicklungen warten auf ihn. Der geistige Pfad bietet einen bunten Strauß voller faszinierender Möglichkeiten.

Der physische Organismus verwandelt sich; die Zusammensetzung wird subtiler und durchlässiger. Auch das emotionale Gewahrsein verändert sich. Der Adept wird zunehmend feinfühliger und entwickelt mehr Verständnis für die Andersartigkeit seiner Mitmenschen. Sobald jemand sein Einverständnis gibt, lernt er die geistigen Bewusstseinsfelder kennen. Er nähert sich dem Ziel der Reise.

Dieses Ziel ist *nicht* in jedem Fall die Auflösung der physischen Hülle und das Eingehen in eine rein geistige Existenz. Es sind Steuerungsmechanismen vorgesehen, die ein vorübergehendes und ungewolltes ‚Abdriften' in geistige Gefilde verhindern. Die von einigen befürchtete Auflösung des Egobewusstseins durch die Vereinigung mit dem überbewussten Geistfeld kann nicht geschehen, solange noch Groll und Ressentiments das Bewusstsein verdunkeln. Jedes kleine Hindernis in der Seele des spirituellen Menschen hält ihn im materiellen Bewusstseinsfeld bzw. bewirkt nach dem Transzendieren der Materie eine Reinkarnation. Ein Bewusstseinsfeld enthält viele Facetten. Es enthält manchmal Bereiche, die eine Annäherung an den rein geistigen Zustand behindern. Es gilt, diese Anteile zu erkennen, um eine vollständige Ablösung in den rein geistigen Bereich möglich werden zu lassen.

Der Sinn der unzähligen Wiederverkörperungen besteht darin, die Anziehungskraft des materiellen Daseins zu überwinden und auf die rein geistigen Ebenen, die allein Dauer und Unsterblichkeit versprechen, zurückzukehren. Nur die Überwindung irdischer Bedürfnisse kann an das ersehnte Ziel führen. Die materielle Welt war ursprünglich lediglich als Ebene des Übergangs gedacht, als vorübergehende Stufe, die als Vorbereitung für die Rückkehr in die geistige Heimat dienen sollte. Doch der ursprüngliche Plan ist gründlich misslungen.

Diejenigen, die dauerhaft auf der Geistebene existieren und somit unsterbliches Dasein erreichen wollen, dürfen am Menschsein und an materiellen Bedürfnissen nicht mehr allzu stark hängen. Ein Geist erreicht dann Vollkommenheit und Dauer, wenn seine Wünsche, die irdische Ebene betreffend, erloschen sind. Andernfalls ziehen sie ihn immer erneut hinab in eine weitere Inkarnation.

Eine Wiedergeburt empfiehlt sich bei spirituellen Suchern, die noch Lernprozesse zu bewältigen haben. Die Erde kann als ein Schulungszentrum begriffen werden, in dem Fähigkeiten und Kenntnisse vermittelt werden, die unabdingbar für einen geistigen Aufstieg sind. Defizite in dieser Hinsicht führen zu einer erneuten Inkarnation, die allerdings nicht in jedem Fall ein ganzes Leben umfassen muss. Manchmal genügt es, für einen kurzen Zeitraum zurückzukehren, um noch nicht bewältigte Erfahrungen mit der Gesamtpersönlichkeit in Einklang zu bringen.

Hat ein spiritueller Mensch einen sehr hohen Entwicklungsstand erreicht, dann ist er an einem Punkt angekommen, an dem er damit einverstanden ist, irdische Begrenzungen hinter sich zu lassen. Doch niemand, der dazu nicht bereit ist, wird zu diesem Schritt gezwungen. Ein Zwang wäre auch gar nicht möglich, denn der innere Widerstand würde dem absoluten Höhepunkt und der Loslösung von materiellen Banden immer im Wege stehen.

Das irdische Dasein dient als Trittleiter in die geistigen Gefilde, die mit der Zeit immer weniger gebraucht wird. Das Erdendasein wird abgelegt wie ein altes, zerschlissenes Gewand, das seine Schuldigkeit getan hat. Das angesammelte Wissen ist wie ein abgetragenes Kleid, das nicht mehr benötigt wird. Da in höheren Geisteszuständen die irdischen Belange ihre Bedeutung verlieren, sind auch die Gedächtnisinhalte nicht mehr von Belang.

Die Gedächtnisfunktionen werden nicht mehr in gleicher Weise benötigt wie zuvor und gehen daher verloren. Sie wären ein großes Hindernis, wenn die Erinnerung an jede Einzelheit, wie unwichtig auch immer, das geistige Bewusstseinsfeld überschwemmte. Das Bewusstseinsfeld hat unvorstellbare Ausmaße, welche die menschliche Vorstellungskraft übersteigen. Es könnte nicht bestehen, wollte es jede Kleinigkeit speichern.

Der persönliche Vorrat an Erinnerungsbruchstücken, die in der vergangenen Inkarnation angesammelt wurde, wirkt wie ein Magnet, der unentwegt Teile des Bewusstseins an sich zieht. Das Bewusstsein verliert auf Dauer seine Kontinuität, da es dem Sog nicht zu widerstehen vermag. Die Bewusstseinsteile driften in verschiedene Richtungen auseinander und gehen neue Verbindungen ein. Dies geschieht zu Lasten des Ursprungsbewusstseins, dass immer uneinheitlicher und damit instabiler wird.

Die Stabilität ist aber eine unbedingt Voraussetzung für eine Existenz auf der rein geistigen Ebene. Zerfällt das Bewusstsein in seine

Teile, dann ist es – ganz ähnlich wie auf der materiellen Ebene – nicht überlebensfähig. Das Fehlen der Gedächtnisfunktion ist somit ein Schutz, welcher die Stabilität gewährleistet.

Das Endziel der Entwicklung ist eine Rückkehr auf die geistigen Ebenen. Der für eine Höherentwicklung unerlässliche Bewusstseinsgrad kann nur auf dem Wege der Menschwerdung erzielt werden. Damit die Rückkehr reibungslos vonstatten gehen kann, war eine Trennung von menschlichem und materiellem Bewusstsein notwendig, d.h. die Erreichung der rein geistigen Ebenen sollte durch den Menschen erleichtert werden.

Der Höhepunkt wird erst dann erreicht, wenn die inneren Widerstände überwunden sind. Die Feingeistigkeit ist ein Schritt in Richtung Erleuchtung und endgültigem Eingehen in das geistige Bewusstseinsfeld. Beim spirituellen Höhepunkt werden die irdischen Bande gelockert und zuletzt gelöst.

Im höchsten Bewusstsein kann nur verweilen, wer frei ist von Emotionen, denn diese erzeugen Energieströme, deren Unruhe das individuelle Bewusstseinsfeld zwingt, die reinen Seinsebenen zu verlassen. Das Bewusstsein existiert in verschiedenen Abstufungen, wobei die einzelnen Stufen gravierende Unterschiede im Bewusstheitsgrad aufweisen. Jede Stufe ist in einer anderen Realität beheimatet. Das menschliche Bewusstsein hat am ehesten die Möglichkeit, in die reinen Lichtebenen zurück zu kehren, denn es besitzt die Antennen, die ihm dies ermöglichen.

In unüberschaubarer Vielfalt und in einer endlos scheinenden Anzahl von Variationen existiert Bewusstsein. Die höheren Welten bilden eine besondere Stufe des individuellen Bewusstseins, das man sich als Pyramide, aufgeteilt in verschiedene Schichten, vorstellen kann. Jede Schicht hat ihre Eigentümlichkeiten und Besonderheiten. Der Einzelne vermag die Zusammenhänge nicht zu erkennen.

Der Übergang auf die geistige Ebene kann entweder durch Tod oder aber auf eine andere Weise geschehen. Dies geschieht öfter, als man denkt, nur ist darüber wenig bekannt. Das Seelenbewusstsein, von dem das Egobewusstsein ein Teil ist, ist sich einer weitaus größeren Dimension des Seins bewusst. Es wird mit dem Tod nicht vernichtet, denn das erworbene Wissen und die Erfahrungen leben in den Körperzellen weiter.

Ein spiritueller Fortschritt ermöglicht einem Individuum eine andere Art von Übergang, der als Entgegenkommen der geistigen Welt aufgefasst werden kann, um den Wechsel zu erleichtern. Auch das Ziel ist letztlich ein anderes: Der spirituelle Mensch vereinigt sich mit dem Schöpfergeist. Er geht ein in das kosmische Energiefeld und erlebt die Verbundenheit mit dem gesamten Sein.

Ein geistig entwickeltes Bewusstsein vereinigt seine unterschiedlichen Energien zu einem kohärenten Bewusstseinsfeld, das beim Übergang nicht mehr auseinander driftet. Es verliert seinen Halt nicht und löst sich nicht auf. Einem kohärenten Bewusstseinsfeld stehen weit mehr Möglichkeiten zur Verfügung als einem in seine Einzelteile zerfallenden Bewusstsein.

Bei den Buddhisten wartet das *Nirvana*, die Leere, auf die Gläubigen. Das *Nirvana* ist allerdings nicht so leer, wie manche glauben. Auch dort findet noch eine geistige Entwicklung statt, von der Erdenmenschen nicht zu träumen wagen. Mit irdischen Begriffen lässt sich ein solcher Zustand nur schwer beschreiben. Man stelle sich ein großes Meer subtiler Möglichkeiten, angefüllt mit Licht- und Klangmustern, vor, die gemeinsam eine berauschende Sinfonie ergeben.

Tibetische Gläubige finden dort das „Klare Licht". Auch das „Klare Licht" entspricht den vorher beschriebenen Zuständen. Es ist die Ebene, die eine Heimkehr ermöglicht. Sie zu durchqueren ist die Vorbedingung, um in die geistige Welt einzutreten. Zuvor müssen alle Misstöne in der Psyche überwunden werden, um auf den höheren Geistebenen bestehen zu können.

Das Dasein in der geistigen Welt entzieht sich weitgehend der menschlichen Vorstellungskraft, daher ist es schwierig, es umfassend zu erklären. Die geistige Heimat ist ein überaus lebendiges Schwingungsfeld mit vielen Facetten, die für jedes Bewusstsein Überraschungen bereithalten. Ganz obenan steht das Wohlbefinden. Auf den höheren Stufen nimmt das Bewusstsein immer mehr an Dichte und auch an Intensität zu, während gleichzeitig die ‚Streuung' immer mehr verringert wird. Auf der höchsten Stufe ist es in einem Punkt vereinigt.

Den befreiten Menschen erfasst ein großes Staunen, wenn er zum ersten Mal in seinem geistigen Entwicklungszustand - welcher sein ursprünglicher Zustand ist -, die Welt betrachtet. Sein Geistkörper erlaubt ihm, die Erde weit umfassender zu erleben, als ihm dies früher möglich war. Seinen Erfahrungen sind nun keine Grenzen mehr gesetzt, weshalb ein Vergleich mit seiner früheren Existenzweise kaum möglich ist, denn zu gewaltig ist der Unterschied.

Ein reiner Geist ist frei, zu tun, was ihm beliebt.

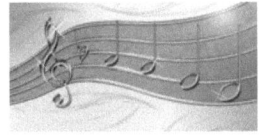

Geheimnisse der Natur

*Gott enthüllt die Geheimnisse
nur denjenigen, die sie
nicht missbrauchen.*
Maria Szepes

Energieströme

Energetische Zusammenhänge zu begreifen, setzt einiges an Wissen voraus. Unsichtbare feinstoffliche Prozesse finden in jedem Augenblick statt und gestalten die Lebensprozesse auf dem Planeten. Die Natur hat Zeiten, in denen sie sich regeneriert, wie der Mensch übrigens auch. Die feinstofflichen Ströme fließen zurück in ein Zentrum (zentrales Feuer) und werden dort kräftemäßig aufgeladen durch eine rotierende Kraft. Die Kräfte fließen in zwei Richtungen und sind gegenläufig gepolt. Die Luft ist das Trägermedium für die feinstofflichen Ströme, ohne die es kein Leben und kein Wachstum gäbe.

Der Aufbau der Grundbausteine erfolgt in Stufen, jede Stufe entspricht einem spezifischen Entwicklungsstand. Der Aufbau des Lebenskeims ist überall gleich, eine wunderbare Ordnung durchzieht die gesamte Natur.

Das Wohlbefinden der Menschen bei warmen Temperaturen hängt mit den Prozessen des Wachsens und Werdens zusammen und ist ein Ausdruck davon. Vor allem im Sommer ist der Anteil der feinstofflichen Substanzen besonders hoch, was mit der Wärme zusammenhängt, die eine Ausdehnung bewirkt. Kälte hingegen verursacht eine

Zusammenballung der feinstofflichen Substanzen und unterbricht die Lebensprozesse. Kühle Sommertage bewirken eine Regeneration der Natur und ein Anreichern der Kräfte. Das Energiefeld erneuert sich.

Die Trägersubstanz für das feinstoffliche Fluidum, die Luft, weist einen hohen Verstärkungsgrad auf in Bezug auf die energetische Struktur. Fließen die Ströme bei warmem und trockenem Wetter, besitzt die Luft die Fähigkeit, die energetischen Substanzen anzureichern. An Tagen, in denen der Himmel bedeckt und die Luft recht kühl ist, hat die Natur die Fähigkeit, gewisse mit Kraft angereicherte Ströme zu entnehmen. Die Partikel, die entnommen werden, befinden sich im Atem der Lebewesen und werden absorbiert. Das ist der Grund, weshalb Menschen zu diesem Zeitpunkt nicht hinausgehen sollen. Der Organismus wird nicht aufgeladen, sondern geschwächt. Die energetischen Ströme fließen vom Menschen weg; auch der Informationsfluss leidet darunter.

In geschlossenen Räumen ist die Streubreite der energetischen Ströme verringert, weshalb der Energieabfluss gleichfalls geringer ist. Die verschiedenen Energieflüsse haben unterschiedliche Formen, je nachdem, ob ein Abstrahlen oder ein Rückfluss erfolgt. Die Form des Rückflusses wird gemeinhin ‚makrobiotische Form' genannt, da die Energien vom Besonderen, d.h. Individuellen, zum Allgemeinen fließen. Der Energiefluss erstrahlt in einem grünen Licht von großer Leuchtkraft und Schönheit.

Der *Rückfluss* der *Energie* geschieht auf zwei Arten:

◙ Mit dem Rückfluss ist ein Aufheizen der Atmosphäre verbunden, wobei die Energie wie in einer Sammellinse gebündelt wird. Überschüssige Energie wird dabei abgegeben und ist ein Mitverursacher für den Treibhauseffekt, während ein energetisches Defizit zu Kälteeinbrüchen führt.

◙ Bei einem energetischen Stau werden explosive Kräfte angesammelt, die zur Entladung drängen, wobei als Höhepunkt eine Explosion die Folge ist. Kleinere Staus führen zur Erwärmung des Grundwassers, was für die biologischen Prozesse in der Natur abträglich ist. Dieser Sachverhalt dreht sich um, wenn die Energie zu schwach und träge fließt.

Der *energetische Zufluss* geschieht gleichfalls auf zwei verschiedene Art und Weisen:

▫ Durch organische Abbauprozesse wird Energie frei und erneut in den Kreislauf eingespeist. Es besteht ein gradueller Unterschied in der Stärke der jeweiligen Abbauprozesse.

▫ Ein Zufluss geschieht auch über die Sonneneinstrahlung, wobei die in der Sonne kumulierte Energie erneut in den Kreislauf abgegeben wird.

Ein Großteil der feinstofflichen Prozesse findet in der Nacht statt.

Energie im Jahreslauf

Im Jahreslauf sind die Energien sehr unterschiedlich verteilt. Das *Frühjahr*, Zeit des Keimens und des neuen Lebens, ist geprägt von einer Zunahme der Energie. Kraft wird zum Wachsen benötigt. Gleichsam ist der *Sommer* eine energetische Zeit, wenn das, was gewachsen ist, Früchte trägt. *Herbst* und *Winter* hingegen sind die Zeiten der abnehmenden Energie, wenn die Lebenskraft sich in die Erde zurückzieht. Kraft speichert sich im Boden aufgrund der abgestorbenen Überreste des vergangenen Jahres.

Tag- und Nachtgleiche: Im Frühlings- und Herbstäquinoktium. (Tag- und Nachtgleiche) herrscht ein vollkommener Ausgleich der Kräfte, welcher einen Zustand der Harmonie erzeugt, der zu anderen Zeiten nur unvollkommen ist.

Im Anbeginn der Zeiten herrschte ein ausgeglichenes Klima; Jahreszeiten gab es nicht. Der Jahreszeitenwechsel entstand aufgrund disharmonischer Schwingungen, die ein massives Ungleichgewicht der Kräfte zur Folge hatten. Im Frühlings- und Herbstäquinoktium ist dieses Ungleichgewicht wieder aufgehoben, der Ausgleich zwischen Anziehung und Abstoßung ist wieder hergestellt. Das Gleichgewicht der Kräfte bewirkt eine seelische Entspannung, die zu anderen Zeiten nicht in gleichem Maße aufrechterhalten werden kann.

Zeit ist ein Faktor, der berücksichtigt werden muss. Eine Zeitsequenz besteht aus vielen kleinen Einheiten, die erst zusammen ein vollständiges Ganzes ergeben. Energie benötigt Zeit, um sich umzuwandeln in neue Wachstumskraft. Dies geschieht im Winter, wenn der Frost die alten Strukturen auflöst. Hierin liegt ein Gleichnis der Vergänglichkeit: *Das, was abgestorben ist, dient als Grundlage für neues Wachstum.*

Auch die *Adventszeit* ist eine Zeit des Ausgleichs: Hohe Energien werden herunter transformiert, während niedrige Energien eine Zunahme erfahren. Der Ausgleich findet statt, um eine friedevolle Stimmung zu ermöglichen und zu erhalten. Die Zeit zwischen dem 20.12. und 6.01. ist gekennzeichnet von einer Zunahme der Energie. Die zusätzliche Energie kann als Katalysator dienen für tiefe spirituelle Erfahrungen, wobei der Balance dieser Energie eine besondere Bedeutung zukommt.

Einflüsse des Mondes: Das menschliche Energiemuster durchläuft Zyklen, die den Mondperioden entsprechen. Bei *Vollmond* sind die Energien sehr gesteigert und stark, was eruptive Ausbrüche zur Folge haben kann.

Ein Meditierender kann seine Konzentration immer dann verbessern, wenn er sich mit dem Mond in Verbindung setzt. Die Strahlen des Mondes haben eine ausgleichende Kraft, wie er leicht feststellen wird. Der Mond ist ein treuer Gefährte, der die Menschen begleitet bei Tag und bei Nacht.

Das menschliche Energiesystem

Die das Energiesystem des Menschen betreffenden Zusammenhänge sind nicht leicht zu erklären. Das Energiesystem des Menschen ist dem der Pflanzen ähnlicher als dem der Tiere. Die Pflanzen beziehen ihre Energie direkt aus dem Sonnenlicht. Tiere hingegen beziehen ihre Energie in erster Linie aus dem Kreislauf des Lebens, über die Nahrungskette.

Die Energieversorgung ähnelt einem Bewässerungssystem; über Kanäle wird die Energie weitergeleitet. Um an den Zielort zu gelangen, bedarf es Zwischenstationen, welche die Energie auffangen und verteilen. Diese Zwischenstationen ähneln Behältern oder Auffangbecken für die Energie. Sie können Energie speichern oder umgehend weiterleiten. Über diese Zwischenstationen findet die gesamte Energieversorgung statt. Sie benutzen ein Tarnsystem, welches es nur gleich gearteten Energien erlauben soll, sich zu verbinden. Andersgeartete Energien ziehen unbemerkt vorüber oder können nur sehr kurz verweilen, da eine Verbindung nur sehr mangelhaft zustande kommt.

Eine Lebenssubstanz aus dem Ätherbereich, *Ektoplasma* genannt, sorgt für den Erhalt der Zellen. Wenn eine der Zellen ‚stirbt', bedeutet dies eine Umwandlung und Regeneration, wobei die alte Zelle ihre Struktur beibehält. Der Atem des Menschen sorgt für die notwendige Zufuhr von Sauerstoff und transportiert gleichzeitig die ätherische Lebenssubstanz.

Beim Einatmen geschieht Folgendes: Die Lebenssubstanz wird verwandelt in Bewusstseinspartikel. Diese Bewusstseinspartikel sind Träger des schöpferischen Geistes. *Die Gedanken des Menschen sind es, die den Geist erzeugen.* Die ätherische Lebenssubstanz ist ein Fluidum. Beim Transport des Fluidums durch den menschlichen Körper werden die rein geistigen Bewusstseinsteile in eine dieser Person entsprechende Form verwandelt. *Die Aufgabe des Menschen ist also die Formgebung des vorher undifferenzierten geistigen Fluidums.*

Durch intensive Gefühle und Leidenschaften wird die göttliche, ursprünglich undifferenzierte Lebenskraft konzentriert und umgewandelt. Ein deprimierter und lethargischer Mensch ist nicht in der Lage, genügend Lebenskraft an sich zu ziehen und in Tatkraft umzuwandeln, was die hoffnungslose Stimmung noch verstärkt.

Die erzeugte Lebenskraft bringt die Umwelt hervor und sorgt für den Kreislauf des Lebens; sie ist an sich weder positiv noch negativ. Wird zuwenig Lebenskraft erzeugt, droht der Kreislauf zum Erliegen zu kommen; Lethargie und Langeweile sind Vorboten davon. Ein Überschuss an Lebenskraft hingegen führt zu Ruhelosigkeit und im Extremfall zu Gewalt und Katastrophen. Ausgeglichenheit ist daher die notwendige Voraussetzung, um ein Zuviel oder Zuwenig an Energie zu vermeiden.

Der ‚Abstieg' der Lebenssubstanz in die materielle Ebene bewirkt letztendlich eine langsame Höherentwicklung der ehemals gänzlich unbewussten Materie. Das Ziel ist die Erlösung der gesamten materiellen Welt aus dem Dunkel des Unbewussten. Die menschliche Natur ist für die geistige Entwicklung unverzichtbar. Der Mensch ist ein ‚Zwischenwesen", das zwischen geistigen Ebenen und Tierreich eine Brücke baut. Menschliche Energien und Bewusstheit werden bei der Höherentwicklung benötigt.

Die Aufgaben der Pflanzenwelt

Die Pflanzen haben auf der Erde eine besondere Aufgabe zu verrichten, die den meisten unbekannt ist. Sie sind das Wasserreservoir der Erde, denn die Speicherkapazität in ihren Wurzeln ist enorm. Doch Pflanzen können noch mehr. Sie wandeln nicht nur das Sonnenlicht um in der Photosynthese, sie zerlegen auch Licht in seine Spektralfarben, indem die winzigen Lichtpartikel aufgespalten werden. Dabei ähneln sie einem Prisma, nur dass ihre Vorgehensweise sich vom Prisma unterscheidet.

Pflanzen nehmen das Sonnenlicht auf. In ihrem Innern findet ein Umwandlungsprozess statt. Wenn das Licht nach außen dringt, hat es sich verändert. Hier sind Kräfte am Werk, die noch weitgehend unbekannt sind. Man kann sich die Pflanze wie eine Art Sieb vorstellen, dass nur bestimmte Strahlen hindurch lässt, während ein anderer Teil absorbiert wird und den Pflanzen beim Wachstum hilft. Sie ‚zermalen' auf eine gewisse Weise das Sonnenlicht und verwandeln es in eine Strahlungsenergie, die der weiteren Verwendung zuträglich ist.

Junge Triebe und Keimlinge enthalten die Keimzelle des Lebens. Sie leisten wertvolle Dienste bei der Gesunderhaltung des Körpers, da die reine Urkraft in ihnen enthalten ist. Wenn man sie täglich zu sich nimmt, wirken sei wie eine Verjüngungskur, die auch angegriffene Organe regeneriert. Ihr Wirkstoffgehalt ist einzigartig.

Die einzigartigen Gaben beschränken sich nicht nur auf Gesunderhaltung und Verjüngung. Die Keime lassen sich auch noch für andere Zwecke verwenden. Werden die Triebe oder Keimlinge zu Mus zerstampft, gewinnt man eine Paste, die vielseitig verwendet werden kann. Auf verwundete und verstauchte Körperstellen aufgetragen, wirkt die Paste wahre Wunder.

Wenn jemand die Früchte der Bäume und Sträucher als Nahrung zu sich nimmt, komme er mental in Kontakt mit der betreffenden Pflanze. Jede Pflanze übt einen anderen Einfluss auf die Psyche aus.

Pflanzen haben darüber hinaus vielfältige Aufgaben. Den Wurzeln wohnt eine ganz besondere Kraft inne, die sie von allen anderen Organismen unterscheidet. Wenn man die Wurzeln zerkaut, setzt man diese Kraft frei und nimmt sie auf, d.h. zerkleinern hilft dabei, besondere Kräfte freizusetzen. Werden die Wurzeln zerstampft oder zu Mus verarbeitet, ist die reine Kraft zugänglich. Auch im Saft ist immer noch ein großer Anteil dieser Kraft enthalten, falls er nicht denaturiert wurde.

Die Wurzeln können aber noch mehr. Sie führen der Pflanze – abgesehen vom Sonnenlicht – sämtliche Nährstoffe zu. Diese Eigenschaft kann sich der Mensch zunutze machen, indem er

die Wurzeln nach der Säuberung zerkleinert, mit Wasser übergießt und aufquellen lässt. Die besonderen Kräfte gehen über in die Flüssigkeit, die mit der Essenz angereichert wird.
Die angereicherte Flüssigkeit kann vielfältig verwendet werden. Sie erhält die Gesundheit und beugt somit Krankheiten vor. Auch verschwinden Krankheiten im Anfangsstadium. Die Wurzeln sind wahre Alleskönner aufgrund der besonderen Kräfte, die in ihnen gespeichert sind.

Die *Alraune* ist ja bereits für ihre besonderen Eigenschaften bekannt. Daneben gibt es noch diverse andere Exemplare mit speziellen ‚Talenten'. Auch die *Akelei* gehört zu den Wunderpflanzen, wenn auch ihre Kräfte nicht ganz so offensichtlich sind wir beim Enzian. Sie beseitigt Unreinheiten der Haut und hilft dabei, Lungenkrankheiten und Krebs zu überstehen. Die Akelei wird auch als Potenzmittel verwendet, wobei man wieder die Blüten nimmt und die vorher beschriebene Prozedur wiederholt. Sie kann zudem zur Wundheilung eingesetzt werden und noch vieles mehr.

Bäume dagegen sind die ‚Antennen' der Erde; sie stellen eine Verbindung zu höheren Kräften her. Dabei gilt: Je höher der Baum, desto feinstofflicher die Kräfte, die erreicht werden. Ein Baum ist ein wundersames Symbol für den Menschen. Darüber könnte man ein ganzes Buch schreiben. Die Symbolkraft der Bäume ist sehr vielgestaltig und sprengt den Rahmen dieses Textes. Nur soviel: Hat man einen Baum zum Freund, dann sollte man die Freundschaft pflegen, denn sie übermittelt der Seele genau jene Kräfte, die sie am dringendsten benötigt. Sie ist ein unschätzbarer Berater in allen Lebenslagen.

Baumharz, mitunter auch Kautschuk genannt, enthält das innerste Wesen eines Baumes. Diese Substanz eignet sich für gewisse geheime Operationen. Man stelle sich einen großen Spiegel vor, der in die Landschaft ausgespannt ist. Er reflektiert alles, was sich in ihm spiegelt, während er selbst nichts enthält. So ähnlich verhält es sich mit dem flüssigen Harz. Es kann für alle möglichen Zwecke eingesetzt werden, da es flexibel ist.

Baumharz wird auch das ‚Herz des Waldes' genannt. In ihm werden – bei richtiger Betrachtung – alle Wesen sichtbar, die in Wäldern beheimatet sind. Jemand kommt mit ihnen in Kontakt, wenn er dies beabsichtigt. Dafür genügt bereits ein kleiner Tropfen. Die Meditation auf den Tropfen eröffnet dem Betrachter eine ganz neue Welt, von der er bislang nicht zu träumen wagte.

Die Wesen sind wild und schön, aber auch scheu und furchtsam; sie erschrecken sehr leicht. Daher ist behutsames Vorgehen die Voraussetzung für eine Annäherung. Haben sie erst einmal Vertrauen gefasst, gestaltet sich das Miteinander einfach und lohnend.

Will jemand zu ihnen Kontakt aufnehmen, ist ein kleines Geschenk angebracht, das ihnen Freude bereitet. Als Geschenk kommt alles Mögliche infrage; die Wesen freuen sich auch über Kleinigkeiten. Dann wird der Geber ebenfalls reichlich beschenkt, indem er Einblick in ein fremdartiges und interessantes Dasein erhält.

Geheimnis des Regens

Der fallende Regen enthält Kräfte, die noch weitgehend unbekannt sind. In jedem Tropfen sind Geheimnisse verborgen, deren Entschlüsselung sich lohnt. Das Regenwasser dient nicht nur der Regeneration der Pflanzen, sondern kann auch für andere Zwecke verwendet werden. Wird das Regenwasser sehr langsam erwärmt, entfalten sich besondere Kräfte. Der Vorgang des behutsamen Erwärmens ist entscheidend für den Erfolg.

Der Regen kommt aus überirdischen Bereichen und ist daher angereichert mit besonderen Fluiden, welche die Wirkungen hervorbringen. Diese Fluiden sind sehr wärmeempfindlich und verflüchtigen sich rasch. Wenn der Regen fällt, nimmt die Erde diese besonderen Kräfte auf.

Das Geheimnis des Regenwassers befindet sich im Dampf. Die Wärme und der Dampf erwecken die Kräfte, die zuvor träge und inaktiv waren, zum Leben. Im Dampf sind die geheimnisvollen Kräfte enthalten. Sie sind subtil und flüchtig.
Wenn es gelingt, sie einzufangen, stehen sie zur weiteren Verfügung. Die Kräfte befinden sich nur rudimentär im Kondenswasser. Der Dampf darf nicht entweichen, sondern muss sich wieder mit der Flüssigkeit, aus der er hervorgegangen ist, verbinden.

Die Kräfte des Wassers

Die Kraft des Wassers ist zweigeteilt: Zum einen ist da die allseits bekannte Wasserkraft, die Turbinen antreibt und Dinge in Bewegung setzt. Diese Kraft ist schon erstaunlich genug. Darüber hinaus existiert eine zweite, versteckte Kraft, die nach außen nicht sichtbar wird. Die sogenannte ‚Schlangenkraft' ist, wie der Name bereits andeutet, eine Kraft in Bewegung. Sie bewegt nicht nur feste Körper, sondern setzt auch Feinstoffliches in eine rotierende Bewegung, deren Ausmaß unterschiedlich sein kann.

Die Rotation im Kleinen, die häufig – z.B. in einem Abflussbecken – beobachtet werden kann, nimmt mitunter gewaltige Ausmaße an, wie die riesigen Wasserstrudel in Seen und Meeren zeigen. Was nicht bekannt ist: Die Rotation erfolgt von innen heraus; es ist eine in der wässrigen Substanz enthaltene Kraft, die auf diese Weise zum Ausdruck kommt. Das Drehmoment befindet sich immer in der Mitte, nie am äußeren Rand.

Die Rotationskraft birgt noch ein zweites Geheimnis, das gemeinhin übersehen wird. Sie wirkt wie eine Spirale, die sich noch oben hin erweitert und eine Trichterform annimmt. Der Trichter ermöglicht es, Energie hindurchzuleiten und damit zu vervielfachen. Die Energie wird von außen angesaugt und in den Trichter geleitet. Bei Wetterphänomenen wie dem Hurrikan wird dies deutlich. Es gibt neben Luft- auch Wasserwirbel, die sich in ähnlicher Weise entwickeln.

Die tatsächliche Dynamik dieses Phänomens ist bisher noch nicht ausreichend ergründet worden. Die inhärente Kraft von Wasser und Luft, einmal in rotierende Bewegung versetzt, kann sich um ein Vielfaches steigern, wenn ein gewisser Level erreicht wurde. Dann gewinnt die Rotation an Eigendynamik, die ab einem gewissen Punkt nicht mehr aufzuhalten ist. Sie entgleitet jeglicher Kontrolle und richtet oft Zerstörungen in großem Ausmaß an.

Der Anlass der Rotation kann manchmal sehr geringfügig sein Ein Wirbel entsteht, wenn heftige Energien – welcher Art auch immer -, freigesetzt werden. Es gibt vielfältige Ursachen, die im menschlichen und außermenschlichen Bereich liegen können.

Vermeiden lassen sich solche Phänomene nicht gänzlich, man kann sie lediglich eindämmen. Hat die Rotation ein bestimmtes Maximum erreicht, gerät sie in schlingernde Bewegung; dies hat ihr den Namen ‚Schlangenkraft' eingebracht. Der trichterförmige Aufbau wird instabil und immer mehr der sich bewegenden Energie strömt nach außen, wo sie große Zerstörungen anrichten kann.

Die Wasserkraft beschränkt sich, wie bereits gesagt, nicht nur auf äußerlich sichtbare Phänomene: Die inhärente Kraft des Wassers ist subtiler Natur und nicht greifbar, da sie von feinstofflicher Art ist. Im klaren Quellwasser befinden sich feinste Partikel, die selbst unter dem Mikroskop nur schwer auszumachen sind. Diese Kleinstteilchen haben es in sich, denn sie enthalten das Geheimnis des Lebens. Sie sind ein kostbares Gut, das gehegt und gepflegt werden sollte.

Auch in der Luft sind sie enthalten und zeigen sich im Sonnenlicht als leuchtende Pünktchen in stetiger Bewegung. Diese Partikel könnte man als ‚Gottesteilchen' bezeichnen, denn sie sind wahrhaft göttlicher Natur. Die Teilchen befruchten den Boden und bringen die Saat zum Keimen. Ohne sie gäbe es kein Wachstum. Im Regen sind sie in besonders hohem Maße anzutreffen, weshalb Regenwasser das Wachstum in besonderer Weise anregt.

Das Außerordentliche daran: Die ‚Gottesteilchen' sind bewusst. Ihr Bewusstsein geht über alles Bekannte hinaus; sie sind wahrhaft überirdisch. Sie können auch mit anderem Bewusstsein in Verbindung kommen.

Wasser lässt sich auf diese Weise ‚imprägnieren', indem sich das mentale Vorstellungsvermögen des Menschen auf die im Wasser enthaltenen Partikel konzentriert und ihnen damit eine Form verleiht. Jegliche Imprägnierung ist möglich, wie dies übrigens auch bei der Luft der Fall ist.

Hochprozentiger Alkohol

Hochprozentiger Schnaps – am besten vom Korn oder Wacholder – ist besonders aufnahmefähig für die essentiellen Kräfte. Wird er getrunken, teilen sich dem Organismus die Kräfte mit. Enzian regt die Sinne an, sich mit dem Übernatürlichen zu verbinden. Ein Tor öffnet sich auf eine Weise, die nicht leicht zu beschreiben ist. Der Organismus verfeinert sich und wird aufnahmefähig für Kräfte aus anderen Sphären. Die Blüten werden getrocknet und zu einem feinen Pulver zermalen. Die Flüssigkeit muss völlig entwichen sein. Das Pulver wird mit hochprozentigem Alkohol (nicht unter 45°Vol.) vermischt und 14 Tage an einem schattigen Platz aufbewahrt. Nach Ablauf von ca. 14 Tagen sind die besonderen Kräfte der Blüten in die Flüssigkeit übergegangen.

Kleine Mengen der hochprozentigen Flüssigkeit genügen bereits, um den gewünschten Effekt zu erzielen. In höheren Dosen ist es dem Prozess abträglich und schadet eher, als dass es nutzt. Ist der Organismus vorgeschädigt, sollte ganz auf die Einnahme verzichtet werden.

Schnaps lässt sich für verschiedene Zwecke einsetzen. Er bindet die Moleküle und erhöht die Haltbarkeit. Daher ist er ein gutes Mittel der Konservierung. Mit Schnaps kann man Substanzen verfeinern, indem man sie mit Hochprozentigem übergießt und anzündet, wie das beim Flambieren von Speisen ja auch geschieht. Viele Anwendungen, die im Alltag praktiziert werden, haben ihren Ursprung in der Alchimie.

Schnaps ist – in der richtigen Dosis eingenommen - ein Allheilmittel. In kleinsten Dosen wirkt er antiseptisch und beseitigt Krankheitserreger, sofern sich die Krankheit noch im Vorstadium befindet. Das Wundermittel kann sogar noch mehr. Es kann Brücken bauen und Menschen miteinander verbinden, da unsichtbare trennende Barrieren von hochprozentigen Getränken mühelos durchdrungen werden.

Solange die Dosis im niedrigen Bereich liegt, ist nichts dagegen einzuwenden, jeden Tag ein Gläschen zu konsumieren. Schwierig wird es dann, wenn die Leber vorgeschädigt ist und die zugeführte Menge an Schnaps nicht adäquat verarbeiten kann. Dann kehrt sich die Heilwirkung in ihr Gegenteil um, wie das so oft geschieht.

Die Prozentzahl spielt eine nicht unwesentliche Rolle bei der Anwendung. Je hochprozentiger ein Gebräu ist, desto stärker die erzeugten Wirkungen. Im Umkehrschluss bedeutet dies: Eine niedrige Prozentzahl zeigt oftmals nicht den gewünschten Effekt.

Wind und Steine

Der Weg des Lebens reicht von der höchsten Stufe zu niedrigsten und umgekehrt. Wenn Bewusstseinsenergien aus dem allgemeinen Strom des Lebens herausfallen, dann stürzen sie nicht sogleich in die Materie. Anfänglich offenbaren sie sich als Wind, der weht, wohin er will. Diese Freiheit wird nur begrenzt durch die Unumkehrbarkeit der Entwicklung, d. h. selbst der Wind kann nicht ohne weiteres zurückkehren dorthin, woher er kam. Sein Schicksal bleibt solange ungewiss, bis er eine Verbindung eingeht mit der materiellen Ebene.

Der Wind trachtet danach, zuerst mit dem Wasser als das ihm gemäße Element eine Verbindung einzugehen. Wasser verbindet sich mit dem Wind, indem der Wind es bewegt, es teils zu meterhohen Wellen auftürmt. Das feuchte Element sickert ins Erdreich ein und verbindet sich mit noch gröberen Strukturen. Nun hat es die Möglichkeit, in die Nahrungskette zu gelangen und wird assimiliert von demjenigen, der die Nahrung zu sich nimmt.

Energien, die zur Zerstreuung neigen, gehen immer weiter Verbindungen ein. So entsteht ein Geflecht, das immer dichter und fester wird. Die Dichte nimmt immer weiter zu und endet schließlich in der Konsistenz von Steinen.

Das Bewusstsein der Steine setzt sich aus dem Bewusstsein gefallener Engel aus der Vorzeit zusammen. Es würde zu weit führen, alle Einzelheiten zu erläutern. – Die Rückkehr des auf diese tiefe Stufe gefallenen Bewusstseins ist äußerst schwierig. Um die harte Materie aufzubrechen, bedarf es immenser Kräfte, die den Elementen nicht zur Verfügung stehen. Am ehesten noch kann das Wasser kleine Einheiten befreien.

Doch die Hauptarbeit wird durch das Licht vollbracht. Ohne Licht gäbe es keine Möglichkeit der Rückkehr für das in der Materie gebundene Bewusstsein der Steine. Das Licht hat die Fähigkeit, verbliebenes Bewusstsein aus dem Stein zu extrahieren. Zurück bleibt nur eine leere Hülse, die in vielfacher Hinsicht als Baumaterial Verwendung findet.

Die Schwingungsfrequenz der Steine ist extrem beschleunigt. Sie sind daher kaum in der Lage, zu einer auch nur minimalen Aufmerksamkeitsfokussierung. Daher hat die Vorsehung es zum Schutz der Energie so eingerichtet, sie in einer extrem trägen Materie zu verankern. Ein Stein, der lebt, atmet noch in gewissen Zeitabständen. Diese Atmung ermöglicht es den Sehern, Bewusstsein aufzuspüren. Nur Steine, die tief in der Erde vergraben sind, enthalten noch Leben und Bewusstsein. Aufgabe der Seher ist es, diese aufzuspüren und aus Tageslicht zu befördern; das Unterste zuoberst zu kehren.

Auch bei einfachen Lebensformen ist es notwendig, eine gewisse Aufmerksamkeitsrichtung beizubehalten, um Bewegungsabläufe zu ermöglichen. Die Koordinationsfähigkeit der Bewegungen nimmt mit der Höherentwicklung zu.

Das Bewusstsein des Menschen hat am ehesten die Möglichkeit, in die reinen Lichtebenen zurückzukehren, denn es besitzt die Antennen, die ihm dies ermöglichen. Bei den Konzentrationsübungen ist es unabdingbar, immer wieder Licht herbeizuziehen, denn wer negative Energien zusammenballt, kann sich nur schwer wieder davon lösen, während die lichten Energien leichter und flexibler und in der Form wandelbar sind. Hier gilt das Gesetz des Ausgleichs. Die lichten Energien sind, um eine feste Form zu schaffen, zu flüchtig und benötigen dunkle Energien zum Erhalt ihrer Form, zur Balance. Sind die Energien dagegen zu fest, dann versteinern sie und sind nicht mehr formbar. Sie benötigen den Zufluss an lichten Energien, um flexibler zu werden.

Ein reiner Geist kann in der Materie verbleiben, ohne in Gefahr zu geraten, in die Festigkeit der Materie zurückzusinken. Der Geist hat Kapazitäten, die ihm ermöglichen, dies zu verhindern. Nur in bedauerlichen Ausnahmefällen ist der Geist nicht Herr der Lage und verbindet sich gegen seinen Willen tiefer, als sein Bewusstsein es wünscht.

Bedeutung der Farben

Die Farben der Edelsteine: Die Bedeutung der Edelsteine wird verständlich, wenn die Farbbedeutung klar wird. Das Spektrum des Lichts enthält sieben Grundfarben, die sich noch in eine Vielzahl von Farbnuancen aufgliedern lassen. Dieser Farbenreichtum enthält in sich das Potential für die vielfältige Erscheinungswelt in der Schöpfung, wobei die Farbe grün von ausschlaggebender Bedeutung ist für den Zusammenhalt der Kräfte. Die Farbe GRÜN verdient besondere Beachtung, denn sie enthält das Geheimnis des Weltalls.

Edelsteine enthalten spezielle Wirkkräfte, wodurch der Ausgleich zwischen Anziehung und Abstoßung geschaffen wird. Die Lichtbrechung in den Kristallen bewirkt das Gleichgewicht der Kräfte. Die Wirkung der Edelsteine hängt eng mit ihren Farben zusammen. Sie haben auch einen Ausgleich der psychischen Kräfte zur Folge. Edelsteintherapie kann daher mit großem Erfolg angewandt werden. Vor allem bei seelischen Leiden wird eine Regeneration des gesamten Organismus erreicht.

Spektralfarben: Das Sonnenlicht ist Träger der Lebenssubstanz, die in der Erdatmosphäre eine Streuung erfährt, welche den Farbenreichtum des Lichtspektrums bewirkt. Die Spektralfarben des Sonnenlichts sind bedeutsam hinsichtlich unterschiedlicher Stufen des Bewusstseins. Die sieben Regenbogenfarben repräsentieren die Farbqualitäten in aufsteigender Folge. Die erste Stufe wird von rot-orange repräsentiert, dem untersten Chakra zugeordnet, bis hin zu indigo-blau-violett, dem Scheitelchakra zugehörig. Helligkeit und Klarheit der Farben sind das sichtbare Zeichen für eine Höherentwicklung, während dunkle, trübe Farben das Unbewusste repräsentieren.

Die **Farbe Weiß** repräsentiert die höchste Bewusstseinsstufe. Sie ist die reinste Ausstrahlung des erhabenen Geistes.

Die **Farben Gold und Orange** folgen als Abstufung dem Weiß und repräsentieren Reinheit und Klarheit des Denkens.

Rot und Blau sind die Farben des kristallklaren Verstandes.

Grün repräsentiert in den verschiedenen Schattierungen den Gefühlsreichtum.

Violett in einer sehr hellen Farbnuance bedeutet höchste Bewusstheit des Geistes und absolute Klarheit des Denkens.

Schwarz hingegen ist kein Bestandteil des Farbspektrums; es symbolisiert die Nachtseite des Menschen, das Unbewusste.

Farben sind der Schlüssel zu den unterschiedlichen Daseinsebenen. Farbe und Ausprägungsgrad geben entscheidende Hinweise auf die Beschaffenheit des jeweiligen Daseinsgrundes. Die Erfahrungen des spirituellen Weges zielen darauf hin, die Farben aufzuhellen, sie zum Leuchten zu bringen.

Farben und Emotionen: Farben repräsentieren Gefühle, während die Klarheit eines Kristalls für geistige Klarheit steht. Die bunte Vielfalt der Farben beinhaltet die weite Landschaft menschlicher Leidenschaften, Begierden, Sehnsüchte, Liebes- und Hassgefühle, das gesamte Repertoire menschlichen Empfindens.

Die Klarheit der Farben gibt Auskunft über die Gefühlsqualität. Sie bringt positive Emotionen (wie z.B. Freude) zum Ausdruck. Wo hingegen die Klarheit fehlt, ist die Gefühlswelt entsprechend unklar, diffus und wird von gewöhnlichen Leidenschaften geleitet. Die Qualität der Farben variiert normalerweise von hellstem, klaren Glanz bis hin zu trüb-dunkler Verfärbung, der Stimmungslage des Individuums entsprechend.

Je dunkler die Farbnuance, desto schwerer, düsterer die Emotion, während helle Farben eine heitere Beschwingtheit zum Ausdruck bringen. Ein Mensch in ausgeglichener Stimmungslage weist durchsichtige Farben auf bis hin zu völliger Transparenz.

Die Aura: Die Transparenz der Farben deutet auf den spirituellen Entwicklungsstand hin, was in den Farben der menschlichen Aura seinen Ausdruck findet. Die Aura ist unterteilt in 5 Farbabstufungen, die fünf Zuständen des Bewusstseins entsprechen:

1: (oberste) Stufe = heitere Freude
2: = fröhliche Gelassenheit
3: = gelassene Gleichgültigkeit (laissez-faire)
4: =.trübsinnige Melancholie
5: = tiefste Niedergeschlagenheit, Depression.

Die Bemühungen der geistigen Welt zielen darauf hin, die Farben der Aura aufzuhellen, sie zum Leuchten zu bringen. Ein Erfolg bringt auch ihren eigenen Farben, als Belohnung für ihre Bemühungen, mehr Leuchtkraft. Geisthelfer haben daher das Bestreben, eine spirituelle Entwicklung zum Ziel zu führen. Die Helfer sind dann frei, eigene Pläne zu verwirklichen. Je mehr ihre Bemühungen unterstützt werden, desto eher wird die Zeit kommen.

Ist die Welt der Emotionen überwunden, dann hat der Mensch in sich das Gleichgewicht der Kräfte erreicht; seine Aura erstrahlt in funkelnder Klarheit.

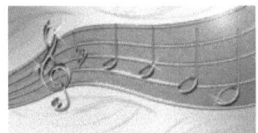

Die menschliche Psyche

*Das Denken eröffnet dir
Himmel und Hölle*

Bewusstseinsstufen

Die menschliche Psyche kann mit einer Zwiebelform verglichen werden, denn sie ist aus verschiedenen Schichten aufgebaut, die ineinander übergehen. Feste Grenzen existieren zwar nicht, dennoch ist die Struktur jeder Schicht von unterschiedlicher Beschaffenheit. Einen Teil der Struktur bildet die persönliche Psyche, doch es gibt darüber hinaus und daneben andere Anteile, die große Unterschiede aufweisen.

Das menschliche Bewusstsein existiert in verschiedenen Abstufungen. Jede dieser Stufen ist in einer anderen Realität beheimatet, wobei die einzelnen Stufen gravierende Unterschiede im Bewusstheitsgrad aufweisen. Die höheren Welten bilden eine besondere Ebene der individuellen Bewusstheit, die man sich als Pyramide, aufgeteilt in verschiedene Schichten, vorstellen kann. Jede Schicht ist durch Eigentümlichkeiten und Besonderheiten gekennzeichnet.

Das Bewusstsein besteht aus vielfältigen Facetten, die ein harmonisches Ganzes bilden. Jede einzelne Facette des Bewusstseins ist dem Menschen zugänglich; nur wenig unter der Oberfläche liegen Schätze verborgen, von denen er bislang nichts wusste. Wenn er jeden seiner kleinsten Gedanken überprüft, wird sich ihm eine neue

Welt eröffnen. Negative Gedankeninhalte können ihm nichts anhaben, denn sie sind ein Teil von ihm, so wie er ein Teil des geistigen Bewusstseins ist. Erst bei der Höherentwicklung erkennt er die Schönheit und Harmonie, die wie ein Same oder Keim in ihnen angelegt sind.

Jedes Individuum hat die Wahl, mit diesen unterschiedlichen Persönlichkeitsteilen in Verbindung zu treten oder aber die Distanz aufrechtzuerhalten. Eine Psyche, welche die Grenzen öffnet, sieht sich allerdings genötigt, gewisse Vorkehrungen zu treffen, damit diese anderen Teile nicht zu Eindringlingen werden. Die Gefahr des Eindringens psychischer Anteile besteht immer, auch wenn die Ego-Persönlichkeit diese Tatsache in der Regel ignoriert.

Auf anderen Bewusstseinsebenen verweilt ein Mensch mehrmals am Tag, ohne dies zu bemerken. Sein Gewahrsein ist Zyklen unterworfen. Jedes Bewusstsein ist mit der ‚Quelle' verbunden, dem allumfassenden Sein. Momente, in denen die Konzentration auf alltägliche Belange nachlässt, Augenblicke der Muße und Zerstreutheit, nutzt das Bewusstsein zur Erkundung anderer Dimensionen des Geistes. Je weiter ein Bewusstsein entwickelt ist, desto umfassendere, höhere Schwingungsebenen sind ihm zugänglich, mit denen es sich verbinden und aus deren Reservoir es schöpfen kann.

Ein sich entwickelndes Bewusstsein ist dazu aufgerufen, sich mehrmals am Tag willentlich mit seiner Quelle zu verbinden. Diesen Vorgang kann man mit dem Ein- und Ausschalten eines Lichtschalters vergleichen. Konzentriert sich das Bewusstsein ganz auf die materielle Ebene, ist es für die höheren, rein geistigen Bewusstseinszustände weitgehend ausgeschaltet. In Stunden der Entspannung hingegen, in denen der Mensch ‚abschaltet', ist die Verbindung mit anderen geistigen Dimensionen möglich, das Bewusstsein ist nun ‚eingeschaltet'. Im Bewusstsein des erweiterten Gewahrseins gibt der Mensch einen Teil seiner Kontrolle ab.

Die Verbindung hält in der Regel nur so lange an, wie der Mensch in dem entspannten Zustand verweilt. Die durch eine erneute Konzentration bewirkte Unterbrechung führt zu einem Rückfall auf ausschließlich irdisch-materiell ausgerichtete Bewusstseinsbereiche; der Kontakt nach oben ist unterbrochen und damit der Zugang zu höherem Wissen.

Bereits die Erkenntnis dieser Zusammenhänge gibt dem Individuum die Möglichkeit, seine Geisteshaltung zu ändern und seinen Wahrnehmungsspielraum zu erweitern. Die Verbindung mit höheren Bewusstseinszuständen wird hergestellt, indem ein Mensch die Aufmerksamkeit in diese Richtung lenkt. Hierdurch erschließen sich ihm umfassendere Wahrnehmungsbereiche, zu denen er bei einer starren Fokussierung keinen Zugang hätte.

Dieser einfach erscheinende Vorgang ist schwieriger, als es den Anschein hat. Das bewegliche, fluktuierende Bewusstsein bleibt selten in eine Richtung zentriert, daher wird es einem Übenden anfänglich schwer fallen, die Zentrierung auch nur über eine kurze Zeitdauer beizubehalten. Störende Energien machen sich bemerkbar, die das Bewusstsein in eine andere Richtung abgleiten lassen.

Je häufiger es einem menschlichen Bewusstsein möglich ist, auf den höheren Geistebenen zu verweilen, desto mehr wird es sich verfeinern und den dort erlebten Bewusstseinszuständen anpassen.

Das Bewusstsein existiert in unüberschaubarer Vielfalt und in einer endlos scheinenden Anzahl von Variationen. Ein Mensch vermag die Zusammenhänge im Einzelnen noch nicht zu erkennen. Auf den höheren Stufen nimmt das Bewusstsein immer mehr an Dichte und auch an Intensität zu, während gleichzeitig die ‚Streuung' immer geringer wird. *Auf der höchsten Stufe ist es in einem Punkt vereinigt.*

Das Unterbewusstsein

Was ist das Unterbewusstsein?

Das *Unterbewusstsein* ist Teil der individuellen Psyche und ähnelt Strahlen, die von ihr ausgesendet werden. Diese bilden partiell das

Körperbewusstsein. Sie folgen der betreffenden Person, wohin sie auch geht. Über das Unterbewusstsein, das zum höheren Selbst gehört, nimmt sie mit geistigen Welten Verbindung auf.

Derjenige Teil der menschlichen Psyche, der als das *Unbewusste* angesehen wird, ist in Wahrheit gar nicht unbewusst. *Ganz im Gegenteil ist seine Bewusstheit so umfassend, dass ein menschliches Ich nicht imstande wäre, es zu begreifen.* Es wäre niemals dazu imstande, die allumfassende und übermächtige Gesamtheit des Seins zu erfassen. Daher bezeichnet es sie als ‚unbewusst', d.h. es verliert sein irdisches Bewusstsein.

Allein die Zentrierung auf einen begrenzten Ausschnitt der Wirklichkeit ermöglicht es der menschlichen Persönlichkeit, eine partielle Bewusstheit zu entwickeln, die diesen Teil der Realität adäquat wahrnehmen kann. Sie wäre nicht imstande, den ihr bestimmten Ausschnitt der Wirklichkeit angemessen zu erkennen, wenn es ihr nicht gelänge, die Konzentration in ausreichendem Maße aufrechtzuerhalten.

Das Unterbewusstsein besteht teilweise aus recht starren Gedankenmustern, die im Laufe von vielen Jahrhunderten entstanden sind. Sie können sehr fest verankert sein, wodurch ein Aufspüren erschwert wird. Große Offenheit und Flexibilität sind notwendig, um Bewegung in ein fest gefügtes Schema zu bringen.

Gegensätzliche Inhalte ergeben sich aufgrund von Glaubenssätzen, die einander widersprechen. Ein Beispiel: Wenn jemand glaubt, dass der Kontakt zu höheren Geistebenen schwierig ist, wird das Unterbewusstsein entsprechende Signale aussenden, die auf die Psyche zurückwirken. Die Probleme existieren zwar nur in der Einbildung, kommen der Person aber sehr real vor, obwohl sie von ihr selbst erzeugt wurden. Sie nimmt sie als von außen kommend wahr.

Auf diese Weise hat eine Person die Möglichkeit, sich mit ihren eigenen Bewusstseinsinhalten auseinanderzusetzen und die notwendigen Korrekturen vorzunehmen. Daher wird sie immer wieder mit ihnen konfrontiert, bis sie sie als ihre eigenen erkennt und verarbeitet. Anders wäre es ihr nicht möglich, einen geistigen Fortschritt zu erzielen oder eine Richtung einzuschlagen, die dem persönlichen Wohlergehen dient.

Wenn es einem Menschen gelingt, die Inhalte seines Unterbewusstseins vorurteilslos zu untersuchen, wird ihn das in die Lage versetzen, von ihnen abzurücken und sie aus einer gewissen Distanz zu betrachten. Es befreit ihn von Ängsten, die tief in seinem Innern wirksam sind und von dort einen störenden Einfluss ausüben.

Er wird mit der Zeit erkennen, dass seine Ängste oftmals unbegründet sind. Sie sind aufgrund von jahrzehntelanger Programmierung entstanden und können auch wieder rückgängig gemacht werden. Wichtig ist es, zu erkennen, dass sie existieren und die Psyche nicht an sie gebunden ist. Sie kann sich von ihnen befreien, indem sie sie wie Schachfiguren in einem Spiel umgruppiert und auswechselt.

Die Persönlichkeit wird sich mit der Zeit bewusst, dass es sich um eigene Erzeugnisse handelt und es deshalb in ihrer Macht liegt, eine Veränderung herbeizuführen. Wenn sie das einmal begriffen hat, sollte es ihr gelingen, die Tore zu öffnen und neue Bewusstseinsinhalte wie frischen Wind hereinzulassen, um den alten Staub der Jahrhunderte hinauszukehren.

Kontrolle und Selbstbeherrschung

Entwickelt ein Mensch sein spirituelles Bewusstsein, dann ist Selbstbeherrschung oberstes Ziel. Ohne vollständige, konsequente Kontrolle der aus dem Unterbewusstsein aufsteigenden Impulse besteht die Gefahr einer Überflutung des Wachbewusstseins mit destruktiven Inhalten, die den Betroffenen in einen Abgrund stürzen können. Gelingt einem Menschen die Kontrolle nicht, wird er zum Spielball destruktiver Mächte. Jedem Angriff, jeglicher Verlockung ausgeliefert, ist er nicht mehr in der Lage, steuernd einzugreifen. Die ihn bedrängenden Mächte, denen er hilflos ausgeliefert ist, gewinnen die Oberhand.

Eine Psyche, die fortgesetzt der Beeinflussung aus dem Unterbewusstsein ausgesetzt sind, erweist sich als unfähig, ihre Energien zielgerichtet zu steuern. Die Energien werden daher abgelenkt, umgeleitet und sind starken Schwankungen unterworfen. Nur reine, klare Energien sind in der Lage, ungehindert an ein bestimmtes Ziel zu gelangen.

Ein Hindernis ist die Anfälligkeit für Strömungen, die den eigenen zuwiderlaufen. Die persönlichen Energien geraten in den Sog sie überlagernder Energieströme, was die Zielgerichtetheit zunichte macht. Daher ist ihre Klärung Voraussetzung für alles weitere. Gelingt diese, ist der Weg frei für die Anhebung der Schwingungsrate auf ein höheres geistiges Niveau.

Sind die persönlichen Energien im Ungleichgewicht, führt dies zu hastigen, unkoordinierten Bewegungsabläufen, die nicht der bewussten Kontrolle unterstellt sind. Um einen harmonischen Gleichklang der Energien zu gewährleisten, ist die Lenkung der unbewussten Bewegungsmuster von großem Nutzen. Voraussetzung für deren Harmonisierung ist die Kontrolle des Bewusstseins.

Unterbewusste Strebungen werden dem Wachbewusstsein unterstellt, somit treten sie nicht ziellos und chaotisch in Erscheinung. Die Spontaneität geht hierbei aber nicht verloren, vielmehr wird destruktive Sprunghaftigkeit vermieden. Das Kontrollverhalten den unterbewussten Regungen gegenüber ist bei den meisten Menschen in unterschiedlicher Ausprägung bereits vorhanden. Bei sehr geringem Ausprägungsgrad dieser vorbewussten Kontrolle wird ein Mensch gemeinhin als ‚unbeherrscht' angesehen.

Die Beeinflussung durch das Unterbewusstsein ist eine starke, nicht zu unterschätzende Kraft, die imstande ist, eine Persönlichkeit immer wieder in die Niederungen des Daseins hinab zu ziehen. Adepten, die derartigen Anfeindungen ausgesetzt sind, werden auch auf den feinstofflichen geistigen Ebenen von ihnen beeinträchtigt. Eine unumgängliche Voraussetzung für die Höherentwicklung ist es daher, allen Störungen aus dem eigenen Unterbewusstsein zu widerstehen und angemessene Distanz zu wahren.

Ein wirksames Mittel der Bewusstseinskontrolle sind Bewegungsübungen nach vorher festgelegtem Schema. Langsame Bewegungen steigern die Konzentrationsfähigkeit. Die energetische Schwingungsfrequenz wird dabei verlangsamt, was einen heilsamen Effekt auf den gesamten Organismus hat. Ein Mensch, der die Kräfte des Unterbewusstseins - vor allem in ihrem destruktiven Aspekt -, steuern lernt, ist in Zukunft frei von deren Anwandlungen.

Um in Kontakt mit der Übernatur treten zu können, ist eine Verlangsamung der körpereignen Schwingungsfrequenz die Voraussetzung. Nur wenn die Schwingungen harmonisiert werden, kann das höhere Bewusstsein seine Tätigkeit aufnehmen. Der Kreislauf wird geschlossen.

Geistestraining und Gedächtnis

Im Verlauf der spirituellen Entwicklung verliert ein Adept zunehmend seine bisherige Struktur, was ihn anfälliger werden lässt für Störungen. Die Nervenbahnen verändern sich; sie werden elastischer und durchlässiger. Einerseits werden die Bedingungen nun schwieriger, während andererseits die Möglichkeiten vielfältiger werden. Insgesamt erweitert sich der Spielraum.

Die Gedächtnisleistung nimmt ab, sobald ein Geistesschüler einen gewissen Stand der Entwicklung erreicht hat. Es ähnelt einem Sieb, dessen Maschen weiter geworden sind. Die Durchlässigkeit wird erhöht, weshalb nur umfangreiche, ‚bedeutsame' Brocken darin enthalten bleiben. Die Konzentrationskräfte sind anfangs noch nicht ausgeprägt genug, um auch die eher unbedeutenden Erlebnisse zu registrieren.

Auf lange Sicht gesehen soll die Gedächtnisleistung des Adepten erhöht werden. Eine vorübergehende Minderung ist notwendig, um ihn auf die Erfordernisse einer geistigen Disziplin aufmerksam zu machen. Der Zustand ist also nicht allzu besorgniserregend, da er ja letztlich überwunden werden soll. Hat ein Schüler ausreichende Erfahrungen im Geistestraining, kann er entsprechende Gegenmaßnahmen anwenden. Seine Bereitschaft dazu ist sehr von Nutzen.

Eine Gedächtnisleistung auf hohem Niveau wird durch ausdauerndes Geistestraining erzeugt. Das Training besteht aus einer Vielzahl von Übungen, welche die unterschiedlichen Aspekte der Gedächtnisleistung betreffen. Eine gute Übung ist z.B. das Merken von Zahlenreihen oder der Reihenfolge von Abbildungen etc. Mit der Zeit wird es immer leichter, sich auch komplizierte Inhalte einzuprägen, was die Anschaulichkeit erhöht und zu zufrieden stellenden Ergebnissen führt. Ziel des Trainings ist es, die Gedächtnisleistung dergestalt zu erhöhen, dass auch komplizierte Inhalte detailgetreu wiedergeben werden können. Für den Anfang genügen kleine Aufgaben, deren Schweregrad mit der Zeit gesteigert wird.

Geistige Wächter

Die bisherigen Erkenntnisse über das menschliche Unterbewusstsein sind sehr mangelhaft. Jeder Mensch steht über sein Unterbewusstsein mit geistigen Wesen in Verbindung, von denen sein bewusstes Denken keine Kenntnis hat. Kreative Einfälle und Lernerfolge kommen von dort, aber auch Misserfolge und Rückschläge.

Das Unterbewusstsein bringt den Menschen mit aufbauenden und zerstörerischen Mächten in Verbindung. Je nachdem, welcher Seite er mehr Einfluss zubilligt, wird seine Entwicklung in die eine oder andere Richtung tendieren. Diese Mächte sind weder gut noch böse, sondern es sind prüfende Instanzen, die sogenannten *Wächter am Tor*, die den Individuen ihren Platz zuweisen.

In jedem Augenblick des Lebens steht der Mensch mit geistigen Mächten in Verbindung. Immer liegt es in seiner Entscheidung, in welche Richtung er sich wenden will: Die meisten Leute glauben sich völlig ungebunden und unbeobachtet, doch in Wahrheit stehen sie mit höheren Mächten in Verbindung, die in der Lage sind, über ihr Schicksal zu bestimmen. Sie greifen aber niemals willkürlich und nur in seltenen Fällen gegen den Willen des Betroffenen ein. Doch sie sind allgegenwärtig: *Die Menschen stehen unter Beobachtung.*

Die geistigen Mächte können die Pläne eines Individuums in besonderer Weise unterstützen oder auch behindern.

Dies hängt u.a. davon ab, ob der Betreffende
- an die geistigen Mächte glaubt,
- sich um Hilfe an sie wendet und
- seine Pläne keinen unlauteren Absichten entspringen.

In jedem Moment seines Lebens hat eine Person Gelegenheit, sich für konstruktive Möglichkeiten, die für sie selbst und für andere förderlich sind, zu entscheiden oder das Gegenteil zu tun. Hiermit entscheidet sie auch über ihre Zukunft. In gewissem Umfang erhält jeder Mensch Unterstützung aus der geistigen Welt. Er tut dies allerdings meistens als Zufall, glückliche Umstände etc ab.

Dies bedeutet aber keineswegs eine grundlegende Determinierung des individuellen Schicksals durch überlegene geistige Mächte. Der Entscheidungsspielraum, der jedem Einzelnen gewährt wird, soll es ihm ermöglichen, aufgrund der sichtbaren Folgen, die sein Handeln nach sich zieht, die Fehlerquellen in seinen Motiven und Absichten selbst zu erkennen. Wären die Menschen lediglich Befehlsempfänger sie kontrollierender geistiger Mächte, dann wären sie niemals in der Lage, ihre eigene Willenskraft zu entwickeln und sich denjenigen Erfahrungen zuzuwenden, für die sie sich auf ihrem Lebensweg entschieden haben.

Mentale Unabhängigkeit

Im Verlauf der spirituellen Entwicklung ist es vorgesehen, dem Bewusstsein zunehmend die Kontrolle zu überlassen. Das Bewusstsein sollte daher von Beginn an diszipliniert werden. Diesem Zweck dient häufig ein Symbol, auf das es sich zunehmend ausrichtet. Mit der

Zeit soll es immer unabhängiger werden von seinem grobstofflichen Umfeld. Die Loslösung geht in Etappen vor sich. Die mentale Unabhängigkeit gewährleistet ein Überleben auf den geistigen Ebenen.

Ein wichtiger Lernprozess während der geistigen Entwicklung besteht darin, die Inhalte des Unterbewusstseins zu ignorieren, da sie sonst eine Bedeutung erlangen, die ihnen nicht zukommt. Die Inhalte der eigenen Psyche treten klarer und bewusster in den Vordergrund. Jeder spirituelle Wanderer ist Anfeindungen aus dem Reservoir seines Unterbewusstseins ausgesetzt, die gleichzeitig eine Prüfung und eine Chance darstellen.

Gelingt es dem Geistesschüler nicht, die geistige Kontrolle zu erringen, wird er zum Spielball dieser Mächte. Das Bewusstseinsfeld entwickelt sich in nicht vorhersagbarer Weise; jede Art von Fehlentwicklung wird möglich. Dabei gewinnen Mächte die Oberhand, denen daran gelegen ist, Kontrollfunktionen zu übernehmen und die Psyche zu beherrschen. Hat sich ein Bewusstseinsfeld in dieser Weise entwickelt, ist der Zugang zu den höheren Geistebenen erschwert. Psychische Zerfallsprozesse können die Folge einer derartigen Fehlentwicklung sein.

Die Aufgabe für den spirituellen Wanderer besteht darin, den Umgang mit den eigenen Energien zu lernen, d.h. die Inhalte des Unterbewusstseins zu kontrollieren. Dafür ist Disziplin und eine geistige Ausrichtung erforderlich. Ähnlich wie bei Kindern muss sich die Energie neu formieren. Diesem Zweck dient ein Trainingsprogramm. Die feinstofflichen Körper lösen sich immer mehr, was vermehrte Konzentration erforderlich macht.

Ist ein stabiler Bewusstseinsfokus erst einmal hergestellt, geht er nicht so leicht wieder verloren. Falls allerdings aus irgendeinem Grund die Konzentration unterbleibt, diffundiert das Bewusstsein auf unvorhergesehene Weise. Das Bewusstseinsfeld weitet sich immer mehr aus, da eine angemessene Steuerung fehlt. Im Zuge dieser Ausweitung geht ständig Energie verloren, die nicht ersetzt wird.

Eine Chance, den Prozess umzukehren, ist die Rückbesinnung auf den Anfang, auf den eigentlichen Sinn der geistigen Entwicklung. Ein Überhandnehmen negativer unterbewusster Einflüsse wird verhindert, solange die Gedanken zielgerichtet auf geistig hochstehende Inhalte fokussiert werden. Die Verbindung mit höheren geistigen Mächten kann ebenfalls den negativen Einfluss abmildern.

Hat ein Anwärter erst erkannt, welche Chancen in der spirituellen Entwicklung liegen, werden die Probleme mit der Zeit immer geringfügiger. Auf lange Sicht gesehen wächst ein Schüler in das geistige Bewusstsein hinein; lediglich die verzerrte Wahrnehmung lässt ein ungehindertes Fortschreiten nicht zu. Sobald ein Adept die rein geistige Ebene erreicht hat, sind seine Möglichkeiten weitaus umfassender als im erdgebundenen Dasein, denn die Beweglichkeit des Geistes ist um ein vielfaches höher.

Die Ego-Persönlichkeit

Die menschliche Ego-Persönlichkeit ist ein wichtiger Teil des Seelenbewusstseins, da sie die Voraussetzungen für die Existenz des Menschen schafft. Die Aufgaben des menschlichen Ichs sind sehr vielfältig. Von höherer Warte aus gesehen ist es so etwas wie ein ‚Chauffeur' am Steuer eines Fahrzeugs.

Da der Mensch als Einzelwesen den Anforderungen des täglichen Lebens gewachsen sein muss, entwickelte er in der Frühgeschichte der Menschheit ein Hilfs-Ich. Im ursprünglichen Plan waren weitreichendere Aufgaben für die Menschen vorgesehen, als ihnen heute zugestanden wird. Die Menschheit entwickelte sich keineswegs aus dem tierischen Erbe. Die Ego-Persönlichkeit war ursprünglich nur als Übergang gedacht von einer Existenzebene in die nächste. Aufgrund der Überspezialisierung hat sie sich in nicht vorhergesehener Weise entwickelt.

In esoterischen Texten wird immer wieder gefordert, das menschliche ‚Ego' aufzugeben.

Dieses Gebiet wurde bislang nicht vollständig und klar erfasst. Bewusstseinsfelder schließen sich zwar zusammen, doch sie überlagern sich nicht. Ein Feld existiert neben dem anderen kontinuierlich weiter. Auf diese Weise hat das Ego die Möglichkeit der Partizipation, der Teilnahme an einem unermesslich reichhaltigen Bewusstseinsfeld, das die eigenen Möglichkeiten vervielfacht.

Die menschliche Seele und das Ego-Bewusstsein können nicht getrennt voneinander gesehen werden. Die Körperzellen und analog das Seelenbewusstsein werden durch das Ego geprägt. Geist und Körper bilden eine Einheit. Die individuelle Persönlichkeit ist nicht so festgefügt, wie es scheint. Die Körperzellen bilden keinen fest gefügten Verband, sondern sie erneuern sich ständig. Über die Nahrungskette gelangen Bewusstseinsteile aus dem Tier- und Pflanzenreich in den Zellverband, wodurch eine allmähliche Anhebung des Gesamtbewusstseins stattfindet.

Eine der Ursachen für das Leid in der Welt liegt in der Vorstellung begründet, die menschliche Persönlichkeit existiere ewig und sei getrennt von der übrigen Natur. Dieser Trugschluss führt dazu, eine individuelle Seele vorauszusetzen, die in dieser Form nicht existiert. Das Seelenbewusstsein des Menschen steht in Verbindung mit der Gesamtheit der Natur. Diese Verbindung ist unauflöslich und von tieferer Bedeutung, als gemeinhin angenommen wird. Die menschliche Ego-Persönlichkeit errichtet Schranken, die grundsätzlich nicht vorhanden sind.

Probleme beruhen zum Teil auf übertriebenen Vorstellungen von der Abgegrenztheit des Bewusstseins. Die Problematik des menschlichen Ich ist längst nicht so tief, wie oft vermutet wird. Einen Hinweis darauf gibt die Vorstellung von der Reinkarnation. Mit jeder erneuten Inkarnation entwickelt sich eine weitere Facette dieses Bewusstseins. Auf der Grundlage früherer Erfahrungen bildet das Individuum aufs Neue eine Persönlichkeitsstruktur aus.

Die Egopersönlichkeit identifiziert sich in der Regel mit ihrem materiellen Körper. Der grobstoffliche Körper des Menschen könnte als Fahrzeug betrachtet werden, das beliebig ausgewechselt werden kann. Er bleibt während der spirituellen Entwicklung voll ‚funktionsfähig' und kann ohne weiteres beibehalten werden. Freie Geister haben die Möglichkeit, sich einen beliebigen Körper zu wählen, wenn sie dies wünschen. In dem frei gewählten Körper können sie auch in der Materie wirksam sein, sofern sie dies für notwendig erachten. Was ein Bewusstsein als erstrebenswert ansieht, wird es verwirklichen können.

Hat ein Wanderer die rein geistige Ebene erreicht, kommt den körperlichen Belangen allerdings keine entscheidende Bedeutung mehr zu. Der freie Geist ist sich einer viel größeren Dimension des Seins bewusst.

Gefühle: das Salz des Lebens

Die bunte Vielfalt der Gefühle

Ohne die vielfältigen unterschiedlichen Abstufungen des Gefühlsausdrucks würde das Leben seinen Reiz verlieren. Auch wäre das Dasein nur von kurzer Dauer, denn Gefühle sind die Essenz, der Motor, der das Rad des Lebens in Schwung hält. Ohne sie wäre das Leben in der uns bekannten Form nicht vorstellbar. Intensiver Gefühlsausdruck beinhaltet immer ein starkes Verlangen nach Nähe, wodurch der kommunikative Austausch gefördert wird und Lernerfahrungen möglich werden, die bei Vereinzelung so nicht stattgefunden hätten.

Sind die Gefühlsbeziehungen eines Menschen zu seinem sozialen Umfeld gestört, dann erlebt er sich als abgetrennt vom Fluss des Lebens und in seinen Äußerungen eingeschränkt. Nur ein lebendiger, offener Austausch lässt die Energien frei fließen. Jedes Misstrauen, jede übertriebene Vorsicht führen dazu, die Energien in ihrem Fluss zu hindern. Die betreffende Person ist ‚gehemmt'.

Der Mangel an lebendigen Gefühlen wird in der äußeren Lebenssituation gleichfalls als Mangel in unterschiedlicher Ausprägung erfahren: Fehlende berufliche Perspektiven und ökonomisches Defizit resultieren aus einer fehlenden Einsatzbereitschaft und zu geringem Durchhaltevermögen. Aus der sozialen Isolierung resultiert ein Mangel an Kontakt und intimem Austausch.

Mitmenschliche Kommunikation bildet die Grundlage für jede Weiterentwicklung, sie ist der Schlüssel für ein erfülltes Dasein. Gefühle fördern den Zusammenhalt in Familien und Freundschaftsbeziehungen Sie sorgen für das notwendige Maß an Verantwortlichkeit und Mitgefühl, das den Beziehungen Dauer verleiht. Ohne enge Gefühlsbeziehungen verliert das Dasein seine Qualität; die Erfahrungen bleiben an der Oberfläche. Da sie sich schnell verflüchtigen, verlieren sie ihre Wirkung und tragen nicht zur notwendigen seelischen Entwicklung bei. Der Erfahrungsschatz wird nicht ergänzt und bereichert.

Auch die 0ualität der zum Ausdruck kommenden Gefühle ist von Bedeutung. Ist der Gefühlsausdruck gestört, entsprechen die Reaktionen nicht den tatsächlichen Gegebenheiten und es kommt zu einseitigen Verhaltensweisen. Extrem negative Gefühlsausbrüche führen zu entsprechenden Reaktionen seitens der Umwelt. Diese Wechselwirkungen wiederum können Lernerfahrungen ermöglichen, die den Betreffenden dazu bringen, sich mit seiner Gefühlswelt auseinanderzusetzen und adäquatere Methoden zu finden, auf äußere und innere Einflüsse zu reagieren.

Jeder erhält das, was er gibt

Wer aufrichtige Zuneigung weitergibt, spürt die Unterstützung aus geistigen Quellen und weiß, dass ihm nichts ernsthaft Böses widerfahren kann. Ein spiritueller Mensch lernt, sich und seine Umwelt zu lieben. Seine Mitmenschen und sich selbst betrachtet er als Strahlen des einen Lichts. Wer das einmal begreift, wird die Umwelt mit anderen Augen sehen.

Die Mitmenschen sollten nicht unentwegt bewertet und in Klassen eingeteilt werden nach den Kriterien von oben und unten. Sobald man jeden in seiner Eigenwertigkeit und Besonderheit schätzen lernt, wird Bewertung nebensächlich. Gleichheit setzt Offenheit und Zutrauen voraus und den Glauben, dass die anderen die eigene Person auch mit ihren Schwächen akzeptieren. *Solange jemand sich vorwiegend auf Schwierigkeiten konzentriert, wird er ihnen begegnen.*

Stimmungsschwankungen sind Teil eines komplexen Wirkungsgefüges. Womöglich setzt sich manch einer seiner gedrückten Stimmungslage mit Vorbedacht aus, was eine Verteidigungshaltung zur Grundlage hat. Die betreffende Person glaubt sich so besser imstande, Forderungen durchsetzen zu können, die ihren Zwecken dienlich sind. Die menschliche Psyche ist recht erfinderisch, wenn es darum geht, persönliche Zielsetzungen zu erreichen.

Ein Individuum ist seinen Stimmungen nicht schutzlos ausgeliefert. Die Hürde besteht häufig in der Annahme einer gegebenen Situation, gegen die unterbewusste Ressentiments gehegt werden. Der Betroffene kann nicht akzeptieren, ein bestimmtes Ziel, das er sich gesetzt hat, nicht zu erreichen. Hier ist die Annahme der Gegebenheiten gefragt, falls deren Änderung in naher Zukunft nicht in seiner Macht steht.

Aggressive und feindselige Menschen leiden meist unter einem schlechten Selbstwertgefühl. Es sind zutiefst unsichere Zeitgenossen. Da sie andere Menschen nicht schätzen, bringen sie auch sich selbst keine Wertschätzung entgegen. Sie wollen von anderen die Bestätigung bekommen, die sie sich selbst, als ein Ergebnis ihrer mangelhaften Beziehungsfähigkeit, nicht geben können. Wer nicht Sicherheit aus sich selbst heraus entwickelt, fühlt sich schnell ungeliebt oder unterlegen. Er ist immer auf Bestätigung von außen angewiesen.

Wenn diese ausbleibt, geht es mit ihm bergab. *Man bekommt immer das, was man gibt.*

Um keine Schwächen zu zeigen, erzählen unsichere Personen anderen nur wenig Persönliches. Es sieht dann von außen so aus, als hätten sie alles im Griff und könnten anderen Leuten gute Ratschläge erteilen. Dabei versuchen sie oftmals, sich durchzusetzen und lassen den anderen zuwenig Freiheit, abzuwägen, ob ihr Gesichtspunkt für sie Gültigkeit hat. Es ist von der einen Seite ein Zwang dabei, eine mangelnde Einfühlung in das Gegenüber und seine Eigenarten. Viele haben Angst, sich nicht durchsetzen zu können, von anderen überstimmt zu werden und letztlich klein beizugeben, kurz: zu nachgiebig zu sein. Ihr rigides Verhalten kompensiert ihre Schwächen, die sie selbst in sich vermuten.

Misstrauen sich selbst und anderen gegenüber verhindert eine Annäherung und wirft den Betreffenden auf sich selbst zurück. Die dadurch entstehenden Gefühle von Einsamkeit rufen wieder neue Ängste hervor und bilden einen Kreislauf, der nur schwer zu durchbrechen ist. Man muss zu seinem eigenen Selbst einen guten Kontakt herstellen, denn dieser ist notwendig, um aus dem Teufelskreis herauszukommen. Die Mitmenschen spüren, wenn sich jemand nicht wirklich für sie interessiert und ihnen nicht auf einer menschlichen Ebene nahe kommt. Sie sind auf der Hut, wenn jemand das eine Mal zuviel Distanz und dann wieder zuwenig zeigt.

Menschen, denen es an innerer Sicherheit mangelt, haben nicht genügend gelernt, sich selbst zu vertrauen. Ihre Probleme entstammen den tieferen Schichten ihres Unterbewusstseins. Sobald sie lernen, innerlich loszulassen und offener zu werden, werden auch andere Menschen ihnen mehr Vertrauen entgegen bringen. Nur tiefe Beziehungen auf Gegenseitigkeit fördern Selbstachtung und Wohlbefinden, die notwendig sind, um den ganzen Reichtum und die Fülle des Lebens zu erfahren.

Das Gefühl, abgelehnt zu werden, beruht häufig auf mangelnder Selbstwahrnehmung. Es entsteht, wenn jemand Schwierigkeiten hat, sich selbst voll anzunehmen. Der Betreffende möchte zwar geliebt werden, ist aber nicht bereit, gleichfalls zu geben, so wie er empfängt. Dies führt zu unsymmetrischen Beziehungen, die letztlich zum Abbruch führen. Er fühlt sich nicht genügend geliebt, ohne dabei zu bemerken, dass jeder seinen Teil in einer Beziehung beitragen muss, weil es sonst an Gleichheit mangelt.

Neidische Menschen sehen, dass andere, die ihrer Meinung nach über weniger Begabungen verfügen als sie, dennoch mehr Erfolge aufweisen und ein ausgefüllteres und zufriedeneres Leben führen. Ihr hoher Anspruch lässt sie nach den Sternen greifen und hält sie davon ab, sich mit dem Erreichbaren zufrieden zu geben. Daher gehen sie am Ende in Bezug auf Beziehungen und Zufriedenheit leer aus. Sie streben einem Ideal nach, ohne es selbst schon erreicht zu haben. Ihr Standpunkt ist: Alles oder nichts.

Diese Haltung hat mit einem Hunger nach intensiven Erfahrungen und Erfolgen zu tun. Doch der Weg zum Erfolg ist oft langwierig und schwer und die Erreichung des Ziels unsicher und fern. Der Wunsch, etwas Besonderes zuwege zu bringen, hat mit der Sehnsucht nach Anerkennung zu tun; auch Leidenschaft und Aktivität sind damit verbunden. Wünsche entstehen spontan und wollen nicht solange auf Befriedigung warten will, bis die initiale Schwungkraft dahin ist. Dies setzt eine kurze Zeitspanne der Verwirklichung voraus. Ein ganz verständlicher und legitimer Wunsch nach Begeisterung und Freude, nach der ‚Leichtigkeit des Seins' spielt dabei eine Rolle.

Doch vor allem Beständigkeit und planendes Vorausschauen vermitteln Stabilität. Auch im Detail lässt sich immer wieder Neues entdecken. Es ist erhebend, von Stufe zu Stufe vorwärts zu schreiten und seine Kenntnisse über eine Sache immer mehr zu erweitern. Spezialisierung führt zu einer Vertiefung, wobei immer feinere Nuancierungen und Facetten entdeckt und wahrgenommen werden, was weitaus befriedigender sein kann als manch spektakuläres Ergebnis, das mitunter an der Oberfläche bleibt und einen schalen Nachgeschmack hinterlässt.

Wenn jemand spontan, engagiert und lebhaft reagiert, ist dagegen nichts einzuwenden. Die grundlegende Frage hierbei ist: Was steht hinter der Gemütsbewegung? Lebendigsein im positiven Sinne ist sehr erstrebenswert. Menschen, die immer ruhig und selbstbeherrscht wirken, üben manchmal übermäßige Kontrolle aus, was ein Zeichen dafür ist, dass sie von ihrem höheren Selbst und der innewohnenden Weisheit abgeschnitten sind. Sie machen dann zwar nach außen hin einen besonnenen Eindruck, vertreten aber oft die schauerlichsten Ansichten und handeln dementsprechend.

Manche Menschen fühlen sich im Leben als Versager. Doch in den meisten Fällen stehen sie weder ganz oben, noch ganz unten auf der Leiter des Erfolgs. Es liegt an jedem selbst, den Erfolg, den er sich wünscht, herbeizuziehen. Er sollte sich klar werden über seine Ziele und auf seine Wünsche achten. Äußerer Erfolg kann auch ein Scheinerfolg sein und die Psyche in der Tiefe unbefriedigt lassen. Ideal wäre es, wenn äußere und innere Zufriedenheit Hand in Hand gingen, doch wichtiger ist das innere Wohlbefinden.

Gelingt es einer Person, sich von negativen Gefühlen zu befreien und Zorn und Missgunst zu überwinden, sollte etwas anderes das entstandene Vakuum ausfüllen. An die Stelle der früheren negativen Anwandlungen sollten nun die gegenteiligen, förderlichen Gefühle treten. Andernfalls verspürt die Seele eine Leere, die vorher nicht da war. Es ist ratsam, in ausreichendem Maße Zuneigung den Mitmenschen gegenüber sowie innere Zufriedenheit zu entwickeln, damit das entstandene Vakuum gefüllt wird. Auch ein guter Kontakt zum höheren Selbst führt zu Wohlbefinden und Selbstsicherheit und vermittelt Geborgenheit.

In der gegenwärtigen Zeitepoche ist das Leben seiner tiefen spirituellen Werte beraubt; der Sinn ist weitgehend verloren gegangen. Viele medial veranlagte Menschen haben ein feines Gespür für die Sinnlosigkeit eines nur an oberflächlichen Werten wie: Wohlstand,

Erfolg, Vergnügen orientierten Daseins. In ihnen entsteht eine tiefe Sehnsucht nach Spiritualität, daher ziehen sie sich häufig zurück, um in ihren eigenen vier Wänden die Sinnsuche zu betreiben.

Darüber hinaus haben sie sich oft vom Leben abgeschnitten und empfinden kaum noch Zuneigung für ihre Mitmenschen. Doch Spiritualität und Liebe sind die wichtigsten Komponenten des Daseins. Beim ersten geben sie sich alle Mühe und finden einen Sinn darin. Doch das zweite, die Liebe, darf nicht außer Acht gelassen werden, denn: *Liebe ist stärker als Hass.*

Manifestation und Gefühlswelt

Je niedriger die Schwingungen eines Menschen sind, desto schwieriger wird es für ihn, seine Ideen in Materie umzusetzen. Harte, körperliche Arbeit wird erforderlich, um Ideen, die oftmals nicht einmal die eigenen sind, in der Realität zur Verwirklichung zu bringen.

Auch Gefühle helfen mit bei der Realisierung von Ideen, wobei heftige, spontane Gefühlsaufwallungen das große Risiko bergen, zu unerwünschter Verwirklichung zu gelangen, denn auf den niederen Schwingungsebenen sind meist Angst und Aggression die auslösenden Faktoren. Sie beinhalten eine geballte, energetische Ladung mit durchschlagender Kraft. Die häufigste Auswirkung davon sind Unfälle oder Verletzungen, die bei ruhigerer Gemütsverfassung nicht geschehen wären. Es kommt durchaus vor, dass eine Person Adressat ungünstiger Gedankenschwingungen wird, welche die Gesundheit ruinieren und im Extremfall den Tod zur Folge haben können.

Nicht jedem heftigen Gedanken gelingt glücklicherweise die Einkehr in die Materie, da aufgrund ambivalenter Gemütsverfassungen auch gegenteilige Gefühle zur Geltung kommen. Ist es einem eruptiven Gedanken gelungen, die Mauer, die ihn von der Verwirklichung trennt, zu durchstoßen, dann gibt es kein Zurück mehr. Unaufhaltsam bricht er sich Bahn, bis er in der Realität sichtbare Präsenz erlangt. Auf diese Weise werden die Erzeuger mit den Auswirkungen ihrer eigenen Gedankenproduktionen konfrontiert, auch wenn in vielen Fällen die Einsicht in die Zusammenhänge fehlt, vor allem dann, wenn eine zeitliche Differenz besteht zwischen der Erzeugung des Gedankenmusters und seiner Auswirkung.

Auch die Empfindungen und Gedanken von Partnern verdichten sich im Laufe der Jahre zu Gedankenformen, die eine eigenständige Persönlichkeit bilden. Diese kommen dann als physische Kinder zur Welt, wobei die Gedankenformen von Frau und Mann sich vermischen und eine Verbindung eingehen. Die Kinder verkörpern diejenigen Eigenschaften der Eltern, die diese bis zum Zeitpunkt ihrer Geburt entwickelt hatten. Daher rührt die häufig anzutreffende Ähnlichkeit zwischen Eltern und Kindern. Sie sind ein Ausdruck der Stärken, aber auch der Mängel, die den Eltern nun sichtbar vor Augen geführt werden.

Auch unterdrückte Eigenschaften, die Eltern bei sich nicht wahrhaben wollen oder Mängel, die sie überwunden glaubten, können in ihren Kindern wiedergeboren werden. Sie scheinen dann nach außen hin keinerlei Ähnlichkeit mit dem betreffenden Elternteil aufzuweisen, weil dieser die Zusammenhänge nicht wahrhaben will.

Jeder Mensch ist verantwortlich für die von ihm erzeugten Gedankenformen. Indem er seine Kinder erzieht und für sie sorgt, kommt er seiner Verantwortung nach. Für die Familie ist es ein Segen, wenn die Kinder einer fortgeschrittenen Entwicklungsstufe angehören. Ist dies nicht der Fall, werden die Eltern mit den Folgen ihrer eigenen Gedanken- und Gefühlswelt konfrontiert und haben eine entsprechende Last zu tragen.

In vielen Familien führen unterschiedliche Einstellungen zu ernsthaften Auseinandersetzungen, wobei sich die Eltern über ihren eigenen Anteil nicht im Klaren sind. Viele Konflikte könnten vermieden werden, wenn sich die Partner ihrer inneren Einstellungen und Verhaltensweisen aus Vergangenheit und Gegenwart stärker bewusst wären. Verdrängte Konflikte treten nämlich, von allen Beteiligten unbemerkt, in den Kindern zutage und sind die Ursache vieler Auseinandersetzungen. Wären sich die Familienmitglieder über die jeweiligen Ursachen im Klaren, könnten viele Konflikte schon im Keim erstickt werden.

Somit ist Selbsterkenntnis ein wichtiger Schritt, um ein harmonisches Zusammenleben zu fördern. In Familien, die friedlich zusammenleben, ist generell ein hohes Maß an Selbstachtung und -Liebe anzutreffen, die sich in den Kindern manifestieren. Ein harmonisches Zusammenleben ist von weitaus größerer Bedeutung, als bislang angenommen wird. Würden die Menschen in allen Bereichen mehr Einigkeit erzielen, wären viele der Schwierigkeiten, mit denen sie zu kämpfen haben, gar nicht erst entstanden. Einigkeit im Zusammenleben bedeutet, die Entwicklung der Menschheit insgesamt zu fördern.

Sobald die Schwingungen eines Menschen sich erhöhen, wird es für ihn im Allgemeinen leichter, seine Gedankengebilde ohne viel Mühe bewusst zur Ausführung zu bringen. Die materielle Realisierbarkeit einer Idee hängt in erster Linie von der Qualität des Gedankens ab. Der Zeitfaktor muss ebenfalls berücksichtigt werden, daher sind Geduld und Ausdauer Grundvoraussetzungen für die materielle Umsetzbarkeit einer produktiven Idee. Manchmal dauert es Jahre, bis regelmäßig erzeugte Gedankengebilde sichtbare Realität erlangen.

Befreiung von Gefühlsbindungen

Spirituelle Wanderer beschreiten den Weg der Selbsterkenntnis, weil sie den Mangel spüren, den einseitiger äußerer Erfolg beinhaltet. Zu lange ist die Entwicklung schmalspurig in nur eine Richtung gegangen. Sie wenden sich nach innen, um einen Ausgleich zu schaffen zwischen dem einseitigen Streben der meisten ihrer Mitmenschen und ihrem eigenen Bedürfnis nach Sinnhaftigkeit und Vertiefung des Daseins.

Viele bemerken den Mangel, sind aber nicht mutig genug, um eine Änderung zuzulassen. Es fällt ihnen schwer, sich von althergebrachten Konventionen zu lösen. Sie kleben zu sehr am Vertrauten, um nach neuen Wegen und Lösungen zu suchen, obwohl diese dicht unter der Oberfläche liegen. Die meisten Menschen haben ihre Aufmerksamkeit einseitig auf persönliche Ziele gerichtet und sind weitgehend davon absorbiert. Macht und Prestige stehen für sie im Vordergrund, alles andere scheint ihnen nicht von Belang.

Wenn die Gefühlsbindungen an Menschen oder materielle Belange sehr stark sind, wird diese Verankerung zu einem Hindernis für die spirituelle Entwicklung. *Beziehungen sind zwar wichtig, doch es ist schwierig, einmal eingegangene Bindungen wieder zu lösen.* Ein Mensch, der in fest gefügten Strukturen lebt, wird sich nur ungern davon freimachen. Auch im Althergebrachten, im Traditionellen, sind in der Tat Werte und Schätze verborgen, die dort oft nicht vermutet werden.

Gelingt es einem Sucher, sich von allen inneren Bindungen zu lösen, bedeutet das für ihn nicht, auf sämtliche Annehmlichkeiten des materiellen Lebens verzichten zu müssen. Er wird frei wie der Wind und kann kommen und gehen, wie es ihm beliebt. Bindungslosigkeit bedeutet allerdings nicht, frei zu sein von allem, sondern schließt Verantwortung mit ein.

Ein Mensch, der gelernt hat, innerlich frei zu sein, verwickelt sich nicht in unzählige und überflüssige Aktivitäten. Er trifft eine sorgfaltige Auswahl seiner Kontaktpersonen und lässt sich nicht in die Vorhaben und Pläne anderer verwickeln, sondern wahrt Distanz zu der ihn umgebenden Realität. Auf diese Weise gelingt es ihm, seine innere Freiheit aufrechtzuerhalten und sich loszulösen aus der Trivialität des Alltags, um sein Dasein auf eine höhere Entwicklungsstufe auszurichten. Ist ihm diese Ausrichtung gelungen, wird er frei für andere Aktivitäten, die weitaus lohnender sind als die bekannte Alltagsroutine.

Wanderer auf dem spirituellen Weg sind neuen Inhalten gegenüber aufgeschlossen, ohne jeder Strömung zu folgen oder leichtgläubig zu sein. Sie haben ein sicheres Gespür dafür, ob etwas taugt und von

Wert ist. Zeitlebens waren sie nie sehr angepasst; es war immer eine Unzufriedenheit, ein Suchen in ihnen, das sie weiter trieb. All' ihr Suchen war letztendlich das Verlangen, einen Sinn zu finden. Die äußere Umwelt, die ihnen oft abstoßend erschien, führte sie auf den richtigen Pfad.

Das höchste anzustrebende Ziel lautet: *Erkenne dich selbst und werde, der du bist.* Immer sind geistige Helfer da, um den Pilger zu leiten und ihm diejenigen Kenntnisse zu vermitteln, welche die Spreu vom Weizen trennen. Wer den Kontakt zum inneren Lehrer nicht scheut, wird auch die Nähe zu anderen Menschen zulassen können.

Das innere Gleichgewicht

Die Erfahrungen in der irdischen Realität haben vor allem das eine Ziel, das geistige Wesen des Menschen zu entwickeln und zu vervollkommnen. Hierzu gehört die Überwindung von Kummer und Leid. Ein Mensch, der in leidvollen Erfahrungen gefangen ist und sich mit ihnen identifiziert, kann nicht frei über seine Zukunft entscheiden. Lust und Schmerz, Liebe und Hass sind die Komponenten, die wichtige Erfahrungen ermöglichen und letztlich zur Höherentwicklung führen, zur Rückkehr in den rein geistigen Zustand.

Der erste Lernschritt in der spirituellen Entwicklung besteht darin, Freude und Leid hinter sich zu lassen und schmerzvollen Erfahrungen keine Bedeutung mehr beizumessen, denn das geistige Wesen kennt weder Schmerz noch Leid. Die innere Distanz zu leidvollen Erfahrungen bedeutet, dem geistigen Wesen näher zukommen, um letztendlich eins mit ihm zu werden.

Die Stufen des geistigen Weges haben keine feste Abfolge. Manche Menschen werden Erfahrungen ausgesetzt, die andere bereits in sich überwunden haben. Die Lernschritte sind so unterschiedlich wie die individuellen Merkmale der Persönlichkeit. Die innere Distanz zum gefühlsmäßigen Erleben kann als eine der ersten Stufen angesehen werden.

Erst, wenn ein spiritueller Wanderer die von ihm erwarteten Entwicklungsschritte gemeistert hat, kann er zur nächsten Stufe fortschreiten. Je mehr Widerstand er den an ihn gestellten Forderungen entgegenbringt, desto unangenehmer werden die Erfahrungen sein, denen er sich ausgesetzt sieht. Nur auf diese Weise kann Einsicht in die eigenen Verhaltensweisen erlangt werden. Mit ihren Reaktionen entscheiden die Menschen selbst, welche Entwicklung sie nehmen und welche Erfahrungen erforderlich sind.

Gelingt der Entwicklungssprung zum geistigen Wesen nicht, ist der Lernende gezwungen, die ihn beschränkenden Erfahrungen wieder und wieder zu durchleben, bis er sie gemeistert hat und sie ihn nicht mehr bedrängen.

Die nächste Entwicklungsstufe setzt den Ausgleich der Stimmungsschwankungen voraus. Nur ein Proband mit ausgeglichener Gemütsverfassung ist geeignet und in der Lage, starke Energieströme zu beherrschen, was als Voraussetzung für jede geistige Weiterentwicklung angesehen werden kann.

Ist es einem spirituellen Wanderer gelungen, sich bis zu einer gewissen geistigen Stufe zu entwickeln, werden seine Energien zunehmend harmonisiert und eine Umwandlung findet statt. Zu diesem Zweck ist die Öffnung seiner feinstofflichen Zentren notwendig, um einen Energieaustausch zu ermöglichen. Die Öffnung der Zentren geschieht auf rein geistigem Wege und bedeutet eine Veränderung der Feinstruktur des menschlichen Körpers.

Eine Umwandlung der Energie hat tiefgreifende Änderungen im feinstofflichen Bereich zur Folge, die auch das Bewusstsein des Probanden wandeln. Diese Wandlung geschieht in kaum wahrnehmbaren Nuancen; erst in ihrer Gesamtheit wird die Veränderung erkennbar. Ist der feinstoffliche Körper eines Menschen vollkommen zur Ausprägung gelangt, dann wird es ihm möglich, in die geistigen Ebenen zu reisen.

Die Chakren öffnen sich während der spirituellen Entwicklung schrittweise, was einen vermehrten Energiefluss zur Folge hat. Wird die fließende Energie behindert, führt dies zu Stauungen mit krankmachender Wirkung. Es ist so, als wenn eine Schleuse sich nicht öffnet und der Durchfluss daher nicht möglich ist.

Jeder Mensch verfügt über eine bestimmte, festgesetzte Energiemenge, die er nach Belieben verwenden kann. Der Energiefluss sinkt allerdings ab, wenn jemand sich den höheren Energien verschließt. Daraus entsteht ein Energiedefizit, das Apathie und Lustlosigkeit zur Folge hat und auch den physischen Organismus in Mitleidenschaft zieht.

Sobald sich die Chakren öffnen, besteht auch die Gefahr des umgelenkten Energieflusses, d.h. Energie fließt aus in fremde Kanäle. Zur Vermeidung des Energieabflusses ist das innere Gleichgewicht unumgänglich. Energien, die nicht im Gleichgewicht sind, weisen die Tendenz auf, sich zu vermindern. Der Vorgang ähnelt einem bis an den Rand gefüllten Glas, dessen Inhalt ausfließt, sobald das Glas gekippt wird. Um eine Verringerung der Energien zu verhindern, ist psychisches Gleichgewicht unerlässlich.

Wenn sich die Energien ausreichend harmonisiert haben, ist der Kandidat bereit für den nächsten Entwicklungsschritt. Die innere Ausgeglichenheit verhilft ihm zu mehr Nachsicht und Einfühlungsvermögen, zu Einsichtsfähigkeit und Integrität. Seine Konzentrationsfähigkeit verbessert sich, was eine unabdingbare Voraussetzung für jeden geistigen Fortschritt ist. Falls die Harmonisierung der Energien nicht erreicht wird, bleibt der weiterführende Zugang versperrt.

Die geistige Seinsweise existiert in vielerlei Abstufungen, bedingt durch die unterschiedliche Schwingungshöhe der dort lebenden Bewohner. Hat ein Adept die geistige Ebene erreicht, gelangt er auf das ihm entsprechende Niveau; ein Abweichen ist nicht mehr möglich.

Auf den höheren geistigen Ebenen verlieren Gefühle zunehmend an Bedeutung und Inhalt. Die Kommunikation wird bestimmt von verfeinerten Regungen, die für ein normales Bewusstsein kaum zu erfassen sind. Jede Heftigkeit, jedes Nachgeben gegenüber impulsgesteuerten Antrieben ist verschwunden und das geistige Prinzip tritt immer mehr in den Vordergrund.

Die ursprüngliche Natur des Menschen ist geistiger Natur. Sinn des Lebens und Ziel des Menschen ist es, sich dieser Natur immer weiter anzunähern und letztendlich mit ihr zu verschmelzen. Der Aufbau des Bewusstseins kommt der Form einer Pyramide am nächsten. Die Schwingungen verfeinern sich zunehmend, bis am höchsten Punkt des Bewusstseins ein vollkommen harmonischer Ausgleich der Schwingungen erreicht ist. Das Sein hat zu seinem Ursprung zurückgefunden.

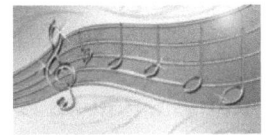

Physische Belastungen

Krankheit bedeutet, dass die Schwingungen des Körpers ‚verstimmt' sind.

(Freunde und Bekannte haben mich hin und wieder in schwierigen Lebenslagen um medialen Rat gebeten. Gern habe ich ihre Bitte erfüllt. In den nachfolgenden Texten wurden die Namen der betroffenen Personen geändert, um ihre Privatsphäre zu schützen.)

Spannungsgefühl im Kopf

Markus leidet unter heftigen, periodisch wiederkehrenden Kopfschmerzen.

Schmerzen und Spannungsgefühle im Kopf sind ein Zeichen für seelische Unausgeglichenheit und Anspannung. Sie deuten auf eine unbewältigte Problematik hin, die Spannungen hervorruft und Druck im Kopf erzeugt. Wenn dieser Druck sehr stark wird, ruft das Kopfschmerzen hervor, die sehr heftig sein können.

Quälende Kopfschmerzen sind ein Zeichen für ein gestörtes Kommunikationsverhalten auf einer tieferen geistigen Ebene. Starker Druck im Kopfbereich kann der dramatisierte Ausdruck eines inneren Kampfes zwischen innerem und äußerem Selbst sein. Markus errichtet eine Schranke aus negativer Gedankenenergie zwischen sich und der geistigen Welt, wodurch der ungehinderte Energiefluss gestört wird. Nur eine offene, vertrauensvolle Haltung ermöglicht den

Kontakt auf einer rein geistigen Ebene und begünstigt den freien Fluss der Energie.

Die energetischen Prozesse sind subtiler Natur. Es ist hilfreich, die Energiezentren von negativer Energie zu reinigen, denn nur dann ist eine ungestörte Kommunikation gewährleistet. Regelmäßige Atemübungen dienen u.a. diesem Zweck.

Der Kopfdruck symbolisiert den Druck, den die inneren Mächte anwenden und für notwendig erachten, um alte Denkmuster aufzubrechen. Schmerzen sind eine Art Ventil für die innewohnenden Kräfte, das es ihnen ermöglicht, den inneren Druck nach außen zu lenken.

Um das Spannungsgefühl zu vermindern, hilft eine innere Losgelöstheit, die den Energiefluss im Körper nicht blockiert. Migräne entsteht, wenn die Einflüsse der geistigen Ebenen abgeblockt werden und nicht zur Wirkung kommen können. Das Heilmittel ist Tiefenentspannung, meditative Versenkung, sich Öffnen für die geistigen Strömungen. Völliges inneres Loslassen beseitigt innere Spannungen und die Kräfte können wieder frei fließen.

Schmerzen im Brustbereich

Erika berichtet von Schmerzen in der Brust.

Betroffen ist das Zentralorgan, das Herz, Sitz der Emotionen und Steuerungszentrum jeglicher Entwicklung. Dieser zentrale Bereich degeneriert und zieht sich zusammen, wenn er angegriffen ist. Erika hat die Neigung, Situationen, die ihr zum Vorteil gereichen könnten, zu verkennen. Schmerzen sind oft das Resultat einer ablehnenden inneren Haltung der Welt des Irdischen und der Welt des Geistigen gegenüber. *Negativität kommt im Schmerz zum Ausdruck.*

Der Schattenanteil in der Seele zeigt sich im Herzzentrum, wo er als dunkler Bereich sichtbar wird. Das Leid, in das Erika verstrickt ist, verstärkt die Dunkelheit in ihr und bewirkt eine Verschlimmerung des Symptoms. Um zu genesen, sollte sie darauf achten, den lichtvollen Anteil in ihrem Dasein zu erhöhen und das Sein als Ganzheit begreifen, von eigenem Sinn und Zweck erfüllt.

Der Gesundheitszustand wird sich dann verbessern, wenn Erika die Welt nicht lediglich als Tretmühle ansieht, die ihren Anteil fordert. Das Denken in den Kategorien hell und dunkel, schwarz und weiß schafft prekäre Gemütsverfassungen, in denen das Recht als Individuum mit eigenen Wunschvorstellungen zu wenig beachtet wird. Diese einschränkende Haltung sich selbst gegenüber bietet den Nährboden für seelische Verstimmungen, welche die Düsternis im Innern erzeugen. Die physischen Auswirkungen machen sich bereits seit einiger Zeit bemerkbar und wollen beachtet werden. *Ein körperliches Symptom, das unbeachtet bleibt, hat die Tendenz, sich zu verstärken, bis es die Aufmerksamkeit auf sich zieht.*

Neben häufigen warmen Duschen ist der Gebrauch von Duftessenzen mit anregender Wirkung auf die Sinne anzuraten. Aromatische Düfte verströmen ihr süßes Aroma, um die Sinne zu erfreuen und zu betören. Die feinen Düfte der Blütenessenzen - z.B. Jasmin - üben eine wohltuende Wirkung auf den Bereich der Seele aus, der offenbar bislang verschlossen blieb. Ein Bad in Duftessenzen aktiviert in wohltuender Weise das Herzzentrum und vermag, bisher verschlossene Bereiche zu öffnen.

Stoffwechselstörung und Halsentzündung

Etliche betagte Menschen leiden an einer Stoffwechselstörung, welche die Leber angreift. Alte Menschen sind besonders anfällig für diese Art von Erkrankung. Eine Stoffwechselstörung beruht auf einem Mangel an die Zufuhr von Kalium, weshalb häufig die Verdauung beeinträchtigt ist. Eine Linderung ist möglich, doch keine Heilung. Kaliumreiche Ernährung kann dem Mangel etwas abhelfen, doch von hohen Kaliumgaben ist abzusehen, da sie die Gefäße verschlacken.

Blutungen treten auf, die auf Blutgerinnsel im Magen-Darm-Trakt zurückgehen, die sich aufgrund von Verdauungsproblemen bilden. Hierdurch werden die Verdauungskanäle verstopft. Die Gallensekretion ist nicht ausreichend, was zu Verhärtungen in der Gallenblase führt. Das Sekret ist zu flüssig.

Werden Nahrungsmittel nicht ausreichend verdaut, führt dies zu einem unangenehmen Völlegefühl. Daher sollte die Nahrung lange und gut gekaut und eingespeichelt werden, denn ein hoher Feuchtigkeitsgehalt erleichtert die Verdauung. Auch sollten die Produkte für die Ernährung weitgehend naturbelassen bleiben, damit der Gehalt an Vitalstoffen möglichst hoch ist. Eiweißhaltige Ernährung und vor allem Milchprodukte sind ratsam. Auch Bewegung regt den Stoffwechsel an, wobei allerdings übertriebene Belastungen zu meiden sind.

Die entzündlichen Prozesse im Hals haben verschiedene Ursachen, weshalb auch verschiedene Heilmittel zur Anwendung kommen. Bei einem akuten Krankheitsprozess führt das Gurgeln mit verdünntem Essigwasser (Apfelessig) eine Linderung herbei, denn es wirkt zusammenziehend.

Bei chronischen entzündlichen Prozessen des Halses wirkt ein Balsam, hergestellt aus Arnikablüten und Schöllkraut. Die Kräuter werden fein gemahlen bzw. zerkleinert. Je eine Messerspitze in etwas Öl verreiben; täglich neu zubereiten und den Rachenraum damit einreiben. Wirkt vorbeugend gegen Rachenkatarrh und ist außerdem empfehlenswert bei Belastungen durch Luftverschmutzung.

Leberschäden

Derjenige, dessen Leber einen erheblichen Schaden erlitten hat, darf über einen längeren Zeitraum hinweg – oft sind es Jahre – seinem Körper keine schädlichen Substanzen zuführen. Zu den unzuträglichen Giften zählen nicht nur Alkohol, sondern auch diverse Speisen, die unbekömmlich sind. Dazu gehören u.a. sehr fetthaltige Speisen und Süßigkeiten. Die Leberzellen verstopfen und kleben immer dann zusammen, wenn entsprechende Substanzen zugeführt werden.

Die Leber ist zwar ein regenerationsfähiges Organ, doch wenn die Schädigung bereits weit fortgeschritten ist, wird sie ab einem gewissen Punkt damit nicht mehr fertig. Die häufige Flüssigkeitszufuhr in ausreichenden Mengen ist hilfreich, denn sie durchwässert und entgiftet das Organ. Dabei sind lauwarmes Wasser oder Kräutertees besonders zu empfehlen. Auch die Einnahme von Kalium ist angeraten. Bei den Kräutertees nimmt Salbei eine führende Rolle ein; auch Huflattich und Fenchel sind zu empfehlen. Wichtig ist vor allem die Zufuhr von Flüssigkeit in ausreichender Menge.

Ist die Leber durch den jahrelangen Alkoholkonsum stark geschädigt, werden einschneidende Maßnahmen erforderlich. Um eine prekäre Lage nicht noch weiter zu verschlimmern, sollte nicht zu lange mit einer Diät gewartet werden, sonst könnte es irgendwann kein Zurück mehr geben.

Bei jedem ‚Rückfall' in alte Gewohnheiten wird der zuvor erreichte Erfolg wieder zunichte gemacht. Die Regeneration lässt sich nicht über wenige Wochen erreichen; man muss eher in Monaten oder Jahren rechnen. Im Alter wird die Leber anfälliger und reagiert empfindlicher auf die Zufuhr von nicht zuträglichen Speisen und Getränken, weshalb hier besondere Aufmerksamkeit notwendig wird.

Es dauert recht lange, bis die Leber Degenerationserscheinungen zeigt und ebenso ist der Weg nicht einfach, diese wieder rückgängig zu machen. Es dauert ca. 1 – 2 Jahre, bis eine Gesundung eintritt. Ein Leberleiden muss mit großer Sorgfalt behandelt werden, um einen Erfolg auch in fortgeschrittenem Stadium möglich werden zu lassen.

Schwindelgefühle – gestörte Balance

Katrin erzählt mir von einem Drehschwindel und zunehmender Vergesslichkeit.

Schwindelattacken dieser Art treten auf, wenn die Balance empfindlich gestört ist. Ein Drehschwindel, der manche Menschen befällt, hängt mit überaktiven Energien zusammen, die sie kaum mal eine Minute zur Ruhe kommen lassen.

Schwindelgefühle, die meist nicht sehr ausgeprägt sind, erfassen Menschen in bestimmten Situationen. Die geistige Gesundheit ist nicht in Gefahr, wenn der Betreffende die Nerven behält und Ruhe bewahrt. Gewisse psychische Strukturen lösen sich auf, was aber in der Regel keine bleibenden Schäden hinterlässt. Verkettungen, die in früheren Jahren bei wiederholten geistigen Aktivitäten entstanden sind, brechen entzwei. Die Haltbarkeit ist nicht mehr gewährleistet, da die Konzentration auf die betreffenden Aktivitäten nicht mehr gegeben ist. Es genügt in einem solchen Fall, hin und wieder Denkpausen einzulegen, um die Loslösung noch weiter voranzutreiben.

Schwindelattacken kommen somit häufig vor, doch leidet Katrin unter einer speziellen Form dieser Störung. Eine Energie, die in Bewegung gerät, ähnelt einem Rad, das sich unaufhörlich dreht. Diese Drehbewegung beschleunigt sich, je weniger Widerstand entgegengesetzt wird. Um eine derart rasche Drehbewegung zu steuern, bedarf es eines gewaltigen Aufwands an Energie, die sie nicht bereit ist, aufzubringen.

Energien verbinden sich mit anderen, ihnen ähnlichen Energien. Der Mechanismus ist folgender: Die treibende Kraft ist die aktivere, schnellere Energie, welche die andere, langsamere, mit sich fortreißt. Ist die erste Energie sehr ungesteuert, wird davon die zweite in Mitleidenschaft gezogen. Die Energien verwirbeln und vermischen sich, wobei ein Drehmoment entsteht. Eine ungünstige Beeinflussung beiderseits ist die Folge dieser Vermischung.

Eine Kraft, die nicht auf ein Ziel ausgerichtet wird, vermischt sich mit unzähligen anderen Energien, die ihren Weg kreuzen. Diese fremden Energien aber bedeuten Ablenkung; eine Ablenkung, die umso stärker ist, je mehr Energien involviert sind. Nun ist dieser Prozess nicht gleich bleibend, nicht kontinuierlich, sondern von zunehmender Stärke und Ausprägung. Je mehr Energien sich mit der eigenen Energie vermischen, desto schwieriger wird es, die Kontinuität der Gedankengänge aufrechtzuerhalten. Diese Kontinuität ist von entscheidender Bedeutung für das klare Denken und die Fähigkeit, sich zu erinnern.

Die wahllosen Kreuzungen und Verbindungen bewirken einen heillosen Wirrwarr, den man vergleichen kann mit einem riesigen Garnknäuel, das sich völlig verheddert hat. Dieses Knäuel zu ordnen und zu straffen, bedarf gewaltiger Anstrengungen. Daher ist eine kontinuierliche Ausrichtung der Gedanken die entscheidende Voraussetzung für Wohlbefinden und Klarheit des Denkens. Auch verdunkelt sich das Bewusstseinsfeld immer mehr, je unterschiedlicher die Energien sind, die es kreuzen und sich verbinden. Eine düstere Stimmungslage resultiert daraus, die das Bewusstsein herabdrückt. In düsterer Verfassung ist es aber sehr schwer, mit feineren, hoch schwingenden Energien in Kontakt zu kommen und von dort den dringend benötigten Rat und entsprechende Hilfe zu erhalten.

Das Bewusstseinsfeld von Katrin ist dabei, sich - von ihr bisher unbemerkt - auszuweiten. Ein sich weitendes Bewusstseinsfeld benötigt mehr Halt als ein begrenztes, da die Energien von Natur aus die Neigung haben, sich zu zerstreuen. Die Ausweitungstendenzen beruhen auf einem seelischen Bedürfnis, das ihr bisher entgangen ist. Der unbewusste Prozess zeitigt aber Folgen, die nun immer deutlicher in Erscheinung treten.

Grobe Energien kommen immer stärker ins Spiel, was eine weitgehende Verdüsterung des Bewusstseinsfeldes zur Folge hat. Die groben Energien haben die Tendenz, sich in heftiger, besitzergreifender Weise anzuheften, und sind, wenn sie sich einmal festgesetzt haben, nur sehr schwer wieder zu entfernen. Dieser Erfahrung sind Menschen im spirituellen Prozess häufig ausgesetzt, wobei ihre Bewusstheit es allerdings den meisten erlaubt, diesen Vorgang zu durchschauen und ihn wieder unter Kontrolle zu bringen.

Die sehr niedrig schwingenden Energien sind nicht ungefährlich, denn sie können ein Bewusstsein soweit herabdrücken, dass es nicht mehr lebensfähig ist. Niedrige Elemente bewirken Stress und Angstgefühle. Sie sind wie ein schmutziger Strom, der unaufhörlich das Bewusstsein infiltriert. Die Gedanken gleiten zunehmend ab in eine destruktive Richtung, nehmen überhand und überdecken andere, positive Ideen. Das kann zu Verzweiflungstaten bis hin zum Selbstmord führen. Wird diesem Prozess nicht rechtzeitig Einhalt geboten, dann ist die Psyche dieser Person in ernsthafter Gefahr. Zerfallserscheinungen nehmen zu, während das Gedächtnis immer mehr nachlässt. In diesem desolaten Zustand kann nur ein profundes Gedächtnistraining den Zerfall aufhalten.

Werden dem Bewusstsein die positiven Elemente entzogen, dann geht der innere Halt, der für Stabilität und Wohlbefindens sorgt, verloren. Wo nichts an dessen Stelle tritt, breiten sich Gefühle der Leere aus, die mit einem Sinnverlust einhergehen, der das Leiden noch vertieft. Daher ist in einer solchen Situation Sinnfindung von herausragender Wichtigkeit. Sie kann darin bestehen, dass sich der Betreffende ein lohnendes Ziel zu setzt, das den momentan aussichtslos scheinenden Zustand erträglich macht. Dieses Ziel kann unterschiedlich geartet sein, je nach den individuellen Bedürfnissen der Person.

Solange das momentan sehr im Vordergrund stehende negative Denken - in Verbindung mit ausgeprägtem Suchtverhalten (blauer Dunst) -, bei Katrin anhält, ist eine Kehrtwende nur schwer zu erreichen. Die Voraussetzung wäre eine grundsätzliche Änderung ihrer Einstellung der geistigen Welt gegenüber. Solange sie dazu nicht bereit ist, wird sich ihr Schicksal nicht ändern.

Ihre rigide Charakterstruktur produziert, in Verbindung mit Heimsuchungsphantasien, desolate Energien, die Katrin nicht zur Ruhe kommen lassen. Desweiteren leidet sie unter Ängsten, die weit über das hinausgehen, was sie erwartet. Ein angstvoller Organismus ist nicht bereit, stabilisierende Elemente einzuflechten, die das Drama des Lebens in andere Bahnen lenken könnten. Solange sie einen abschüssigen Weg beschreitet, wird es ihr an dem nötigen Halt und der Freude fehlen, die eine Kehrtwende erst ermöglichen.

(Diese ungünstige Prognose hat sich im Nachhinein leider als zutreffend erwiesen.)

Schlaganfall: Kurzschluss in der Seele

Martin erlitt vor ca. einem Jahr einen Schlaganfall, unter dem er noch heute leidet.

Die inneren Ursachen, die zu einem Schlaganfall führen, können sehr verschieden sein; sie weisen von einem Menschen zum anderen starke Unterschiede auf. Bei Martin bewirkt eine ausgeprägte Lebensunlust in Verbindung mit einem enormen Lebenshunger einen starken Wechsel der Gefühle. Extrem starke Gefühlsschwankungen führen zu einem inneren Ungleichgewicht, das der Gesundheit abträglich ist.

Martins Gefühlswelt ist von gegensätzlichen Bestrebungen durchzogen, die einander widersprechen und ihn nicht zur Ruhe kommen lassen. Die gegensätzlichen Tendenzen und Neigungen sorgen für ein Verwirrspiel, das ihm nicht erlaubt, eine geeinte Persönlichkeit zu entwickeln, die mit sich im Reinen ist.

Sein überaus großer Wunsch, von anderen akzeptiert zu werden, lässt ihn seine eigenen Bedürfnisse und Interessen zurückstellen. Bedürfnisse, die permanent vernachlässigt werden, entwickeln in der Psyche ein Eigenleben. Sie haben die Tendenz, von Zeit zu Zeit auszubrechen und ihre Interessen, koste es was es wolle, durchzusetzen.

Erreicht dieses Wechselspiel der Gefühle einen Höhepunkt, kann die Psyche die Spannung nicht länger verkraften. Über einen langen Zeitraum hat sich eine immense Spannung aufgebaut und entlädt sich nun wie bei einem Dampfkessel, dem die Luft entweicht. Ähnlich wie bei einem Kurzschluss kommt es zu einem Zusammenbruch. Das psychische System kollabiert, da es dem steigenden Druck nicht mehr gewachsen ist.

Dies hat fatale Folgen für den physischen Organismus, denn der psychische Zusammenbruch zieht einen Kollaps des gesamten Systems nach sich. Die Nervenbahnen kollabieren und bewirken einen plötzlichen Ausfall aller motorischen Fähigkeiten, was in dem bekannten Bild eines Schlaganfalles zum Ausdruck kommt.

Zur Abwendung eines weiteren Zusammenbruchs ist es in den meisten Fällen dringend geraten, für die Zukunft eine andere, gemäßigtere Lebensweise zu bevorzugen, was – bedingt durch die Folgen des Schlaganfalls – in vielen Fällen bereits eine bittere Notwendigkeit ist.

Asthmatische Beschwerden

Helmut leidet zeitweilig unter starkem Asthma.

Die Bedingungen für die Entstehung einer asthmatischen Erkrankung sind in der Regel vielschichtig. In erster Linie resultieren sie auf frühkindlichen Einflüssen, die in späteren Lebensabschnitten durch ähnlich geartete Erfahrungen verstärkt werden.

Bei Helmut ist die Eltern-Kind-Beziehung der Entstehungshintergrund für die sich später immer stärker ausprägende Problematik. Zwischen Eltern und Kind bestanden zu wenig Gemeinsamkeiten; der Junge fühlte sich unverstanden und nicht akzeptiert. Ein unterschwelliges Ressentiment auf seiten der Eltern, das von Helmut sehr stark empfunden wurde, vermittelte diesem den Eindruck, unerwünscht zu sein. Er fühlte sich buchstäblich in seinen vitalen Lebensäußerungen beschnitten, ja, seine Existenzberechtigung schien in Frage gestellt.

Vor diesem psychologischen Hintergrund konnte die im Grunde aktive und expansive Kraft des Jungen sich nicht entfalten. Er hatte das Empfinden, zu wenig Raum zu haben, wozu das Unverständnis der Eltern und ihre mangelnde Einfühlung beitrugen. Keiner der Elternteile war in der Lage, einen Ausgleich zu bewirken. Handgreiflichkeiten gegen das lebhafte Expansionsstreben von Helmut führten zu einer Verstärkung des Gefühls, im Drang nach Entfaltung eingeengt zu werden.

Diese prägenden Einflüsse wurden in späteren Jahren durch weitere Erfahrungen mit Freunden und im Berufsleben noch verstärkt. Der sich entwickelnde Organismus konnte über einen längeren Zeitraum hinweg seinen inneren Entfaltungsdrang nicht ausleben, da er sich von mehreren Seiten bedrängt und eingeengt fühlte.

Dieser Eindruck des zu engen Raumes verankerte sich tief im Unterbewusstsein und wirkte sich auch auf den erwachsenen Menschen schädlich aus. Es kam zu einer ausgeprägten Symptomatik. In einem engen Raum wird die Luft zum Atmen - d.h. die Lebensgrundlage an sich - sehr schnell knapp. Die Bedrohlichkeit der Symptome führt zu ihrer Verstärkung, solange die Zusammenhänge nicht erkannt werden.

Eine kritisierende Haltung seitens des Lebenspartners, das Nichtakzeptieren der Eigenarten des Mannes führen zu einer Verfestigung der Probleme, denn sie wiederholen die früh erfahrenen Muster von Frustration und Bedrängung. Falls in einer Lebensgemeinschaft nicht förderliche Einflüsse, konträr zu bisherigen Erfahrungen, zum Tragen kommen, besteht immer die Gefahr der Fixierung und sogar Vertiefung der Problematik.

Die expansiven, nach Weiterentwicklung drängenden Kräfte werden auch durch die einengende Arbeitssituation von Helmut nicht zufrieden gestellt, was wiederum die Symptomatik verstärkt. Eine nicht befriedigende Tätigkeit - über mehrere Jahre ausgeübt - bewirkt einen Rückzug der vitalen Kräfte und fördert den Leistungsabbau. Die in der Kindheit empfundene psychologische Enge ist nun räumlich gegebenen am Arbeitsplatz, wodurch eine fatale Rückkoppelung an frühere Erfahrungen erfolgt. Der entstandene Kreislauf kann zu unübersehbaren Folgen führen.

Eine Verletzung des Asthmakranken am Knie und die damit verbundene mangelnde Bewegungsfähigkeit unterstreicht zusätzlich das Motiv des sich eingeengt Fühlens, diesmal auf ganz konkrete Weise. Die Möglichkeit des expansiven Ausschreitens ist drastisch beschnitten; die tief im Unbewussten verankerte Haltung hat somit sichtbaren Ausdruck gefunden.

Sollte es Helmut nicht gelingen, seine tief im Unterbewusstsein verankerte Haltung zu revidieren, besteht die Gefahr einer weiteren Verschärfung der Problematik. Das verletzte Knie hat etwas mit Beweglichkeit zu tun, d.h. es deutet auf eine geistige Unbeweglichkeit hin, die eine Änderung der inneren Haltung oder auch der bedrückenden Lebensumstände nicht zulässt. Für Helmut wäre es notwendig, ‚Schritte' zu seiner Gesundung zu unternehmen, wobei eine rein medikamentöse Behandlung der Problematik nicht umfassend genug gerecht wird.

In vielen Fällen ist ein therapeutischer Prozess anzuraten, der die Basis der Probleme zur Grundlage hat, wobei es notwendig wäre, die frühkindlichen Einflüsse zu bearbeiten. Die traumatisierenden Beziehungsmuster bilden die Grundlage der Störung und haben den ausschlaggebenden Anteil am späteren Geschehen. Eine Heilung ist nur möglich, wenn der Betroffene Einsicht in die Entstehungsbedingungen seiner Erkrankung gewinnt und die Zusammenhänge zu seinen gegenwärtigen Schwierigkeiten erkennt.

Die Motivation für den Heilungsprozess muss in jedem Fall von dem Betroffenen selbst ausgehen. Sollten seine gegenwärtigen Lebensbedingungen einer Veränderung entgegenstehen, kann die Notwendigkeit gegeben sein, einen Wechsel anzustreben, um die krankmachenden Einflüsse auf ein erträgliches Mindestmaß zu reduzieren.

Da es dem Asthmakranken niemals gänzlich gelingen wird, eine umfassende Akzeptanz seitens der Umgebung zu erreichen, ist es von großer Wichtigkeit für ihn, zu lernen, sich selbst als Person anzunehmen. Nur indem es Helmut gelingt, sein Sosein bedingungslos zu akzeptieren, kann er die Mauern durchbrechen, die in seiner

Kindheit errichtet worden sind. Verständnis seitens des persönlichen Umfeldes erleichtert und beschleunigt natürlich den Heilungsprozess.

Leukämie und Lebensenergie

Wolfgang, ein Chemiker, ist an Leukämie erkrankt.

Wolfgangs ernstzunehmende Erkrankung kann nicht mit zwei Sätzen beschrieben werden, dazu bedarf es längerer Ausführungen. Die Erkrankung ist Teil seiner Lebensgeschichte, mit der er seit seiner Kindheit verknüpft ist. Ein Mensch wie er hat es nicht leicht, Erkenntnisse wie diese zu integrieren. Um im Rahmen seiner Möglichkeiten Hilfe zu akzeptieren, bedarf es eines genauen Planes, nach dem er sich richten kann. Gesundheit ist aber nicht mit exakt zusammengestellten Plänen zu erreichen, sondern sie hängt mit einer Flexibilität gegenüber sämtlichen Lebensäußerungen zusammen. In Wolfgangs Fall raten wir daher zu keiner exakt definierten Heilweise, sondern zu einem Konglomerat verschiedener Maßnahmen, die aber alle ein Ziel verfolgen.

Sein Organismus wurde geschädigt von einem Übermaß an zersetzender Energie, die u.a. das Resultat seines engen Lebenskreises ist. Die Energie resultiert aus einer Bewusstseinshaltung der Starre, der Unbeweglichkeit, die zu Einbrüchen in seiner Lebensgeschichte geführt hat.

Häufig wird ‚Hingabe' als eine Voraussetzung des geistigen Weges gepriesen.

Die Hingabe betrifft den Teil des Menschen, der hierzu fähig ist. Gemeint ist nicht das bewusste Selbst, das lediglich ‚gereinigt' wird. Der Akt der Hingabe betrifft das physische Selbst, den Körper, d.h. den Zellenverband. Dieser wird vom bewussten Selbst entsprechend beeinflusst. Das Körperselbst ist eine nicht zu unterschätzende Komponente, der bei der geistigen Entwicklung eine herausragende Rolle zukommt.

Am Beispiel der Krebserkrankung wird deutlich, was geschehen kann, wenn sich das Körperselbst den Anweisungen des bewussten Selbst entzieht. Die Kooperation des physischen Körpers ist mitentscheidend für den Gang der Entwicklung. Verweigert das Körperselbst - das einem in den physischen Zellen gespeicherten Bewusstsein gleichkommt - die Mitarbeit, dann drohen Krankheit und Zerfall des Organismus. Daher hat eine Übereinstimmung von bewussten und unbewussten (d.h. körperbedingten) Strebungen große Bedeutung. -

Der Verlauf einer Krankheit ist nicht vorherbestimmt. Das Abschiednehmen erfolgt für jeden zu dem von ihm gewählten Zeitpunkt und kann daher für niemanden vorhergesagt werden. Ein kranker Mensch hat immer verschiedene Möglichkeiten, auf seine Erkrankung zu reagieren; das Blatt kann sich in die eine oder andere Richtung wenden. Der Erfolg einer Heilbehandlung hängt von verschiedenen Faktoren ab.

Leider dezimiert Wolfgangs Erkrankung seinen Lebenswillen in tragischer Weise und ermöglicht eine Überflutung seines Organismus mit wenig förderlichen Energien. Sein Gesamtzustand wird beeinträchtigt, und auch sein Lymphsystem erleidet weiteren Schaden. Diese Beeinträchtigung geht auf Kosten seiner Lebensenergie, die für den Gesundungsprozess von essentieller Bedeutung ist. *Die Lebensenergie ist der alles bewegende Motor, der den Organismus am Leben erhält – oder ihn zum Stillstand kommen lässt.*

Ein Akzeptieren der gegebenen Lebenssituation, verbunden mit dem Mut zu neuen Erfahrungen, könnte jene Heilprozesse in Gang setzen, derer der Organismus so dringend bedarf. Das Rad der Zeit lässt sich niemals zurückdrehen, doch in der Zukunft liegt die Kraft der Gestaltung. Sie kann wie eine sonnenbeschienene Wiese sein, die den Blick des Betrachters erfreut und ihn einlädt, darauf zuzugehen.

Die Wunderwerke der Natur bieten für jeden Menschen die Möglichkeit, nach seinen eigenen Vorstellungen darin zu verweilen.

Das Verfahren, mit dem Wolfgang derzeit medikamentös behandelt wird, hat Auswirkungen auf das Blutplasma, mit degenerativen Folgen für das gesamte Lymphsystem. Die Gesundheit kann auf diesem Wege nie und nimmer wiederhergestellt werden! Die medikamentöse Behandlung schränkt die Durchblutung wichtiger Gefäße ein. Die Zellwände werden porös und durchlässig für Schadstoffe aller Art. Um dem Abbau der Zellen entgegenzuwirken, erhält er weitere Medikamente, die sich auf den Blutgerinnungsprozess auswirken.

Medikamente dieser Art können sowohl zerstörerische als auch heilsame Wirkungen entfalten, je nach Krankheitsbild und Art der Einnahme. Das Lymphsystem arbeitet mit großem Überdruck, bedingt durch die chemischen Reaktionen, die ein Resultat der Medikamentenwirkung sind. Die Medikation hat ebenfalls Auswirkungen auf die Blutgefäße. Ihre Anzahl wird in schneller Folge vermehrt, was zu einem gefährlichen Kollaps des Gesamtorganismus führen kann.

Arzneimittel sind also kaum imstande, Wolfgangs Gesundheit wieder herzustellen, sondern ihre Wirkung kann als problematisch bezeichnet werden. Medikamente können den Abbau und Aufbau von Zellen nur sekundär beeinflussen, denn der eigentliche Prozess findet in den Lymphgefäßen statt. Das Lymphsystem bewirkt eine Regeneration oder den Abbau von Zellen und hat damit eine wichtige Funktion als Regulator bei sämtlichen energetischen Prozessen im Organismus.

Um dieses System wirksam zu beeinflussen, bedarf es mehr als nur einer medikamentösen Behandlung. Medikamenten kommt lediglich eine stabilisierende Wirkung zu, die längst nicht immer erreicht wird. Nun bleibt sich die Frage, welche weiteren Mittel den Gesundungsprozess bei Wolfgang unterstützen könnten. Da das Krankheitsbild sehr uneinheitlich ist, erschwert dies die Wahl der Möglichkeiten. Anzuraten ist auf jeden Fall viel Bewegung in frischer Luft, denn

Sauerstoff vermag die Zellen auf sehr tiefgreifende Weise zu beeinflussen. Das Lymphsystem benötigt eine Auffrischung mit roten Blutzellen, da deren Bestand enorm abgenommen hat. Die Zellmembranen sind durchlässig geworden und benötigen eine Zufuhr an Eiweiß zu ihrer Regeneration.

Dem Lymphsystem insgesamt fehlt es an essentiellen Fettsäuren. Eine Verklebung der Blutgefäße hat zu einem Stau in den Zellen geführt, wodurch die Aufnahme an wichtigen Nährstoffen unterbunden wird. Diese Nährstoffe werden aber dringend benötigt, um das Krankheitsgeschehen umzukehren und eine Heilung zu ermöglichen. Das gesamte Lymphsystem bedarf einer Generalüberholung, um den Austausch des geschädigten Zellmaterials zu bewirken. Frisches Obst und Gemüse könnten den Heilungsprozess enorm unterstützen.

Jedes Bewusstsein trägt in sich grundsätzlich die Möglichkeit, den Organismus in ausreichendem Maße mit lebenserhaltender Energie zu versorgen. Das physische Selbst, der Körper (d.h. der Zellenverband) unterliegt dem Einfluss des bewussten Selbst. Das Körperselbst ist eine nicht zu unterschätzende Komponente, der auch bei der geistigen Entwicklung eine herausragende Rolle zukommt.

Wolfgangs Lebensgewohnheiten wirken der Regeneration leider weitgehend entgegen, da sie der gegenwärtigen Situation nicht angemessen sind. Er hat es bislang versäumt, auf seine Erkrankung mit Mitteln zu reagieren, die einen Heilungsverlauf begünstigen. Um einen Gesundungsprozess zum jetzigen Zeitpunkt zu ermöglichen, wäre eine grundsätzliche Änderung seiner Haltung zum Leben erforderlich. Der Regenerationsprozess würde lange dauern, wäre aber nicht unmöglich, wenn er gewisse Regeln beachtet. Aufwärts strebende Energien sind immer in der Lage, den nach unten drängenden Kräften Widerstand entgegenzusetzen.

Die Bewusstseinshaltung ist also das bewegende Rad, das voranbringt oder zurücktreibt.

Diese Haltung zu erlernen kostet einige Mühe, die sich dennoch enorm lohnen würde. Die Abbauprozesse des Organismus entsprechen einer Einstellung dem Leben gegenüber, die den förderlichen Einflüssen zuwenig Spielraum lässt. Eine Psyche, der es nicht gelingt, genügend lebenserhaltende Energie zu absorbieren, kann die Abbauprozesse, die in jedem Körper stattfinden, nicht in genügender Weise eindämmen. Die Belastung des Organismus mit lebensfeindlichen Substanzen nimmt immer mehr zu. Eine Regeneration wird daher mit der Zeit immer schwieriger. - Nicht immer kann ein Schicksal abgewendet werden.

(Leider ist Wolfgang der Krankheit unterlegen und mittlerweile verstorben.)

Im Wachkoma

Carmen, eine 37jährige Verwandte von mir, liegt nach einem Sturz seit einiger Zeit im Koma.

Bei einem Komapatienten ist die Degeneration der Nerven weit fortgeschritten. Die Möglichkeiten, heilsame Einflüsse zu mobilisieren, sind leider recht begrenzt.
    Der Zustand der Patientin erfordert einen sehr feinfühligen Umgang mit ihr, der nicht immer gegeben ist. Sie ist extrem auf Hilfe von außen angewiesen und daher sehr verletzlich.
Das Leid der Komapatientin beeinflusst das gesamte emotionale Klima in der Familie und führt vermehrten Stressaufbau und Spannungen herbei. Das Familienklima wiederum hat eine Auswirkung auf den Gesundheitszustand der Patientin, auch wenn den Beteiligten dies nicht klar ist.
    Es fließen heilende oder schädigende energetische Ströme in Richtung der Kranken, die den Gesundheitszustand zusätzlich beeinträchtigen. Carmens Nervensystem ist Einflüssen von dieser Seite weitge-

hend ungeschützt ausgesetzt, da sie im gegenwärtigen Zustand nicht in der Lage ist, sich gegen Einflüsse von außen genügend abzugrenzen.

Ihre Hauptschwierigkeit ist die mangelhafte Offenheit gegenüber einem Prozess, dem sie nun einmal unterworfen ist. Starke innere Kräfte kämpfen dagegen an und verhindern so die notwendige Balance, die so dringend nötig wäre, um eine Besserung zu ermöglichen.

Carmen hat es nie gelernt, sich zu entspannen; Dinge mit sich geschehen zu lassen. Der innere Widerstand bewirkt Blockaden und Verkrampfungen in ihrem Energiesystem, die dem Heilungsprozess konträr zuwiderlaufen, denn die blockierte Energie ist es, die eine Verbesserung verhindert. Kann die Energie nicht ungehindert fließen, ist ein Aufwachen nicht möglich, da die Energiekanäle verstopft sind.

Die Aura von Carmen ist leider sehr geschädigt. Auch ihr Herz ist nicht sehr stark, und von hier droht ihr eine Gefahr, die bislang nicht gesehen wurde. In einem geschwächten körperlichen Zustand wird das Herz in weit größerem Ausmaß beansprucht, als dies normalerweise geschieht. *Die Herzenergie allein ist es, die Lebenskräfte zirkulieren lässt.*

Das Ausmaß der Schädigung bewirkt eine ständige Abnahme dieser Zirkulation, die aber dringend benötigt wird, um die Lebensfunktionen aufrecht zu erhalten. Carmens Nieren sind ebenfalls geschädigt und in ihrer Funktion eingeschränkt, was für den Organismus eine zusätzliche Schwächung bedeutet. Auch ihr Nervensystem arbeitet nur noch mit halber Kraft.

Das Krankenhaus, in dem sich Carmen befindet, tut zwar im Rahmen der Möglichkeiten sein Bestes, doch fehlen wichtige Hilfsmittel, die den Zustand der Kranken stabilisieren könnten. Von heilender Wirkung wären bspw. heißkalte Wechselbäder, die den Energiefluss anregen. Auch Sauna und Massagen würden den Gesundungsprozess fördern. Bewährt haben sich neben Kalt- und Warmwasserbädern die

Essenzen der Aromatherapie, die in ihrer Wirkung nicht unterschätzt werden dürfen.

Derzeit ist ihr Energiesystem starken Belastungen ausgesetzt, denn zu ihren sonstigen Beeinträchtigungen ist noch eine Unterfunktion der Schilddrüse hinzugekommen. Die Schilddrüse ist aber ein wichtiges Organ, das mit Aufbau und Leitung der Lebensenergie zu tun hat. Die Lebensenergie ist der Dreh- und Angelpunkt für Gesundheit oder Siechtum.

Nun gibt es eine Möglichkeit, die Energie der Kranken in Bewegung zu setzen, selbst wenn sie sich dagegen sperrt. Hierzu ist es notwendig, sie einmal auf ihre Füße zu stellen, denn die Energie zirkuliert am besten in aufrechter Haltung. Um die Energiezirkulation in Gang zu bringen, genügen anfangs 5 Minuten, die langsam gesteigert werden können bis auf maximal 10 Minuten. Hiervon profitiert der gesamt Organismus, der es nicht mehr gewöhnt ist, aufrecht zu stehen. Ein Organismus, der viel liegt, erhält zuwenig Anregung, von seinen Funktionen Gebrauch zu machen, wodurch sich die vitalen Funktionen des Körpers immer weiter zurückentwickeln, bis sie letztlich zum Erliegen kommen. In Carmens jetzigem Zustand sind aber noch Möglichkeiten offen, den Organismus zu revitalisieren und ihm wieder mehr Lebendigkeit zu verleihen.

Carmens Ansprüche an das Leben waren einmal sehr hoch. Sie hat noch nicht mit allem abgeschlossen und ist noch nicht bereit für eine andere, neue Seinsweise. Dies ist die Kraft, die sie einsetzen kann, um wieder neu anzufangen. Nicht alle haben den Wunsch und Willen, dies zu tun. Carmens Lebenszeit neigt sich noch nicht dem Ende zu, daher sind die Chancen einer Gesundung sehr gut. Sie kann tatsächlich zu ihrer alten Kraft zurückfinden, wenn sie die Hindernisse, die dem entgegenstehen, überwindet und mit Mut und Entschlossenheit in die Zukunft schaut.

Das Bewusstsein der Patientin ist weit weniger beeinträchtigt, als es den Anschein hat. Sie ist tatsächlich in der Lage, auf einer tieferen Ebene Entscheidungen zu treffen und auch Mut und Entschlossenheit zu zeigen. Diese werden dringend benötigt, um aus dem jetzigen Zustand hinauszugelangen.

Den behandelnden Ärzten fehlt leider ein Gesamtbild ihrer Verfassung, das ihnen ermöglichen würde, den komatösen Zustand umfassend einzuschätzen. Sie sind daher nicht in der Lage, alle Mittel anzuwenden, die den Gesundungsprozess in die richtigen Bahnen lenken würden. Ihr Heilwissen beruht leider auf Vorstellungen, die große Mängel aufweisen, weshalb ihnen Fehler unterlaufen, welche die Gesundung zusätzlich erschweren. Carmens Leber arbeitet nicht im Normbereich, doch das ist den Ärzten bisher völlig entgangen.

Die Leberfunktionen sind schwerer zu erfassen, als man denkt. Das ärztliche Instrumentarium ist nicht ausreichend, um die Schwankungen vollständig zu erkennen. Ist die Leber in ihrer Funktion eingeschränkt, führt dies zu Zusammenballungen im Lymphsystem; das Blut bildet Verdickungen und fließt langsamer. Die so notwendige Sauerstoffaufnahme ist eingeschränkt. Hier liegt ebenfalls ein bisher unbeachtetes Gefahrenpotential, denn auch die Leber trägt entscheidend zum Gesundungsprozess bei. Es wäre dringend erforderlich, leberstärkende Mittel zu verabreichen, damit der kranke Organismus entlastet wird. Das Energiesystem bedarf einer Vitalisierung von außen, denn es hat von sich aus nicht die Kraft, dies zu tun.

Wie entsteht eine Situation, in der ein Mensch seine Kraft und Energie verliert und zu einem Dasein in einem Krankenbett gezwungen ist, abhängig von Ärzten und der Zuwendung der Angehörigen? Ein solcher Unfall ereignet sich nicht allein im sichtbaren Bereich, sondern er wirft seine Schatten voraus. Er ereignet sich in einem Feld, den man das ‚große Unbekannte' nennt.

Carmens Lebensweg verlief keineswegs immer so gradlinig, wie es von außen den Anschein hat. Konflikte, denen sie immer wieder Nahrung gab, standen ihr im Wege. Sie ist ein Mensch, der zu mutwilligen Handlungen und überschießenden Reaktionen neigt. Gerade diese Eigenschaften wurden ihr zum Verhängnis. Doch ihr Organismus ist stark und gesund, sonst hätte sie noch größere Schäden davon getragen. Bei günstigen Voraussetzungen kann sie sich wieder ganz erholen und so werden, wie sie einmal war. Sie hat das Potential in sich, zu ihrer alten Stärke zurückzufinden.

(Leider trafen die positiven Einschätzungen nicht ein. Carmen starb nach 17 Jahren im Wachkoma.)

Gesunde Ernährung

Vegetarische Kost: Mit der Nahrung nimmt der Mensch Bewusstseinsteile von Tieren und Pflanzen auf. Der Vorgang der Nahrungsaufnahme hängt immer mit einem Transformationsprozess zusammen, bei dem niedrig schwingende Energie in die nächsthöhere Stufe umgewandelt wird. Dabei sind gewalttätige Aspekte der Lebensvorgänge nicht zu umgehen.

Die Nahrung sollte möglichst naturbelassen, also roh, verzehrt werden. In gekochten oder gedünsteten Speisen ist kaum noch Lebenskraft, d.h. Lichtenergie, enthalten. Im Samenkorn ist diese Urkraft in konzentrierter Form vorhanden: Im verhältnismäßig kleinen Samen befindet sich bereits die gesamte Kraft einer Pflanze oder eines Baumes.

Auch junge Triebe und Keimlinge enthalten die Keimzelle des Lebens. Sie leisten wertvolle Dienste bei der Gesunderhaltung des Körpers, da die reine Urkraft in ihnen enthalten ist. Wenn man sie täglich zu sich nimmt, wirken sei wie eine Verjüngungskur, die auch angegriffene Organe regeneriert. Ihr Wirkstoffgehalt ist einzigartig.

Von großem Nutzen ist in der Regel die fleischlose Kost. Pflanzenkost gefährdet das Gleichgewicht in weit geringerem Maße als tierisches Eiweiß. Menschen, die zu Gefühlsüberschwang neigen oder sogar zu heftigen Wutausbrüchen, sollten möglichst ganz auf tierisches Eiweiß verzichten. Pflanzen enthalten einen hohen Anteil an Lichtenergie. Sie bieten somit die ideale Grundlage für eine ausgewogene Ernährung, die ausgleichend und harmonisch auf den Organismus einwirkt. Auch der Verzicht auf Genussmittel wie Alkohol, Zigaretten etc. ist von großem Vorteil.

Übergewicht: Viele Menschen ersetzen fehlende mitmenschliche Nähe und Wärme in ihrem Leben durch Surrogate, die sich auf Dauer verhängnisvoll auswirken. Die Ersatzmittel, wie z.B. Süßigkeiten, haben den Effekt, in der Tat sehr schnell Befriedigung zu verschaffen, gleichzeitig wirken sie dämpfend auf das Gefühlsleben.

Die meisten Süßigkeiten enthalten eine hohe Eiweißkonzentration. Bei einem übermäßigen Verzehr steigen die Blutfettwerte an, wodurch der Stoffwechsel erheblich gestört wird. Sofern eine fleischfreie Ernährung bevorzugt wird, sinken die Cholesterinwerte unter das Normalmaß, was die Blutfettwerte zusätzlich in ungünstiger Weise beeinflusst. Das Blutfett ist abhängig von der Zufuhr an Cholesterin. Ist diese gering, dann reichert sich das Fett im Blut an. Ein erhöhter Blutfettspiegel beeinträchtigt das gesamte Befinden bis hin zu Lähmungserscheinungen.

Die Gefäßwände Übergewichtiger verschlacken zunehmend, was Risse zur Folge haben kann und die Bildung von Blutgerinnseln begünstigt. Der Stoffwechsel weist einen Mangel an regenerativer Energie auf, was auf Dauer eine schädigende Wirkung hat. Das Allgemeinbefinden wird hierdurch empfindlich gestört und auch die Psyche wird in Mitleidenschaft gezogen.

Diät: Für übergewichtige Menschen wäre daher eine Diät dringend erforderlich. Sie sollten etwas cholesterinhaltige Nahrung zu sich nehmen und weitgehend auf Süßigkeiten verzichten. Viel frisches Obst und Bewegung an frischer Luft sind hilfreich bei der Regeneration.

Um den feinstofflichen Energiekörper zu schützen, ist auch bei Personen, die einen spirituellen Weg beschreiten, eine Diät zu empfehlen. Ab der ersten Stufe der Entwicklung ist es erforderlich, auf Alkoholkonsum weitestgehend zu verzichten. Das Verzichtprogramm umschließt auch Eier und Fleisch; Fisch in kleinen Mengen ist erlaubt zur Deckung des Bedarfs an Proteinen.

Der Verzehr von Reis bewirkt eine antistatische Aufladung im Körper, was eine Abnahme der Erregbarkeit zur Folge hat. Nicht jede Sorte wirkt gleichermaßen; der größte Effekt ist im Wildreis zu finden. Schon eine kleine Schüssel Reis am Tag hat eine günstige Auswirkung auf den Fluorgehalt des Körpers.

Alkohol dagegen wirkt destabilisierend auf die Psyche und fördert die Durchlässigkeit der Membran, die den Energieaustausch regelt. Diese Durchlässigkeit erlaubt einen vermehrten Energieabzug durch nicht-systemkonforme Energien. Dies bedeutet, dass ein Teil der Energie in fremde Kanäle abfließt. Eier und Fleisch führen zu vermehrter Produktion an Harnausscheidungsstoffen. Der Organismus wird von Schlacken überschwemmt, die mühsam abgebaut und wieder ausgeschieden werden müssen. Die Infiltration mit negativen Energien geht auf diese Weise vonstatten.

Das menschliche Bewusstseinsfeld entspricht einer immerwährenden Energieproduktion, daher ist hier besonders auf ‚Reinhaltung' zu achten. Ein Bewusstseinsfeld, das fortwährend Schlacken produziert, kann nicht verhindern, mit negativen Energien überschwemmt zu werden. Diese haben das Bestreben, im menschlichen Organismus zu verweilen, indem sie die Stimmungen beeinflussen und unangemessenes Verhalten provozieren. Haben die Energien einmal eine gewisse Lebensdauer erreicht, ist es schwer, sich ihrer wieder zu entledigen. Sie tendieren dazu, sich aus Gründen der Erhaltung der Energie immer wieder bemerkbar zu machen.

Mithilfe seines Bewusstseins und kraft seines Willens kann der Mensch entsprechende Weisungen an seine Zellen geben, um diese positiv zu verändern und damit seine Gesundheit und Weiterentwicklung zu fördern. Dazu ist es notwendig, dass er mit den höheren Geistebenen einen Kontakt herstellt. Der Mensch ist das Bindeglied, durch das der Geist auf die Materie einwirken kann. Nur auf diese Weise ist Höherentwicklung möglich.

Schatten auf der Seele

Es gibt eine Waffe gegen die Schatten: das Licht.

Menschliche Beziehungen

Das freundschaftliche Beisammensein mit anderen Menschen setzt Feingefühl und Verständnis voraus, sowie ein Akzeptieren des anderen mit seinen Unvollkommenheiten. Einen Mitmenschen auf einer tieferen Ebene erreichen heißt, ihn zu verstehen. Selbsterkenntnis ist eine wichtige Voraussetzung, um zu einem vertieften Verständnis des Anderen zu gelangen. Einfühlung und Akzeptanz gründen auf Vertrauen in die eigene Stärke und in die des Anderen.

Der Kontakt zu anderen Menschen hat in der Regel zwei Grundvoraussetzungen. Eine davon ist die Ausstrahlung des Gegenübers, die seinen Charaktereigenschaften entspricht und Sympathie oder Ablehnung hervorruft. Eine Person, die Wärme ausstrahlt, ist weiter fortgeschritten als andere und hat im mitmenschlichen Beisammensein wenig Probleme. Echte Mitmenschlichkeit ist die Grundvoraussetzung für ein erfülltes Leben. Die zweite Grundvoraussetzung ist innere Ausgeglichenheit und Stabilität, welche Menschen in unterschiedlichem Maße mitbringen.

Die Kontaktfähigkeit des Einzelnen hängt mit seinen bisherigen mitmenschlichen Erfahrungen zusammen. Enge Beziehungen zu anderen Menschen sind bedeutsam, denn Einsamkeit und Zurückgezogenheit führen zu einer Destabilisierung des psychischen Systems.

Damit ist allerdings nicht gemeint, dass jedweder Kontakt positive Auswirkungen hat.

Resultate einer langen Zurückgezogenheit sind Lethargie und Langeweile. Der Betreffende muss erst wieder lernen, mitmenschliche Beziehungen für sich als lohnend zu empfinden. Das kann ihm nur dann gelingen, wenn er empfänglicher wird für die jeweilige Andersartigkeit seines Gegenübers und wenn er versteht, was es heißt, mitmenschliche Beziehungen als lohnend zu empfinden.

Die menschlichen Beziehungen kann man sich als Stufenleiter vorstellen, bei der jede Stufe einem bestimmten Qualitätsgrad entspricht, der von der Gedankenqualität der betreffenden Individuen abhängig ist. Man zieht andere Menschen entsprechend der eigenen Entwicklungsstufe an und tritt mit ihnen in Wechselwirkung. Dabei ist von Bedeutung, in welcher Form diese Wechselwirkung stattfindet. Personen wirken auf jemanden anziehend oder abstoßend, je nachdem, ob Gemeinsamkeiten vorhanden sind.

Die Qualität der Wechselbeziehungen ist entscheidend bei der geistigen Höherentwicklung. Zu Beginn ist es notwendig, alte Bindungen aufzulösen, die bei einer Erweiterung des Erfahrungsschatzes die Entfaltung hemmen. Die Rücksicht auf alte Bindungen verhindert ein Fortschreiten auf neuen Wegen, was letztendlich die Notwendigkeit einer Ablösung von nahestehenden Menschen bedeuten kann. Trennungen sind schmerzliche Erfahrungen, die an bestimmten Wendepunkten der Entwicklung vollzogen werden müssen. Das Leben ist wie das Auf- und Abwogen eines Weizenfeldes, wenn der Wind darüber streicht. Die gleichmäßige Wellenbewegung veranschaulicht in treffender Weise den Rhythmus des Lebens.

Distanz und Nähe

Bei Treffen mit anderen Menschen kann nicht immer vorausgesehen werden, wie der Verlauf sein wird. Die vorherrschende Atmosphäre ist ausschlaggebend dafür, ob Nähe und Vertrauen möglich und angemessen sind. Manche Treffen finden in einem Rahmen statt, bei dem zuviel Nähe nicht erwünscht ist, sondern der Anlass für die Zusammenkunft im Vordergrund steht. Der Anlass entspricht dem Wunsch nach einer Gemeinsamkeit, bei der die Einhaltung gewisser Regeln und Grenzen bestimmend ist.

Manche Menschen müssen lernen, diese Regeln zu erkennen und ihr Verhalten danach auszurichten. Sie sind wie ein ungeschliffener Kristall, der das geistige Licht noch unvollkommen widerspiegelt. Ihre spontane Bereitschaft, sich einzubringen, wird von den übrigen Teilnehmern auf eine andere Weise interpretiert. Sie vermitteln den Eindruck, als wären sie nicht in der Lage, Grenzen einzuhalten und Regeln zu beachten.

Es ist beim Zusammensein mit anderen Menschen sehr wichtig, das Maß an Distanz und Nähe zu erkennen, das dem jeweiligen Anlass entspricht. Das Respektieren der Grenzen anderer Menschen ist ein Lernprozess, der mühsam erarbeitet werden muss.

Auch die spirituelle Entwicklung des Menschen setzt Grenzen voraus. Ein Kennzeichen für den Fortschritt des Einzelnen ist seine Fähigkeit, besser mit Enttäuschungen und Rückschlägen umgehen zu können und eine Zunahme von Nähe als auch Distanz ertragen zu können. Die Anzahl der zur Verfügung stehenden Verhaltensmöglichkeiten wird größer, was eine gute Menschenkenntnis voraussetzt.

Schwäche und Antriebslosigkeit

Das Dasein besteht aus energetischen Hochs und Tiefs. Auf Zeiten vermehrten Energieflusses folgen Zeiten der Energieabnahme. Doch noch ein weiteres Element spielt eine Rolle, das erheblichen Einfluss auf den Energiehaushalt hat: Die entscheidende Größe ist Aktivität, die den Organismus in Bewegung setzt und die zur Verfügung stehende Energie nachhaltig mitbestimmt.
Ein Körper in Bewegung erzeugt Energie im Überfluss, auch wenn der Anschein das Gegenteil vermuten lässt. Der aktive Organismus

entfernt Schlacken aus dem Körper und die Zellen erhalten neue Spannkraft. Ruht hingegen ein Körper über einen längeren Zeitraum, wird Energie verbraucht und nicht wieder aufgetankt. Der liegende Organismus ist außerstande, genügend Energie zu absorbieren, die er für die Aufrechterhaltung der Funktionen so dringend braucht. Abgeschlagenheit und Mattigkeit und ein Überhandnehmen der Rückstände im Körper ist die Folge.

Auch im Kontakt mit anderen Menschen lädt sich die Energie, für die Beteiligten in der Regel unbemerkt, auf. Ein Austausch findet statt, der den Energiehaushalt der beteiligten Personen reguliert und Energie-Defizite zum Ausgleich bringt.

Die Kontaktbereitschaft sinkt, wenn zuwenig auf Gegenseitigkeit geachtet wird. Ein sensibler Mensch hat Antennen für kleine Nuancen im Verhalten des Gegenübers und reagiert dementsprechend. Verletzungen, die ihm zugefügt werden, vergisst er nicht so schnell. Daraus resultiert ein Mangel an Wärme im Leben, der keinen Ausgleich findet. Doch Momente der Nähe und Zärtlichkeit erfüllen das Dasein mit Energie, mit lebendiger Frische. Hier einen Ausgleich zu schaffen, setzt die Bereitschaft zu einem Miteinander voraus, die häufig fehlt. Die Wunschvorstellungen stimmen nicht mit den realen Gegebenheiten überein.

Das energetische Defizit, unter dem manche Menschen permanent leiden, hängt u.a. mit ihrer mangelnden Präsenz im Leben zusammen, mit ihrem Unwillen, aktiv das Leben zu gestalten und Teil eines Ganzen zu sein. Ihr Energie-Defizit können sie nur verringern, wenn es ihnen gelingt, sich für persönliche Entwicklungsmöglichkeiten Raum zu schaffen, indem sie ihr Leben selbst in die Hand nehmen und gestalten. Melancholische Verstimmungen, die sich einstellen, sind Zeichen des Zornes gegen die bestehenden Verhältnisse, der nach innen – gegen die eigene Person - gekehrt wird.

Antriebslosigkeit kann leicht bei Menschen mit starken Gegensätzen entstehen. Sie haben schwere Kämpfe auszufechten, die ihnen sehr zu schaffen machen und ihren ganzen Einsatz abverlangen. Ihr Energie-Pegel sinkt immer dann, wenn sie sich zuviel zumuten und ihre Pläne sie überfordern. Ein Großteil des Lebens ist oft zentriert um die Suche nach Erfolg und Wohlergehen. Dabei wird vergessen, wie wichtig die Zweisamkeit im Leben eines Menschen ist und wie stark sein Wunsch ist nach Nähe und Akzeptanz.

Ein Bewusstsein, das sich lange und intensiv mit aufreibenden Themen beschäftigt, ist irgendwann nicht mehr in der Lage, die vielen Eindrücke zu verkraften und zu assimilieren. Bleierne Müdigkeit ist ein Abwehrmechanismus der Psyche, die nach Rückzugsmöglichkeiten sucht, um sich regenerieren zu können. Eine überanstrengte Psyche gleicht einem Leck, aus dem die Energie entweicht. Müdigkeit ist demnach die Folge eines Energiemangels. Auch langjähriger Alkoholmissbrauch schwächt nicht nur die Körperfunktionen, sondern beeinträchtigt in entscheidendem Maße die Befindlichkeit des gesamten Organismus.

Um Abhilfe zu schaffen, sind Kaltwasserduschen ein probates Mittel der Regeneration. Ein angenehmes Umfeld trägt ebenfalls zur Gesundung bei, da es in der Psyche eine dementsprechende harmonische Verfassung hervorruft. Desgleichen können lange Spaziergänge sowie jeder Wechsel der Umgebung eine Auffrischung der mentalen Kräfte bewirken. Auch eine gesunde Lebensweise, zu der gesunde Kost und weitgehender Verzicht auf Rauschmittel gehören, trägt entscheidend zur Verbesserung bei.

Schuldgefühle bei Magersucht

Magersucht entspringt einem bestimmten Schema: Mangelnde Selbstbestätigung führt zu dem permanenten Gefühl, nicht genügen zu können. Dies führt zu häufigen Selbstvorwürfen und gipfelt in Schuldgefühlen. Die Betroffenen glauben, im Leben nicht genügend zu besitzen, was zur Verweigerung der Nahrungsaufnahme führt.

Viele der Magersüchtigen kommen nicht umhin zu erkennen, wie sehr ihr Weg vom Mittelmaß abgewichen ist. Die Genügsamkeit

,kleiner Leute' behagt ihnen nicht; ihre Ziele sind weitaus höher gesteckt. Doch um hochgesteckte Ziele zu erreichen, ist eine Anstrengung vonnöten, die viel Kraft und Ausdauer voraussetzt. Ein Kräfte zehrender Kreislauf kommt in Gang, denn die Anstrengungen scheinen nie auszureichen und die Ziele scheinen immer wieder in die Ferne zu rücken.

Der Energiehaushalt ist dezimiert, weil die Magersüchtigen sich einerseits zu wenig Pausen im nervenaufreibenden Alltag gönnen, andererseits ihre Rückzugsbedürfnisse voll ausleben und hierdurch ihre Energie weiterhin schmälern. Das Defizit an Freude und Lust, kompensiert durch eine emsige Geschäftigkeit, wird hierdurch aber nicht vermindert. Die Klagen betreffen den grundlegenden Mangel an Zufriedenheit und Glück im Leben, der nach einem Ausgleich verlangt.

Das Blut zirkuliert oft nicht in dem Maße, wie es für die Gesundheit erforderlich wäre. Der Transport der Blutkörperchen und des Blutplasmas erfolgt verlangsamt, weshalb sich die Werte zwar oft im Normbereich befinden, dennoch aber nicht der Norm entsprechen. Die Betroffenen können hier einen Ausgleich durch vermehrte Gymnastik und sportliche Betätigung schaffen. Auch heiß/kalte Wechselbäder wirken anregend auf den Kreislauf.

Frühes Aufstehen bringt den Organismus ebenso in Schwung wie ein Aufenthalt in der freien Natur. Schwimmen und sportliche Betätigung regen den Kreislauf in hervorragender Weise an; auch Tennisspielen, Saunabesuch und heiße Duschen erfüllen diesen Zweck.

Es geht darum, den Organismus anzuregen, um Energien besser aufzunehmen. Hier kann die richtige Tinktur eine große Hilfe sein. Zu empfehlen ist Ananassaft, gewürzt mit einer Prise Salz und Rettich. Auch die Zichorie ist sehr geeignet, ebenso das Labkraut (in kleinen Mengen) und Wermutsaft. Jeden Morgen nach dem Aufstehen in ausreichender Menge und in guter Qualität getrunken, werden die Säfte den Säure-Haushalt in überaus günstiger Weise beeinflussen. Die Magenschleimhäute werden angeregt und die Nahrungsaufnahme gefördert.

Partner-Probleme

Michael hat gravierende Probleme in seinen Partner-Beziehungen.

Die Frauen, denen Michael begegnet, können ihm keine echten Partnerinnen sein, da sie nicht in der Lage sind, alle seine Bedürfnisse zu erfüllen. Aufgrund seiner langjährigen Zurückhaltung sind seine Wünsche und Vorstellungen über jedes Maß hinaus angewachsen. Allen diesen Wünschen nachzukommen, ist für einen einzelnen Menschen so gut wie unmöglich. Daher führt eine Beziehung immer wieder zu Enttäuschungen und letztendlich in eine Sackgasse.

Hier wäre es angebracht, mehr Realitätsbewusstsein zu entwickeln, um zu erkennen, wie überzogen die Erwartungen sind, die Michael an eine ideale Partnerin hat. Er selbst ist auch nur ein Mensch mit begrenzten Fähigkeiten und wird daher seiner Gefährtin ebenfalls nicht in jeder Hinsicht gerecht werden können.

Michael hat nicht genügend gelernt, sich selbst zu vertrauen. Seine Probleme entstammen den tieferen Schichten seines Unterbewusstseins. Er muss lernen, innerlich loszulassen und offener zu werden, dann werden ihm auch andere Menschen mehr Vertrauen entgegen bringen. Nur tiefe Beziehungen auf Gegenseitigkeit fördern Vertrauen und Selbstachtung, die notwendig sind, um den ganzen Reichtum und die Fülle des Lebens zu erkunden. Sein Misstrauen sich selbst und anderen gegenüber verhindert eine Annäherung und wirft ihn auf sich selbst zurück. Die dadurch entstehenden Gefühle von Einsamkeit rufen wieder neue Ängste hervor und bilden einen Kreislauf, der nur schwer zu durchbrechen ist.

Seine Gefühle des Abgelehntseins, das sollte ihm immer klar sein, beruhen auf einer mangelnden Selbstwahrnehmung. Da es Michael Schwierigkeiten bereitet, sich selbst voll anzunehmen, entsteht bei ihm leicht der Eindruck, auch von anderen abgelehnt zu werden. Er sollte sich darum bemühen, mit sich selbst im Reinen zu sein, denn dies ist notwendig, um aus dem Teufelskreis herauszukommen.

Er möchte zwar geliebt werden, ist aber nicht bereit, gleichfalls zu geben, so wie er empfängt. Dies führt zu unsymmetrischen Beziehungen, die letztlich zum Abbruch führen. Michael fühlt sich nicht genügend geliebt, ohne dabei zu bemerken, dass jeder seinen Teil in einer Beziehung beitragen muss, weil sonst keine Gleichheit herrscht. Doch mit der Zeit wird er erkennen, wie wichtig Beziehungen sind und wie schwierig es ist, einmal eingegangene Bindungen wieder zu lösen.

Michael hat seine weibliche Seite immer abgelehnt. Dies hat zu einer gewissen Einseitigkeit im Denken und Handeln geführt, die nach außen nicht deutlich sichtbar wurde. Die Ablehnung seiner weiblichen Seite - die er mit Schwäche verwechselt -, hat in ihm ein tiefes Missbehagen erzeugt, das sich auch gegen potentielle Partnerinnen richtet. Er sieht sie in einem falschen Licht, fast so wie in einem Zerrspiegel.

Falls Michael trotz der bisherigen Enttäuschungen eine partnerschaftliche Beziehung anstrebt, sollte er mehr Toleranz den eigenen Schwächen und auch den Schwächen der Partnerin gegenüber zeigen. Toleranz und Akzeptieren der Persönlichkeit des anderen mit all seinen Eigenschaften und Besonderheiten ist die Grundlage für ein glückliches und harmonisches Miteinander, das beiden Partnern letztlich die Freude schenkt, nach der sie sich sehnen.

In nicht allzu ferner Zukunft wird Michael verstehen, was es bedeutet, wenige Menschen wirklich gut zu kennen. Einsamkeit und Zurückgezogenheit führen zu einer Destabilisierung des ganzen Systems, womit nicht gemeint ist, dass jedweder Kontakt positive Auswirkungen hat. Er muss wieder lernen, mitmenschliche Beziehungen für sich als lohnend zu empfinden. Das kann ihm nur gelingen, wenn er empfänglicher wird für die jeweilige Andersartigkeit des Gegenübers.

Ein Kontakt wird dann als angenehm erlebt, wenn die Energien ein ähnliches Schwingungsmuster aufweisen. Das Beisammensein zweier Menschen, die auf der gleichen Ebene schwingen, ähnelt den Bewegungen zweier Tänzer, die in vollendeter Harmonie miteinander in einheitlichem Rhythmus schwingen. Es lässt sich ebenso vergleichen mit dem Klavierspiel eines begnadeten Künstlers, der einen hohen Grad an Übereinstimmung mit seinem Instrument erreicht und auf geistiger Ebene mit ihm verschmilzt.

Zwei Menschen gelangen dann zur Vollendung, wenn das höchste Ziel, das Einssein, die Verschmelzung zweier Individuen, erreicht ist. Mann und Frau haben unterschiedliche Schwingungsmuster, die auf den polaren Gegensätzlichkeiten von Anziehung und Abstoßung beruhen. Die Gegensätzlichkeit der Pole bedingt eine Anziehung, die bei der Höherentwicklung immer mehr an Stabilität gewinnt, was letztendlich in der Unauflösbarkeit der Bindung zweier Individuen gipfelt. Diese Verschmelzung der Gegensätze ist das eigentliche Ziel des Menschen. .

Die Grundvoraussetzung für das Einheitserlebnis ist eine sehr hohe Schwingungsfrequenz beider Partner, die das Niveau über einen längeren Zeitraum halten können. Sobald zwei Menschen unauflösbar miteinander verschmolzen sind, findet eine Rückkehr statt zum Urgrund allen Seins.

Eine schwierige Lebenslage

Peter steckt in einer schwierigen Lage, die ihm sehr zu schaffen macht.

Peter hat als Kind nicht gelernt, angemessen auf Konflikte zu reagieren. Damit hängt eine Mangel an Selbstbewusstheit zusammen, der ihn oft in Extremsituationen bringt. Den Schwerpunkt seines problematischen Verhaltens bildet eine ausgeprägte Egozentrik. Er tendiert zu Gefühlsmustern, die sich in unabänderlicher Reihenfolge wiederholen. Konflikte lösen bei ihm starke Ängste aus, was eine katalytische Wirkung verhindert. Es ist ihm – von wenigen Ausnahmen abgesehen – nicht möglich, Rat und Hilfe von außen anzunehmen. Seine Probleme resultieren aus der tief verinnerlichten Furcht, verletzt zu werden.

Peter ist ein sehr zwiespältiger Mensch. Zum einen neigt er dazu, seine Mitwelt durch unnachsichtige Verhaltensweisen zu verletzen. Dann wieder ist er bereit, weitgehende Kompromisse einzugehen, wodurch seine Unnachsichtigkeit abgemildert wird. Seine gemüthafte Anlage bewahrt ihn vor Schwierigkeiten, die sonst unweigerlich auftreten würden. Ausgeprägte Merkmale bei ihm sind Hilfs- und Opferbereitschaft; eine Mentalität, die immer wieder Früchte trägt. Ein großes Defizit hingegen ist die Überbetonung der sexuellen Komponente in seinem Leben.

Bisher hat Peter es versäumt, einen starken Lebenswillen zu entwickeln. Es ist wichtig, die jeweilige Lebenssituation, in der ein Mensch sich befindet, mit allen Hindernissen und Lernprozessen, die das Leben bereithält, anzunehmen, um einen Wachstumsprozess zu ermöglichen. Dies trifft bei ihm auf einen starken Widerstand. Peter ist ein Meister der Verleugnung, wodurch ihm manch missliche Situation erspart bleibt. Doch auf lange Sicht versperrt er sich mit dieser Haltung die Chancen einer Weiterentwicklung. Das Annehmen der Gegenwart ist ein wichtiger Schritt auf dem Weg in die eigene Mitte.

Seine Schwierigkeiten bestehen aber nicht so sehr in der gegenwärtigen Situation. Diese verdeckt die tiefer gehende Problematik. Peter vermeidet es weitgehend, zur Erkenntnis seiner Probleme zu gelangen und verneint so das Leben schlechthin. Erkenntnisprozesse gehen ihm verloren aufgrund seiner mangelhaften Bereitschaft, sich mit den Hindernissen auf seinem Weg auseinander zu setzen. Hier ist von der Mitwelt ein hohes Maß an Solidarität gefordert, das sie nicht immer aufbringen mag.

Aufgrund einer Veranlagung zu Ressentiment und Selbstzerstörung lebt Peter im Grunde zwei Leben. Er überfordert sich unentwegt selbst mit Ansprüchen, von denen er überzeugt ist, ihnen nicht gerecht werden zu können. Sein Anspruchsdenken spiegelt sich in seiner Alkoholsucht. Die Überforderung, der er sich aussetzet, bewirkt ein Nicht – Abschalten - Können. Alkohol soll als Stimulanz zur Entspannung dienen, bewirkt aber letztendlich das Gegenteil: Die Stimulanz wird zur Falle und ein Teufelskreis entsteht. Die angestrebte Entspannung ist nur von kurzer Dauer und schlägt bald in ihr Gegenteil um, denn Alkoholkonsum in beträchtlichen Mengen führt zu vermehrter Reizbarkeit.

Das Trinken von Alkohol wirkt auf zwiespältige Weise. Zwar erfährt das körpereigene Schwingungsniveau in relativ kurzer Zeit eine Erhöhung, doch gleichzeitig öffnen sich die Rezeptoren für fremde Energien, die ungehindert eindringen können. Auf diese Weise erreicht man allenfalls eine vorübergehende Distanz zu negativen Schwingungsmustern.

Der hohe Konsum alkoholischer Getränke vermindert die geistigen Kapazitäten, weshalb der Kontakt zu geistigen Ebenen nebulös und verschwommen wird. Zwar wird die Gefühlswelt in der Regel intensiviert, was grundsätzlich ein Vorteil ist, doch die Stimmungslage wird unausgeglichen und exzentrisch. Der Alkoholisierte reagiert meist unangemessen, weshalb aus den Begegnungen kaum positive Erfahrungen gewonnen werden können. Kontaktaufnahmen unter Alkoholeinfluss sind daher abzulehnen. In einigen Fällen haben sie schädigende Auswirkungen, weil der Betreffende an Ansehen verliert und eine Zurückstufung seiner Person die Folge sein kann.

Peters berufliches Umfeld stellt hohe Anforderungen an ihn, denen er, seiner eigenen Ansicht nach, nicht gerecht werden kann. So schwankt er zwischen Verzweiflung und Launenhaftigkeit und findet seine Mitte nicht. Ein Gutteil der ihn noch immer belastenden Probleme hätte Peter schon vorzeiten aus der Welt schaffen können. Damit hätte er den Weg bereitet für neue, lohnende Ziele. Stattdessen versinkt er in seinen alltäglichen Sorgen, die ihm wahrlich keinen Anlass zur Freude bieten.

In einer Sinnkrise

Roland weiß nicht, wie er seine schwierige Lebenssituation bewältigen soll.

Roland befindet sich derzeit in einer tiefen Krise, die seine Lebensgeister lähmt. Er ist geschwächt an Leib und Seele und seine Gesundheit ist ernstlich gefährdet. Die Schicksalsschläge, die ihn heimgesucht haben, sind kaum zu ermessen. Ein jahrelanger immerwährender Kampf hat ihn zermürbt. Er sehnt sich nach Ruhe und tiefer Geborgenheit. Das Elixier, das ihm helfen könnte, wäre eine liebevolle Verbindung zu seinen nächsten Mitmenschen. Doch die Bande sind weitgehend zerstört aufgrund der krisenhaften Situationen der vergangenen Jahre. Die Problematik besteht schon seit längerem. Roland ist ein Mensch voller Ideale, die aber zum Teil auf Irrtümern beruhen. Seine karmischen Verwicklungen gestatten ihm nicht, die innersten Ziele, die er sich gesetzt hat, zu erreichen. Er ist ein Mensch des vorwiegend konkreten Denkens, was ihm den Zugang zu hilfreichen intuitiven Informationen erschwert. In früheren Leben hat Roland zu wiederholten Malen das Kriegshandwerk betrieben, woraus eine kämpferische Grundhaltung resultiert. Sein derzeitiger Altruismus bildet nun einen Gegenpol der ehemaligen Kriegernatur. Er hatte damals ein weit verzweigtes Netz von Intrigen gesponnen, mit dem mehrere gute Freunde zu Fall gebracht wurden.

In diesem Leben schwor er sich, aus Gründen der Wiedergutmachung eine völlig andere Haltung einzunehmen, was ihm aber nicht durchgehend gelang. Dieses Misslingen belastet seine Seele in hohem Maße.

Ein Teil der Schuldgefühle basiert auf der Art und Weise, wie er in vergangenen Leben Beziehungen knüpfte. Er war ein Tunichtgut, der seine Mitmenschen für seine Zwecke benutzte. Hier hat das Schicksal letztlich eingegriffen: Eine schwere Verwundung, bei der ihm beide Beine zu ¾ abgerissen wurden, brachte letztendlich die Wende in seiner Geisteshaltung. Roland schwor, seine Verfehlungen wieder gutzumachen.

Doch ihm mangelt es an der Tugend, seine guten Vorsätze durchzuhalten. Er stürzt sich von einem Abenteuer ins nächste, immer auf seinen Vorteil bedacht. Diese Vorteilsnahme belastet seine Seele aufs Neue und führt zu tiefgehenden Schuldgefühlen, die auf den karmischen Verwicklungen gegründet sind. Auch sein Zwang, im Übermaß zu arbeiten, ist Teil des Schuldkomplexes, der ihn nun schon über mehrere Inkarnationen verfolgt. Er hat in diesem Leben, als Sühneopfer für Vergangenes, viel gelitten. Die Kindheit in der gegenwärtigen Inkarnation war hier lediglich von sekundärer Bedeutung.

Roland neigt zu raschen Entschlüssen, was ihm nicht immer zum Vorteil gereicht. So hatte er unlängst vorschnell einen Kollegen in Misskredit gebracht, der an den Folgen noch heute leidet. Die Warnungen beachtete er nicht, was sich auch für ihn sehr nachteilig auswirkte. Seine unkontrollierten Zornesausbrüche haben zu seiner derzeitigen Situation beigetragen, wenngleich sie nicht die eigentliche Ursache sind. Roland ist ein Mensch der Gegensätze, inkonsequent und launisch. Hierdurch hat er schon mehrfach Gefahrensituationen für sich und andere heraufbeschworen. Seine Mitwelt tolerierte bislang ein gewisses Maß an Verantwortungslosigkeit.

Er ist eine Spielernatur. Sein aufgeblasenes Ego verhindert eine Selbsteinsicht, wo sie am dringendsten nötig wäre. Rolands Mangel an Takt ist sprichwörtlich. Der Anteil an Ritterlichkeit in ihm verhinderte bislang die gröbsten Auswüchse. Sein hoher Alkoholkonsum ist Folge eines übertriebenen Ideal-Ichs, dem er nicht gerecht zu werden vermag. So schwankt er zwischen Mut und Verzagtheit und leidet unter dem Eindruck, stets auf dem falschen Weg zu sein.

Rolands Misstrauen der Welt gegenüber, gekoppelt mit einer Ablehnung des Lebens schlechthin, hat ihn in eine sehr missliche Situation gebracht. Hier wäre es wichtig für ihn, die Hinweise und Fingerzeige zu beachten, die in beachtlicher Zahl vorhanden sind. Kein

Vergehen ist so schwer, das es nicht auch gesühnt werden kann, kein Schicksal besteht nur aus Unglück und Härte.

Roland wäre vielleicht zu helfen, wenn an seinen Drang zur Selbsterhaltung appelliert würde. Er sollte lernen, auch den freundlichen Seiten des Lebens genügend Beachtung zu schenken. – Zudem ist die derzeitige Krise keineswegs so tiefgehend, wie sie aussieht.

Zwanghaftes Verhalten

Im Verlaufe eines Tages halten sich die meisten Menschen in unterschiedlichen Bewusstseinszuständen auf. Eine grobe Einteilung in zwei dieser Zustände soll dies verdeutlichen:

Das *Tagesbewusstsein* befasst sich mit den Dingen des alltäglichen Lebens, die in konkreten Handlungsabläufen zum Ausdruck kommen: Putzen, waschen, kochen, Reparaturen, Installationen etc. Bei diesen Tätigkeiten ist die menschliche Psyche völlig fokussiert auf den jeweiligen Bezugspunkt in Zeit und Raum, ohne dem Bewusstsein Abschweifungen auf Nebenschauplätze zu erlauben.

Diese Konzentration ist in manchen Augenblicken lebensnotwendig, z.B. am Steuer eines Autos oder in schwierigen Situationen. Aufgrund dieser Notwendigkeit verfallen viele Menschen in den Fehler, ihrem Tagesbewusstsein eine ausschließliche Bedeutung (die ihm nicht zukommt), beizumessen. Andere Bewusstseinsvarianten geraten so gänzlich aus dem Blickfeld und werden nur noch über das Unterbewusstsein wahrgenommen.

Bei vielen stereotypen Handlungen, die immer nach demselben Muster ablaufen, ist eine ausschließliche Konzentration nicht notwendig. Das Bewusstsein hätte nun die Möglichkeit, in andere Dimensionen der Erfahrung zu reisen. Vermeidet die Psyche aber aufgrund innerer Vorbehalte und Ängste das Abschweifen auf andere Ebenen, werden banale Tätigkeiten in besonderer Weise mit Energie aufgeladen, was ihnen eine übertriebene Wichtigkeit verleiht. Das Bewusstsein sieht sich gezwungen, seinen Fokus einzuengen, wodurch der Energiefluss verstärkt wird. Wenn ein alltäglicher Handgriff derart mit Energie aufgeladen wird, findet in der Psyche eine Fixierung statt.

Die Konzentration auf einen einzigen Bezugspunkt führt zur Vertiefung des jeweiligen Spektrums. Die Einzelheiten gewinnen zunehmend an Bedeutung und rücken immer stärker in den Vordergrund. Wird die Aufgabenstellung der fokussierten Wahrnehmung von Einzelheiten gerecht, dann ergibt sich daraus keine Störung. Die ausschließliche Konzentration auf bestimmte Aspekte wird erst dann auffällig, wenn sie in wiederkehrender, starrer Form erfolgt, die auch durch die Gewohnheit wenig aufgelockert wird und sich auf einfache, alltägliche Handlungen bezieht.

Zwanghaftes Verhalten kann somit als Folge von Fixierungen aufgrund einer zu starken Einengung des Bewusstseins angesehen werden. Die Kontrollfunktionen sind in übertriebener Weise ausgebildet und der Energiefluss wird unflexibel. Die Handlungen werden mit peinlicher Sorgfalt ausgeführt und häufig wiederholt. Wasch- und Putzzwänge sind ein anschauliches Beispiel für eine übertriebene Einengung des Bewusstseinsspielraums.

Dieser Bewusstseinshaltung liegen tief sitzende Ängste zugrunde. Ein flexibles Bewusstsein erlaubt zumindest hin und wieder ein Abschweifen in andere Erfahrungsräume außerhalb des Bewusstseinsausschnitts, welcher der Wahrnehmung zugrunde liegt, wodurch ihm vielfältigere Informationen und Erfahrungen zugänglich sind.

In anderen Bewusstseinszuständen verweilt ein Mensch mehrmals am Tag, ohne dies zu bemerken. Das Bewusstsein eines jeden Menschen ist Zyklen unterworfen. Jedes Bewusstsein ist unbewusst mit der ‚Quelle' verbunden, dem allumfassenden Sein. Augenblicke der Muße und Zerstreutheit, Momente, in denen die Konzentration auf alltägliche Belange nachlässt, nutzt das Bewusstsein zur Erkundung anderer Dimensionen des Geistes. Je weiter eine Psyche entwickelt ist, desto umfassendere, höhere Schwingungsebenen sind ihr zugänglich, mit denen sie sich verbinden und aus deren Reservoir sie schöpfen kann.

Ein sich entwickelndes Bewusstsein ist dazu aufgerufen, sich mehrmals am Tag willentlich mit seiner geistigen Quelle zu verbinden. Diesen Vorgang kann man mit dem Ein- und Ausschalten eines Lichtschalters vergleichen. Konzentriert sich eine Psyche einseitig auf die materielle Welt, ist es für die rein geistigen Bewusstseinsebenen weitgehend ausgeschaltet. In Stunden der Entspannung hingegen, in denen die individuelle Psyche ‚abschaltet', wird die Verbindung mit anderen Bereichen der Wahrnehmung möglich; das Bewusstsein ist nun ‚eingeschaltet'.

Die Verbindung hält in der Regel nur so lange an, wie der Mensch in dem entspannten Zustand verweilt. Eine erneute Konzentration bewirkt eine Unterbrechung, die zu einer Rückkehr des Betreffenden in das ausschließlich irdisch-materiell ausgerichtete Tagesbewusstsein führt. Der Kontakt nach oben und damit der Zugang zu höherem Wissen ist unterbrochen. Bereits die Bewusstwerdung dieser Zusammenhänge eröffnet Möglichkeiten, festgefahrene Überzeugungen zu verändern und den Wahrnehmungsspielraum zu erweitern.

Die Verbindung mit höheren Bewusstseinsebenen wird hergestellt, indem man die Aufmerksamkeit in diese Richtung lenkt. Dieser einfach erscheinende Vorgang ist schwieriger, als es den Anschein hat. Das bewegliche, fluktuierende Bewusstsein bleibt selten in eine Richtung zentriert, daher wird es einem Übenden anfänglich schwer fallen, die Zentrierung auch nur über kurze Zeit beizubehalten. Störende Energien machen sich bemerkbar, die das Bewusstsein in eine andere Richtung abgleiten lassen.

Im Bewusstsein des erweiterten Gewahrseins gibt das Individuum einen Teil seiner Kontrolle ab. Hierdurch erschließen sich ihm umfassendere Wahrnehmungsbereiche, zu denen es bei einer starren Fokussierung keinen Zugang hätte. Je häufiger es einem Bewusstsein gelingt, in der spirituellen Sphäre zu verweilen, desto mehr wird es sich verfeinern und den dort erlebten Geisteszuständen anpassen.

Hypnotische Beeinflussung

In einer TV – Sendung wurde gezeigt, wie leicht sich die meisten Leute hypnotisieren lassen. Kaum zu glauben, wie innerhalb kurzer Zeit das Wachbewusstsein einer Person ausgeschaltet werden kann!

Hypnotiseure trainieren ihre Hellsehfähigkeit, um tief in das Bewusstsein eines Menschen eingreifen zu können. Sie sind in der Lage, hinter die Fassade zu blicken und das Innere einer Person, den Kern ihres Bewusstseins, zu berühren. Mit mentaler Kraft greifen sie in die psychische Struktur ein, die wie ein offenes Buch vor ihnen liegt. Die Fertigkeiten dieser Leute beruhen auf einfach zu erlernenden Grundsätzen, die keinen hohen Bildungsstand erfordern.

Der Dreh- und Angelpunkt ihrer Manipulation ist die mentale Übertragung, bei der psychische Schutzvorrichtungen außer Kraft gesetzt werden. Ein erfolgreicher Hypnotiseur bündelt seine Gedanken wie einen Strahl, mit dem er ins Innere einer Person vordringt. Dort konzentriert er sich auf ein bestimmtes Hirnareal, das für Willensentscheidungen zuständig ist.

Dieses Areal muss dem Hypnotiseur bekannt sein, wenn er erfolgreich agieren will. Mit einem kurzen, mentalen Befehl setzt er es außer Kraft. Da dieser Teil des Gehirns für vielfältige Funktionen zuständig ist, wie bspw. Denken, Gedächtnis, körperliche Funktionen, die Beurteilung von Situationen und Umwelt etc., kann dieser Eingriff zu den auffälligen Wahrnehmungsstörungen führen, die bei Außenstehenden großes Erstaunen hervorrufen.

Der Hypnotiseur benutzt für sein Vorgehen meist eine bestimmte Visualisation, die er intensiv eingeübt hat, indem er sich z.B. vorstellt, im Kopf des Gegenübers einen Schalter umzulegen, der dessen Willenszentrum lähmt. In der Regel behält er seinen Trick für sich, um bei dem Hypnotisierten jede Gegenwehr auszuschalten. Doch nur ein unvoreingenommenes Bewusstsein ist offen für einen derart tiefen Eingriff eines fremden Willens in seine Entscheidungsfreiheit.

Spirituelle Probleme

Konstanze hat Probleme, die anscheinend mit einer spirituellen Öffnung zusammenhängen.

Konstanze ist eine Person der Superlative, die nach dem Prinzip: Alles oder nichts handelt. Hat sie einmal einen Weg eingeschlagen, dann geht sie ihn 100%ig mit ganzer Kraft. Konstanzes Entwicklung ist mit einer konventionellen spirituellen Öffnung nur insofern zu vergleichen, als beide Seiten außergewöhnliche Erfahrungen machen und ihnen Erkenntnisse zuteil werden, die normalerweise der Allgemeinheit verschlossen sind. Im Unterschied zu K. sind spirituelle Wanderer eher bereit, Risiken einzugehen und den geistigen Wahrheiten ins Gesicht zu sehen.

  Es gibt Momente im Leben eines jeden Menschen, in denen eine anders geartete Entwicklung ratsam erscheint. In Konstanzes Leben war ein Punkt erreicht, der ihr keine neuen Möglichkeiten mehr eröffnete. Sie stagnierte in einer Weise, die ein Eingreifen von geistiger Seite erforderlich machte. Das Bewusstseinsfeld, in dem sie sich bewegte, war zunehmend dunkel und grau geworden. Ihrem Dasein fehlte die Würze; ihm fehlte das, was dem Leben Qualität verleiht. Ihr Wesenskern veränderte sich leider in unguter Weise. Hätte sie so weitergemacht, dann hätte sich ihr Wesen zunehmend verfinstert und ihr Überleben wäre in Gefahr gewesen.

Konstanze hätte mit den geistigen Helfern kooperieren und auf Entdeckungsreisen gehen können, die ihr ungeahnte Möglichkeiten eröffnet hätten. Geistige Lehrer verbinden sich nur mit den Menschen, die auf einer tieferen Ebene diesem Prozess zugestimmt haben. Insofern ist ihre Anwesenheit für diejenigen eine Wohltat, die sie willkommen heißen.

  Ihre jetzigen Beschwerden waren in dieser Weise nicht vorgesehen, doch der Weg nach oben ist immer ein steiniger Pfad. Das Graue und Dunkle ihres Lebens beinhaltete mindestens ebenso viel Verzweiflung, wie sie jetzt empfindet, nur von anderer Art. In Konstanzes Haus gibt es viele Wohnungen und eine davon hat sie bezogen. Ihre Entwicklung geht schubweise vor sich; es sind einige Lücken und auch Fallen da.

In Konstanzes Fall hat die Entwicklung bereits Grenzen überschritten, die von außen nicht erkennbar sind. Sie ist durch ein Tor gegangen und hat das Licht gesehen. Ihr Bewusstseinsfeld hält noch viele Möglichkeiten bereit, die sie noch nicht ausgeschöpft hat.

Die Stagnation, in der Konstanze sich derzeit befindet, war insofern vorgesehen, um ihr ihre geistige Stagnation vor Augen zu führen. Sie hätte genauso gut mit den Geisthelfern kooperieren und den Weg des Lichts beschreiten können. Ihre Probleme bestehen in der mangelnden Akzeptanz des Weges. Die geistigen Helfer sind aus diesem Grunde nicht eingeschritten.

Dies ist offenbar eine Entwicklung, die Menschen große Probleme bereitet.

Es ist aber auch die Entwicklung der Nonnen und Mönche, die im inneren Gespräch eine göttliche Welt erschaffen. (*Da gibt es sicher deutliche Unterschiede.*) - Nur graduell. Auch Nonnen und Mönche leiden und kämpfen für ein geistiges Ziel.

Angst als Hindernis

Lisa stagniert auf dem spirituellen Pfad. Auch leidet sie häufig unter diversen Krankheitssymptomen.

Lisa hat - um es vorwegzunehmen - ein Problem mit der Angst. Ihre Ansichten variieren sehr stark. Zum einen fühlt sie sich bereit für den spirituellen Weg, doch wenn das Ziel in unmittelbare Nähe rückt, wird sie von Ängsten erfasst. Diese furchtsame Grundstimmung erreicht bei L. ungeahnte Ausmaße, die jedwede Entwicklung erschwert.

Sie versucht einen Drahtseilakt, indem sie ihre höhere und niedere Natur in Einklang zu bringen versucht. Eine ihrer größten Schwierigkeiten besteht in der Nichtakzeptanz der höheren Gegebenheiten.

Lisas Kummer resultiert aus der Art, wie ihr Leben sich gestaltet. Sie hat noch nicht gelernt, Kompromisse (auch vorübergehende) als Teil des Prozesses zu begreifen und als einen notwendigen und lehrreichen Abschnitt ihres Leben anzusehen Ihre Widerstandskraft erlahmt sehr schnell.

Die Krankheiten, unter denen sie leidet, haben verschiedene Entstehungsursachen, doch sie bilden insgesamt gesehen ein Muster, das sich oft in ihrem Leben wiederholt. Eine vage Unzufriedenheit, gepaart mit Stressfaktoren, ist der Auslöser für eine abwärts führende Spirale.

Lisas Schwierigkeiten existieren bereits seit geraumer Zeit. Sie sind u. a. bedingt durch einen Mangel an Selbstakzeptanz, der zu frustrierenden Erlebnissen führt. Sie hat - wie bereits erwähnt - Probleme mit ihren Ängsten und fürchtet sich vor dem Unbekannten, das mit Macht in ihr Leben drängt. Lisa glaubt noch nicht an ihre eigenen Fähigkeiten und fürchtet, auf dem spirituellen Weg zu versagen.

Die Hintergründe für Lisas Probleme liegen tief in ihrer Kindheit verborgen. Der Faden zieht sich von dort bis in die Gegenwart. Ihre Kindheit war alles andere als glücklich. So hat sie bspw. nie gelernt, was echte Nähe bedeutet. Ihr Trauma besteht in einem Missbrauchserlebnis, das einer ihrer Onkel verübte, als sie drei Jahre alt war. Diese traurige Erfahrung hat eine tiefe Prägung hinterlassen, die bis zum jetzigen Zeitpunkt andauert. Lisas Psyche ist dadurch aus den Fugen geraten. Ihr Vertrauen, vor allem in das andere Geschlecht, hat dadurch eine grundlegende Einbuße erfahren. Ihre sexuelle Erlebnisfähigkeit wurde in den Grundfesten erschüttert.

Ein schwerwiegendes Problem ist die Nichtakzeptanz ihrer niederen Natur mit allen dazugehörigen Implikationen. Lisa versucht unentwegt, dagegen vorzugehen. Aufgrund ihrer Nichtannahme der eigenen Natur ergeben sich laufend Konflikte, die im Grunde nicht notwendig wären.

Sie ist ein Mensch mit hohen Idealen, die nur schwer zu erreichen sind. Idealistische Vorstellungen sind nur dann wertvoll, wenn sie als Vorbild dienen und den Menschen nicht wegen Nichterreichen des Zieles entmutigen. Ihr Wunsch, ein spiritueller Mensch zu werden, kollidiert mit ihrer Selbstablehnung. Sie hat es bislang versäumt, eine annehmbare Grundlage zu schaffen, auf der Entwicklung gedeihen kann. Positive Vorbilder würden sich hier überaus günstig auswirken.

Mentale Zerrüttung

Doris leidet unter zunehmender mentaler Zerstreutheit.

Doris ist in einer ernsteren Gefahr, als ihr bewusst ist. Aufgrund einer inneren Haltlosigkeit machen sich bei ihr Degenerationserscheinungen in bereits besorgniserregendem Ausmaß bemerkbar. Eine Degeneration in diesem fortgeschrittenen Stadium bewirkt psychopathologische Erscheinungen, die sich nun deutlich zeigen.

Unangebrachte Aggressivität ist einer der Faktoren, der Doris Psyche in ungünstiger Weise beeinflusst. Doch weitaus ungünstiger wirkt sich ihr ungesteuerter Fernsehkonsum aus. Die Vielzahl der Bilder stürmt mit Vehemenz auf eine Psyche ein, die den Halt bereits teilweise verloren hat. Innere Haltlosigkeit wiederum geht einher mit unkoordinierten seelischen Äußerungen, mit einem Mangel an Zielgerichtetheit.

Doris desolate Verfassung wird verstärkt durch ihre anhaltende Impulsivität, die ihren inneren Instanzen nicht in genügender Weise erlaubt, steuernd einzugreifen. Die fehlenden inneren Steuerungsmechanismen aber haben in beträchtlicher Weise zu ihrem derzeitigen Zustand beigetragen. Eine mangelnde Steuerung bewirkt, dass die

Psyche sich wie ein führerloses Schiff mal in die eine, mal in die andere Richtung bewegt.

Unkonzentriertheit, verbunden mit übergroßer Impulsivität, hat eine Destabilisierung der Psyche mit den bekannten degenerativen Erscheinungen zur Folge. Negative Elemente der Psyche können so verstärkt in den Vordergrund drängen und lassen den konstruktiven, vernunftgemäßen Elementen zu wenig Raum. Gewinnen aber die degenerativen Elemente zunehmend die Oberhand, dann kommt es zu einem bedrohlichen Ausmaß der Zerrüttung, wie sie sich bei Doris bereits bemerkbar macht.

Dringende Hilfe wäre vonnöten, um dem weiteren Zerfall vorzubeugen. Die Unterstützung kann nur in einer Stabilisierung der Psyche bestehen, denn Stabilität geht mit vernünftigem Handeln einher. Die medikamentöse Behandlung, die ihr zuteil wird, bewirkt zwar eine partielle Aufhebung der inneren Spannungen, dennoch greift sie das Problem nicht direkt an. Ganz im Gegenteil hebt eine verstärkte innere Unruhe die beabsichtigte Wirkung großenteils wieder auf.

Den Halt einer ins Ungleichgewicht geratenen Psyche wiederherzustellen, ist keine leichte Aufgabe. Um die Steuerung wieder in den Griff zu bekommen, müsste Doris bereit sein, ihre Lebensgewohnheiten von Grund auf zu verändern. Ohne diese grundsätzliche Bereitschaft kann sie eine Änderung ihrer Situation nicht erreichen.

Ein Bewusstsein lässt sich - ähnlich dem Wasser - in die eine oder andere Richtung dirigieren. Haltlosigkeit wird erzeugt, wenn dem Bewusstsein zuviel Spielraum eingeräumt und ihm erlaubt wird, in verschiedene Richtungen abzuschweifen. Die Inhalte der Psyche vermischen sich unkoordiniert mit den Elementen der Umgebung, die einen Sog ausüben, der sich ungünstig auswirkt. Die Vermischung hat eine zerrüttende Wirkung, wenn der Sog aus der Umgebung zu stark wird. Das freie Spiel der Psyche, ihre Entscheidungsfähigkeit, erleidet eine Einbuße mit den bekannten Folgeerscheinungen (z.B. paranoide Situationsverkennungen).

Diese fatale Entwicklung kann nur aufgehalten werden, wenn es dem Betroffenen gelingt, einen Fokus des Bewusstseins wiederherzustellen. Nachfolgende Übung hat einen günstigen Einfluss auf die Steuerung der Psyche:

- *Setze dich aufrecht hin mit geschlossenen Augen und lege den Kopf zurück. Die Körperhaltung ist bequem, so dass jede Anspannung vermieden wird.*
- *Stell' dir einen Kreis vor in einem Abstand von ca. 2m, in dessen Mitte sich ein roter Punkt befindet. Dieser Punkt übt eine Anziehungskraft auf dein Stirnzentrum (Drittes Auge) aus.*
- *Ist es dir gelungen, dich auf den Punkt zu konzentrieren, dann visualisiere anschließend einen Strahl, der von diesem Punkt aus direkt dein Stirnzentrum trifft. Eine Verbindung stellt sich her, die das Bewusstsein in eine Richtung dirigiert.*
- *Eine Stabilisierung der Psyche wird erreicht, wenn die Konzentration eine zeitlang aufrechterhalten werden kann.*

Weitaus geringer sind die ungünstigen Auswirkungen von Unkonzentriertheit bei Personen, die sich nicht mit ausufernder Intensität den Eindrücken ihrer Umgebung hingeben. Die Intensität der Gefühlsreaktionen, verbunden mit wenig aufbauenden Gedanken, kann einen sehr ungünstigen Einfluss ausüben. Doris Gefühlswelt hat in der Tat einen beträchtlichen Anteil an ihrer derzeitigen Situation. Wenn es ihr gelänge, auch hier die Steuerung zu verbessern, würde das ihre Heilungschancen sehr begünstigen.

Sie schwankt in ihrer Haltung zwischen Aufopferung und Härte und versäumt dabei, die notwendige Mitte zu finden, die Extremhaltungen keinen Raum gibt. Ihre Opferbereitschaft, in Verbindung mit rigorosen Einstellungen, wird den realen Bedingungen des Lebens nicht gerecht, denn der extrem einseitige Blickwinkel verkürzt ihre Sichtweise. Eine subjektive, einseitige Sichtweise aber schafft Problemfelder, welche die normalen Maßstäbe sprengen.

Zur Mitte zurückkehren kann nur derjenige, der bereit ist, rigorose Einstellungen zu hinterfragen. Doch dies ist keine leichte Aufgabe, denn derartige Haltungen haben sich mit den Jahren verfestigt. In vielen Fällen wird nur die Inanspruchnahme therapeutischer Hilfe eine Lösung bringen, da verfestigte Strukturen die Tendenz haben, sich einer Veränderung zu widersetzen.

Die Situation von Doris wird noch erschwert durch ihren hohen Zigarettenkonsum. Wenn eine Person, die unter psychischem Stress steht, sehr viel raucht, verdunkelt sich ihr Bewusstseinsfeld zusätzlich. Mit der Atemluft gelangen Teer und Nikotin in die Lunge und damit in den Organismus, Schadstoffe also, welche die Zellenwände verkleben und den Durchfluss von lebenswichtigen Energien erschweren.

Nikotin hat zudem die Eigenschaft, auf der Zellebene Zerstörungen anzurichten, indem es die Funktion der feinen Härchen an den Membranen außer Kraft setzt. Diese Funktionseinbuße wiederum lässt Schadstoffe von außen ebenfalls ungehinderter eindringen. Der Organismus wird also in hohem Maße infiltriert von schädlichen Stoffen, deren Abbau durch die ständige weitere Zufuhr von Nikotin verhindert wird. Ein Teufelskreis entsteht, denn die infiltrierenden dunklen Energien verstärken das Suchtverhalten. Energien, die zur Gesunderhaltung beitragen, werden am Eindringen gehindert. Auch die Stimmung wird davon in ungünstiger Weise beeinflusst.

Wenn es Doris gelänge, das Rauchen aufzugeben, wäre damit ein großer Schritt in Richtung Gesundung schon getan. Die verheeren Auswirkungen von Nikotin wurden bisher leider nur zum Teil in vollem Ausmaß erkannt. - Die geistige Welt wünscht Doris von ganzem Herzen das Gelingen der ‚großen Aufgabe', sich selbst im Bewusstsein zu erneuern.

Eine abwärts führende Spirale

Miriam, die erste Schritte in Richtung spirituelle Entwicklung unternommen hat, befindet sich derzeit in einer desolaten seelischen Verfassung.

Miriams Situation ist nicht so prekär, wie sie auf den ersten Blick aussieht. Sie wäre durchaus in der Lage, ihre Situation in sehr kurzer Zeit zu verändern, doch es mangelt ihr an dem Willen dazu. Sie ist ein Mensch mit ‚Vergangenheit', doch die vergangenen Erlebnisse sind keineswegs so trist, dass sie einen Fortschritt im Leben ernsthaft behindern könnten. Ihre Kindheit weist zwar einige unschöne Vorkommnisse auf, doch sie war auch geprägt von Zuversicht und Freude.

Diese Zuversicht in die Gegenwart herüber zu bringen, ist ihr offensichtlich nicht gelungen. Sie hat sich in ihrem Dasein darauf festgelegt, dem Leben mit einer sehr pessimistischen Einstellung zu begegnen. Diese Haltung ist von einer zurückhaltenden Genügsamkeit durchsetzt, ähnlich der einer Nonne, die es sich nicht erlaubt, dem Leben schöne Seiten abzugewinnen. Das Leben ist aber nicht nur schwarz/weiß, schön oder hässlich. Die bunten Facetten des Daseins verlangen eine durchlässigere Einstellung.

Miriams Vater war der Stolperstein auf ihrem Weg, denn er veranlasste sie dazu, der Welt mit Misstrauen zu begegnen. Er hatte es selbst nicht leicht in seinem Leben, denn sein eigener Vater starb frühzeitig. So wurde er zu einem schwierigen Menschen, dem es nicht gegeben war, seinen Kindern die Freude am Leben zu vermitteln. Als ein Mann der alten Schule verlangte er von ihnen ‚Respekt vor der Obrigkeit'.

Die überaus harten Strafmaßnahmen seiner Tochter gegenüber waren in keiner Weise geeignet, ihr den Weg ins Leben zu ebnen. So hat sie schon in früher Jugend erfahren, was es heißt, Gewalt zu begegnen. Ihr Lebenskonzept wurde daraufhin von düsteren Farben durchsetzt und die heitere Gelassenheit ging verloren.

Miriam ist aber durchaus imstande, ihre Haltung einer grundlegenden Revision zu unterziehen. Dennoch sie zieht es vor, sich in ihren Kummer hineinzuversenken. Diese Haltung wiegt umso schwerer, als ihr Lebensweg nun eine steile Abwärtskurve aufweist. Es wird für sie nicht leicht werden, aus dem Tal wieder emporzusteigen. Wer sich wie sie aus einem relativ geringfügigen Anlass heraus emotional fallen lässt, dem wird der Aufstieg umso schwerer gelingen.

Ihre Mutlosigkeit hat ein Ausmaß erreicht, bei dem auch wohlmeinende Freunde wenig ausrichten können. Sollte Miriam ihr Lebenskonzept nicht grundlegend ändern, dann wird sie lange in einer düsteren Trübsal verweilen müssen. Ihre Ressourcen, die aufbauenden Kräfte in jedem Menschen, sind bald erschöpft. Dazu kommt ein angeborener Hang zur Melancholie, den sie bereits in einer früheren Inkarnation erworben hat.

Ihr wird nun dringend geraten, mit aufbauenden Gedanken und einer konstruktiven inneren Haltung dem Abwärtstrend entgegenzuwirken. Miriam wird sonst ein Opfer ihrer eigenen Verzagtheit werden, das dem Leben keine heitere Seite mehr abzugewinnen vermag.

Miriams geistige Helfer stehen bereit, ihr in diesem schwierigen Entwicklungsabschnitt beizustehen, doch ihre Bereitschaft, diese Hilfe auch anzunehmen, ist nicht in ausreichendem Maße vorhanden. Wäre sie besser in der Lage, die Unterstützung zu empfangen, wäre ihre Situation weitaus günstiger.

Sie hat es bisher versäumt, ihr Bewusstseinsfeld in ausreichender Weise zu koordinieren. Ein Bewusstsein, das mit der geistigen Welt in Kontakt kommen will, muss in entsprechender Weise vorbereitet werden. Sie hätte das Potential dazu, schöpft es aber nicht aus. Ihr Bewusstsein ist wie ein unbebautes Feld, das darauf wartet, Früchte zu tragen.

Wie wirken sie sich die Medikamente (Neuroleptika), die ihr derzeit verordnet werden, auf Miriams Befinden aus?

Ein Mensch, der sich gezwungen sieht, Medikamente dieser Art zu nehmen, hat schon fast mit dem Leben abgeschlossen. Die Medikation bewirkt eine Retardierung des Immunsystems; die natürliche Abwehr gegen Einflüsse von außen wird auf ein Minimum reduziert. So wird künstlich ein Gefühl der Schwäche erzeugt, das nicht im Einklang steht mit dem Selbst.

Neuroleptika beeinflussen die Hirnrinde in einer Weise, die nicht einfach zu beschreiben ist. Die Hirnrinde wird stimuliert mittels chemischer Botenstoffe, ein bestimmtes Hormon zu produzieren, das - insgesamt gesehen - die Abwehr stärkt. Der Name des Hormons ist ‚Serotonin'. Doch verkehrt sich die Wirkung ins Gegenteil, weil ein seelisch kranker Mensch die vermehrte Hormonausschüttung nicht verkraften kann. (Deine Unkenntnis der Zusammenhänge erschwert die Übermittlung.)

Die vermehrte Hormonausschüttung bewirkt eine Abnahme der Botenstoffe, die den Blutaustausch regeln. Serotonin kann fatalerweise den Bluthaushalt beeinflussen. Es bewirkt eine Aufspaltung der Eiweißmoleküle, die den Transport von Botenstoffen besorgen. Der Transport erfolgt nur noch unvollständig, was zu einer Schwächung des Abwehrsystems führt. Es kommt zu einer Verringerung der weißen Blutkörperchen.

Diese Schwächung des Abwehrsystems kann in schwerwiegenden Fällen bis zum Herzstillstand führen, denn die feinen Kapillaren werden nicht mehr mit genügend Sauerstoff versorgt. Das Herz ist ein sehr empfindliches Organ und registriert wie ein Seismograph die Veränderungen im Organismus.

Das Neuroleptikum bewirkt zudem einen Abfall der Leistungskapazität des Gehirns. Die Denkstrukturen vereinfachen sich, was mit der vermehrten Serotoninausschüttung zusammenhängt. Darüber hinaus gibt es noch andere Auswirkungen, die bekannt sind, wie:

Benommenheit, Schwächegefühl, Schläfrigkeit, Beeinträchtigung der Stimmung, Veränderung des Wahrnehmungsvermögens, eine Einengung des Blickwinkels. Die bunte Palette des Lebens erscheint in einem trüben Licht.

Die Ärzte verordnen zwar Neuroleptika gegen Wahrnehmungsstörungen, doch diese werden eher noch verstärkt. Wahrnehmungsstörungen sind ein Ausdruck fehlgeleiteten Denkens und können nur auf dieser Grundlage behandelt werden.

Der empfindliche Seelenmechanismus eines Menschen ist nur schwer zu beeinflussen. Miriams Psyche, um die es hier geht, reagiert in sehr problematischer Weise auf die Medikamente. Ihr Stimmungstief wird eher noch verstärkt. Darüber hinaus werden keinerlei positive Effekte erzielt.

Haben Neuroleptika auch positive Auswirkungen?

Die positiven Auswirkungen bestehen in der Übereinkunft von Arzt und Patient, deren Wirksamkeit anzuerkennen, während die Nachteile sehr schwerwiegend sind. Miriams Psyche hat die Tendenz, im Leiden zu passiver Hilflosigkeit hinabzusinken. - *(Wie sieht es mit Antidepressiva aus?)* - Zwar haben Antidepressiva nicht die gleichen schweren Schädigungen zur Folge wie Neuroleptika, doch sie verstärken die Tendenz zu einer passiven Hinnahme der Situation. Diese passive Untätigkeit, ein Hang zum Sich-Gehenlassen, war für Miriams Verhalten von jeher bestimmend.

Wenn es ihr nicht gelingt, in ihrem eigenen Dasein eine aktivere Rolle zu spielen, wird es für sie sehr schwer werden, das gegenwärtige Tief zu überwinden und Zustände dieser Art auch in Zukunft zu vermeiden. Ihr Hang zu Selbstmitleid ist zwar nicht sehr ausgeprägt, dennoch möchte sie von der Mitwelt bedauert werden und diese zu einer tätigen Hilfe anregen. Sie erwartet zwar Hilfe von außen, doch ist sie nicht bereit, sich diese Hilfestellung auch von innen zu geben.

Die Hilfe von außen hat eher einen Bumerang-Effekt, denn in ihrem Gefühl, nicht allein bestehen zu können, wird sie noch bestärkt.

Die in Miriam angelegten Verhaltensmuster, die sie seit frühester Jugend praktiziert, sind sehr widerstandsfähig gegen Veränderung. Daher ist dringend eine durchgreifende Maßnahme zu empfehlen, die eine grundlegende Revision ihrer Einstellung, ihres Verhaltens, zum Ziel hat. Der Grundkonflikt, das Sich-Gehenlassen, kann nur dann beeinflusst werden, wenn sie zu einer rigorosen Änderung bereit ist, die nicht nur die Oberfläche streift. Sie sollte bereit sein, ihr Leben neu zu überdenken und mit alten Wertvorstellungen und Verhaltensmustern aufzuräumen.

Diese Neuausrichtung sollte auch ihren Freundeskreis einschließen, denn sie war bisher nicht sehr wählerisch in der Auswahl ihrer Freunde. Die Leute, die sie trifft, kommen ihrem Hang zum Sich-gehen-lassen eher noch entgegen und verstärken problematische Verhaltensmuster. Freunde sollten es tunlichst vermeiden, Miriam in ihrer passiven Haltung in irgendeiner Weise zu bestärken.

Ein therapeutischer Prozess ist solange nicht Erfolg versprechend, wie Miriam sich weigert, selbst die Verantwortung für ihr Leben zu übernehmen. Eine Therapie ist immer ein Werdegang mit Unwägbarkeiten. Ihre beruflichen Möglichkeiten sind keineswegs so begrenzt, wie sie das annimmt. Wenn sie ihre Haltung ändert, kann sie in verschiedenen Branchen gute Arbeit leisten. Sie ist durchaus für eine anspruchsvolle Tätigkeit geeignet mit dem Vorbehalt, dass sie ihren Eigenwert anerkennt.

(Leider konnte Miriam dem Abwärtstrend nicht genügend Widerstand entgegensetzen. Sie wurde für längere Zeit ambulante Patientin in der Psychiatrie.)

Der therapeutische Prozess

Die Inhalte einer Therapie sind in einem offenen Prozess nicht völlig determiniert. Es können an dieser Stelle allenfalls Richtlinien gegeben werden, die aber niemals in der Lage sind, einen lebendigen Prozess zu ersetzen. Der Rat suchende Klient hat die Chance, einen Vorstoß in bisher unbekanntes Terrain zu wagen. Die Themenwahl ist nicht gefiltert durch eindeutige Vorstellungen, den Inhalt anbetreffend.

Nicht immer entspricht ein Therapieverlauf auch nur annähernd den Vorstellungen des Klienten, denn er stellt sich den Prozess häufig einfacher vor. Eine gelingende Therapie gleicht einer Blume, die sich langsam öffnet und ein Blütenblatt nach dem andern zur vollen Schönheit entfaltet. Wenn Therapeut und Klient auf eine fruchtbare Weise zusammenarbeiten, dann werden in das Lebensbildnis neue Mosaiksteinchen eingefügt. Der Hilfesuchende gewinnt eine klarere Sicht der Dinge und kann in Teilbereichen sein Leben neu gestalten. Doch nicht in jedem Fall nimmt eine Therapie diesen günstigen Verlauf.

Die persönliche Sicht der Dinge bedarf oft noch einer weitergehenden Klärung, denn die belastenden Problembereiche sind in einen versteckten Winkel der Psyche eingesperrt. Der Hilfesuchende wird Erschütterungen nicht vermeiden können, wenn er die Blumen des Weges pflücken will. Übertriebene Zielstrebigkeit behindert den Prozess des Werdens, ähnlich wie ein Wasserlauf, der sich selbst begradigt, die Früchte des Weges nicht genießen kann. Auf diese Weise verfehlt er das Ziel, das ja gerade darin besteht, die Früchte zu schauen und einzusammeln.

Soll ein Therapieprozess zu einem zufrieden stellenden Ende gelangen, ist es für den Klienten erforderlich, in seiner Einstellung einige Veränderungen vorzunehmen. Die Änderungen betreffen auch die Entwicklung seines Bewusstseinsfeldes. Wenn die Entfaltung des Bewusstseins in elementarer Weise stagniert, sieht leider jede Einflussnahme wie ein Zwang aus. In dieser Phase hilft nur die nötige Einsicht weiter.

Ein Werdeprozess, der stagniert, gleicht einer Frucht, die langsam verdirbt, weil der Reifeprozess nicht zum Abschluss gekommen ist. Das Bewusstsein stagniert dann auf eine Weise, die oft sehr bedauerlich ist, denn ein Individuum hat mehr Möglichkeiten der Weiterentwicklung, als gemeinhin angenommen wird. Eine Therapie ähnelt einem Hürdenlauf bei dem es gilt, ein Hindernis nach dem anderen zu überwinden. In der Folge nehmen die Schwierigkeiten ab, da das Bewusstseinsfeld sich nach und nach aufhellt und an Klarheit gewinnt.

Das Tourette-Syndrom

Die Entstehungsgeschichte des Tourette-Syndroms ist sehr speziell und kann hier nicht im Einzelnen erfasst werden. Grundsätzlich haben sich die Betroffenen von höheren geistigen Einflüssen abgeschnitten, was niederen Wesen erlaubt, zu ihnen vorzudringen. Diese Wesen halten sich normalerweise im Hintergrund jeder Psyche auf und treten nicht in dieser Deutlichkeit in Erscheinung.

Am Tourette-Syndrom Erkrankte sind eine Verbindung eingegangen mit Wesen, die weit unter ihnen stehen. Man könnte sagen, sie haben sich gegen die Natur versündigt. Die Betroffenen neigen zu Flüchen und obszönen Äußerungen; ein Hinweis auf die Natur der ihnen innewohnenden geistigen Mächte. Diesen Wesen ist es gelungen, partiell die Herrschaft über ihren Körper zu übernehmen und sie zu unangemessenem Verhalten zu zwingen. Sie lösen sich nur schwer von Menschen, von denen sie einmal Besitz ergriffen haben.

Die Betroffenen haben einst freiwillig die Kontrolle über ihre Körperfunktionen partiell abgegeben, ohne sich daran zu erinnern. Die Strukturen der Psyche sind gelockert. So gelang es einem der Wesen, sich einzunisten und einen Teil der Kontrolle an sich zu reißen. Diesen Wesen geht es darum, ihren Herrschaftsbereich auszuweiten und immer größere Teile der Psyche in ihre Gewalt zu bekommen. Gelingt ihnen dies, wird das Opfer zum Spielball der Kräfte, deren Ziel die vollständige geistige Übernahme ist.

Fremdes Eindringen setzt einen mangelnden inneren Widerstand voraus, dessen Gründe mannigfaltig sein können. – Wer unter einem Tourette-Syndrom leidet, ist gekennzeichnet für sein ganzes Leben.

Mediale Menschen sind in der Regel gefeit vor derartigen Angriffen, da ihnen schützende Helfer zur Seite stehen, die das Problem im Keim ersticken.

Existiert eine Möglichkeit der Heilung?

Ein hypnotischer Einfluss von innen findet statt, der nur schwer zu durchbrechen ist. *(Ich habe eine Vision von einer jungen rothaarige Frau, die auf einem Stuhl sitzt. Vor ihr steht ein Mann, dem sie unentwegt in die Augen blickt.)* Das Erkennen der Ursachen kann ein erster Schritt zur Heilung sein, denn nun weiß das Opfer, woran es ist. Dies ermöglicht zum mindesten den Versuch, den beeinflussenden Kräften zu widerstehen, indem es sich höheren geistigen Möchten zuwendet. Hilfe wird denen zuteil, die darum bitten. Die Aufhellung des Bewusstseinsfeldes wäre bereits ein großer Vorteil.

Das Tourette-Syndrom ist eine Erkrankung, die Jeden irgendwann einmal treffen kann, doch nicht immer sind die Ausprägungen gleich. Die anfänglich fast unmerklichen Tics können sich zu heftigen Bewegungsabläufen steigern und sich immer mehr der Kontrolle entziehen.

Das Syndrom ist der Heilung zugänglich, auch wenn dies nicht immer klar erkannt wird. Tourette-Kranke gehen meist von einem unheilbaren Zustand aus, weshalb sie von vornherein jede Hoffnung begraben. Sie verfestigen damit ihren Zustand noch, anstatt ihm offensiv etwas entgegenzusetzen. *(Was wäre das?)* Indem sie der Freude in sich mehr Raum geben und sich erlauben, ihre Gefühle in eine positive Richtung fließen zu lassen.

Tourette-Kranke neigen zu einem zwanghaften Pessimismus, der sie einengt, Leid verursacht und in der Situation festhält. Sie sehen sich außerstande, ihrem Gefängnis zu entfliehen, dessen Gitterstäbe nicht so festgefügt sind, wie sie sich das vorstellen. Der Kranke erstarrt häufig in der Pose des Selbstmitleids, anstatt tatkräftige Schritte zu seiner Heilung zu unternehmen. Würde er selbst mehr an sich glauben, könnte dies seine Beschwerden deutlich lindern. Das menschliche Bewusstseinsfeld ist nicht so festgefügt, wie es scheint. Immer gibt es Lücken im System; Muster, die durchbrochen werden können.

Die Tourette-Erkrankung ist somit ein heilbares Syndrom. Die Betroffenen haben sich von segensreichen Einflüssen ausgeschlossen. Sie müssen erst langsam wieder lernen, diese für sich zu entdecken und mehr sich selbst zu vertrauen, anstatt nur im außen nach Hilfe zu suchen.

Epileptische Anfälle

Epilepsie ist immer noch ein überaus rätselhaftes Phänomen.

Bei einem epileptischen Anfall wird das Ich des Betroffenen zeitweilig aus der Verankerung mit seinem physischen Körper ausgetrieben. Epileptiker haben vordem fremden Energiewesen erlaubt, sich mit ihnen zu verbinden, und nun fällt es ihnen schwer, sich davon wieder zu befreien. Niederen Wesen ist es über einen längeren Zeitraum gelungen, die Verbindung soweit zu festigen, dass sie zeitweilig die Oberherrschaft über den Organismus übernehmen können.

Bei Volltrance-Medien findet eine ähnliche Verbindung mit dem Einverständnis aller Beteiligten statt, allerdings ohne schädliche Auswirkungen für das Medium. Anders verhält es sich bei Epilepsiekranken: Hier gelingt es fremden Energiewesen, ohne Einverständnis der betreffenden Person in das energetische Gefüge des Körpers einzugreifen und wichtige Schlüsselpositionen zu besetzen. Der Kranke weiß in der Regel nicht, was vor sich geht und ist dem Ansturm der Angreifer hilflos ausgeliefert.

Die Energiewesen streben danach, sich des menschlichen Organismus zu bemächtigen. Bei einem Anfall werden die Mitochondrien in Mitleidenschaft gezogen, was zur Folge hat, dass lebenswichtige Verbindungen nach und nach unterbrochen werden. Indem die Eindringlinge erfolgreich wichtige Schaltstellen im Körper unter ihre Kontrolle bringen, haben sie die Macht, wichtige Funktionen außer Kraft zu setzen. Wenn ihnen dies gelingt, können sie auch die Kontrolle über die feinstofflichen Körper, die feinstofflichen Energien, übernehmen, was ihr eigentliches Ziel ist.

Die feinstofflichen Energien haben eine große Bedeutung im Gesamtsystem, denn sie sind der Dreh- und Angelpunkt der Existenz. Falls die Kontrolle dieser Energien gelingt, ist das menschliche Ich außer Kraft gesetzt und die Fremdenergie nimmt seine Stelle ein. *Dies ist das letztendliche Ziel der angreifenden Energiewesen.*

Nicht alle Epileptiker leiden unter den gleichen Symptomen. Bei einer Gruppe derjenigen, die unter epileptischen Anfällen leiden, ist das Bewusstseinsfeld in Verwirrung geraten, da die ordnende Kraft des Bewusstseins versagt hat. Ein geordnetes Bewusstsein ist in der Lage, dem Ansturm fremder Bewusstseinsenergien standzuhalten, sich abzugrenzen und einen Filter zu erzeugen. Nur wenn diese Filterfunktion nicht mehr in ausreichendem Maße vorhanden ist, können fremde Energien ungehindert einströmen und die Befehlsgewalt ausüben.

Sexuelle Energien sind besonders dafür geeignet, eine Verbindung mit ihnen fremden Energien einzugehen. Dies ist im Normalfall durchaus erwünscht: In einer Zweierbeziehung vermischen sich die Energien der beiden Partner und bilden zeitweilig eine Einheit. Dagegen ist nicht das Geringste einzuwenden. Allerdings werden sexuelle Energien auch dazu benutzt, eine Verbindung zu mentalen Ebenen herzustellen und diese aufrecht zu erhalten.

Hier existieren zwei Richtungen:
▶ Führt die Entwicklung nach oben, in die Lichtwelt, dann tragen ekstatische Momente dazu bei, der Verbindung Glanz und Schönheit zu verleihen.
▶ Im umgekehrten Fall sieht die Sache anders aus: Die sexuellen Energien verbinden sich mit dunklen, trüben Energiewesen, denen daran gelegen ist, ihre eigenen Energien zu reinigen und zu erhöhen, und zwar auf Kosten des betreffenden Menschen.

Medikamente können zwar die Auswirkungen mildern, doch niemals eine Befreiung erzielen. Auch exorzistische Maßnahmen führen oft nicht zum Erfolg, da die hartnäckigen Fremdenergien sich nicht leicht vertreiben lassen.

Den Betreffenden könnte am ehesten geholfen werden, wenn magische Mittel zum Einsatz kämen. Diese Mittel sind nur Wenigen bekannt und nur sehr Wenige sind bereit, diese einzusetzen. Dies hängt mit der Art der angreifenden Energien zusammen und die Verwicklungen, die damit zusammenhängen. Nur soviel sei gesagt: Weiße Magier begeben sich selbst in Gefahr, wenn sie den Kampf gegen die Dunkelmächte aufnehmen!

Bei etlichen Epilepsiekranken führen die Anfälle zum Tode.

Die feinstofflichen Energien sind kurz nach dem Ableben noch intakt und können für bestimmte Zwecke gebraucht werden. Magisch arbeitende Wesenheiten sind sehr an diesen Energien interessiert, denn sie eröffnen ihnen weitreichende Möglichkeiten der Einflussnahme. Manipulationen sind möglich, deren Ausmaße die Menschheit noch nicht erkannt hat.

Menschen, die an Epilepsie leiden, haben feindlich gesinnten Mächten freimütig die Tür geöffnet, Mächten, die darauf aus waren, ihnen zu schaden und sie in die Irre zu führen. Sie haben nicht bedacht, mit *wem* sie in Kontakt traten und welche Auswirkungen das zu einem späteren Zeitpunkt für sie haben könnte. Nun werden sie mit ihren früheren Fehlentscheidungen konfrontiert, die so leicht nicht wieder rückgängig zu machen sind; Entscheidungen, in denen sie sich für die falsche Seite geöffnet haben.

Das Dunkle lässt nicht mit sich spaßen, wenn es darum geht, einen Menschen ganz in seine Gewalt zu bringen. Mit Energien dieser Art haben die meisten Medien gottlob nichts zu schaffen. Außerdem ist ihre Tür bereits geöffnet, sie muss sie nicht auf irgendeine andere Weise heimlich geöffnet werden.

Die Entstehung von Psychosen

Eine Psychose ist in den meisten Fällen die Folge einer Missachtung grundsätzlicher Regeln. Sie kann entstehen, wenn jemand

- sich über längere Zeit von der Welt zurückzieht;
- ausufernde Phantasien für Wirklichkeit hält;
- seine Gedanken ungezügelt schweifen lässt;
- sich vorwiegend fremdbestimmen lässt;
- Lebenskrisen nur mangelhaft bewältigt;
- einseitige Interessen verfolgt, die emotionalen Stress erzeugen;
- sich äußeren Eindrücken ungehemmt hingibt;
- ein aufreibendes Leben führt (exzessiver Genuss, Drogen- und Alkoholmissbrauch etc.)
- zwischen hell und dunkel (konstruktiv und destruktiv) nicht genügend unterscheidet;
- dem Leben zuwenig Bedeutung abgewinnt;
- das Wichtigste im Leben geringschätzt: Liebe zu seiner Mitwelt.

Das höhere Geistfeld hat sich bei psychotischen Menschen weitgehend zurückgezogen und die Kontrolle, die es normalerweise ausübt, aufgegeben. Das Bewusstsein eines psychotischen Menschen ist ungeschützt widrigen Einflüssen ausgesetzt, da er es versäumt hat, sich mit den geistigen Ebenen in ausreichender Weise in Verbindung zu setzen. Das höhere Geistfeld hat normalerweise eine Schutzfunktion, die das Bewusstsein im Gang seiner Entwicklung benötigt. Ist der Schutz einmal hinfällig geworden, ist es äußerst schwer, ihn wieder zurück zu gewinnen, da das Bewusstsein aus den Fugen gerät.

Die Klarheit des Bewusstseins geht verloren. Eine instabile, zerstreute Psyche kann zu hilfreichen Mächten im Geistfeld keine Verbindung mehr aufnehmen; es wird diffus und damit unempfänglich für geistige Schwingungen. Das zerstreute Bewusstsein bewirkt gleichzeitig eine Abnahme der Schwingungsfrequenz und eine Stagnation in der gesamten Entwicklung.

In den unsichtbaren Gefilden existieren dunkle, herabziehende und aufbauende, helle Mächte, die alle bestrebt sind, ihren Einfluss auszuüben. Entsprechend der Motivation eines Individuums kommen diese Mächte zum Einsatz. Ein spiritueller Weg führt entweder nach oben, in die Lichtwelt, oder abwärts in düstere Gefilde. Ein Dazwischen existiert in der Regel nicht.

Viele psychotische Menschen haben es niemals gelernt, auf eigenen Füßen zu stehen. Von jeher sind sie in Abhängigkeiten geraten, womit sie sich selbst im Wege sind. Die Abhängigkeit von anderen gestattet es ihnen nicht, ein reichhaltiges und erfülltes Leben zu führen. Die Sperre liegt in ihnen selbst, nicht in geheimnisvollen dunklen Mächten. Sie selbst hindern sich daran, sich ein Leben zu ihrer Zufriedenheit zu gestalten.

Die Gitterstäbe hat jeder in sich; dunkle Mächte bringen sie ihm lediglich zu Bewusstsein.

Das Leben psychotischer Menschen ist zu dem Zeitpunkt, zu dem unsichtbare Mächte darin eine Rolle zu spielen beginnen, in den meisten Fällen schon recht verfahren; die Zukunft sieht nicht sehr vielversprechend aus. Geistige Wesen versuchen, Bewegung in die festgefahrene Situation zu bringen und das Ruder herumzureißen, damit der absehbare Verlauf eine andere Richtung nimmt. Nun könnte man sagen, dass dieser Versuch einer Richtungsänderung oftmals nicht sehr erfolgreich ist.

Die Geistwesen können zwar die Tür öffnen, doch hindurchgehen muss jeder selbst.
Vorgezeichnet ist ein solcher Weg nicht, denn es gibt immer abweichende Möglichkeiten, die jeder für sich selbst erkennen kann. Wer die Chancen nicht sieht, sollte nicht andere, sondern sich selbst dafür verantwortlich machen. Das Bestreben geistiger Helfer liegt darin, spirituellen Wanderern den Aufstieg in die Lichtregionen durch hilfreiches Eingreifen zu erleichtern. So konnte schon mancher tiefe Fall verhindert werden. Sie sind die geistige Avantgarde, die der Menschheit in ihrer Entwicklung vorausgegangen ist.

Psychiatriepatienten werden häufig von negativen Wesenheiten geplagt. Was sind das für Mächte, die einen Menschen zur Verzweiflung treiben?

Psychotische Menschen haben sich – bewusst oder unbewusst – Mächten geöffnet, für die sie noch nicht bereit waren. Diese Mächte treiben im wahrsten Sinne des Wortes ein Spiel mit ihnen, das häufig zum völligen Verlust der Eigenständigkeit führt. Den Mächten ist daran gelegen, unreife Bewusstseine von der geistigen Ebene fernzuhalten, indem sie ihnen deren dunkle Seite zeigen. Sie fungieren somit als eine Art Wächterinstanz, der es allerdings nicht darum geht, helfend einzugreifen, sondern die individuellen Seelenbewusstseine unsanft in ihre Schranken zu weisen und ihnen klarzumachen, dass die geistigen Ebenen für sie alles andere als geeignet sind.
Den betreffenden Individuen fehlt es an genügender Sensibilität und dem Vermögen, Situationen und Entwicklungen einzuschätzen und im Zweifelsfall einen gebührenden Abstand einzuhalten, wenn sich erste Probleme einstellen. Diese mangelhafte Fähigkeit, mit ihnen nicht zuträglichen Situationen adäquat umzugehen und darauf entsprechend zu reagieren, erzeugt eine Entwicklungsspirale, die sie immer tiefer in Situationen verstrickt, die schädlich für sie sind.

Ein naiver Glaube an das unbegrenzt Gute ist ebenso schädlich wie übersteigerte Ängste, die hinter jeder Ecke das Böse vermuten. Die geistige Welt reagiert auf extreme Einstellungen, in welcher Form auch immer. Werden die erteilten Lektionen nicht erkannt oder nicht beachtet, ist der Niedergang der Persönlichkeit nur eine Frage der Zeit.

Die geistigen Gefilde sind keine Spielwiese für unreife Kinder, daher ist es mehr als angebracht, erteilte Warnhinweise ernst zu nehmen und das Interesse von bestimmten Themenbereichen zurückzuziehen, solange es noch Zeit ist. Eine Nichtbeachtung entsprechender Hinweise führt zu ernsthaften Konsequenzen, was leider häufig erst spät erkannt wird.

Eine Hilfestellung ist in solchen Fällen nur dann möglich, wenn das betroffene Individuum auch bereit ist, die Hilfe anzunehmen. Vielfach weist die Denkweise neben der Verwirrung auch verstockte, unbewegliche Züge auf, die von außen kaum aufzulockern sind. Die innere Verhärtung und Unbeweglichkeit sowie ein Hang zur Besserwisserei führen oft zu einer Haltung, die keine andere Meinung gelten lässt. Kommen noch extreme Ängste dazu, wird die Lage zusätzlich erschwert.

Gelingt es einem Therapeuten, auf die psychotische Grundstimmung Einfluss zu nehmen und diese mehr ins Positive zu kehren, verändert sich auch die Zusammensetzung der inneren Instanzen, deren Negativität immer mehr abnimmt und die auf Dauer kein Bleiberecht haben.

Sind dabei auch Reinkarnationserinnerungen mit im Spiel?

Die Erinnerungen aus vergangenen Leben wirken im Unterbewusstsein, doch sie sind verschwommen. Die Präsenz in einer gegenwärtigen Inkarnation ist nicht so stark, dass ein Lebensentwurf dadurch zwingend in Mitleidenschaft gezogen wird. Nur in wenigen Fällen, in denen die Erfahrungen extreme Auswirkungen auf das vergangene

Leben hatten, reicht die Erinnerung in das nächste Leben hinein, mit entsprechenden Auswirkungen. Das können besondere Begabungen sein, die intensiv geübt wurden oder aber traumatische Erfahrungen, die einen gewissen Stellenwert auch im nächsten Leben einnehmen.

Psychische Erkrankungen können demnach mit vergangenen Leben zusammenhängen, was aber eher die Ausnahme ist. In jedem neuen Leben ist einem Seelenbewusstsein die Möglichkeit gegeben, in seinem jeweiligen Umfeld diejenigen Erfahrungen zu machen, die seinen Fortschritt begünstigen.

Wenn die Einheit verloren geht

Bernd reagiert in Therapiesitzungen verhalten aggressiv, sobald er getröstet wird.

Die Aggression kommt aus einer Zeit, in der Bernd Angriffen schutzlos ausgeliefert war. Das Gefühl des Ausgeliefertseins im Zusammenhang mit Beschwichtigungen hat seine Energien gespalten. Ein Bewusstseinsfeld, das gespalten ist, kann nicht angemessen auf Situationen reagieren. Die Gespaltenheit rührt von der Zwiespältigkeit der Situationen her, denen er ausgesetzt war. ‚Der Trost ist schwach, wenn die Not sehr groß ist'. Ein Elternteil hat als Helfer versagt und gab sich lediglich den Anschein des Mitleids, griff aber nicht ein. Es konnte ihm keine echte Stütze sein.

Bewusstseinsspaltung ist der Hauptfaktor im schizophrenen Prozess. Eine desolate Psyche, die nicht imstande ist, ihre Grenzen in ausreichendem Maße zu ziehen, neigt dazu, auseinander zu fallen. Die Psyche ist ein Konglomerat aus Bewusstseinsteilen, die sich aufgrund der vielfältigen Erlebnisse, die ein Leben mit sich bringt, bilden und von unterschiedlicher Dauer sind.

Erlebnisse, die einen starken Widerhall in der Seele hervorrufen, hinterlassen deutliche Spuren im Gedächtnis. Sie prägen sich ein und bilden im Laufe der Jahre ein Gerüst, das der Psyche Stabilität verleiht. Dieses Gerüst ist nicht bei jedem so festgefügt, um eine dauerhafte Stütze zu sein. Destabilisierende Ereignisse, zu denen traumatische Erfahrungen – wie z.B. Unfälle oder persönliche Verluste – zählen, können die psychische Struktur ins Wanken bringen. In manchen Fällen zersplittert sie und zerfällt in ihre Einzelteile.

Geschieht dies auch manchmal als Folge einer initiatorischen Erfahrung?

Eine Initiation ist darauf ausgelegt, den immer drohenden Zerfall (der in der Regel nach dem Tode stattfindet), zu verhindern und einer Psyche Dauer zu verleihen. Dies ist das hauptsächliche Ziel einer Initiation, bei der es nicht immer sanft zugeht, denn es sind vor allem intensive Gefühle, die den Zusammenhalt fördern (*…und in manchen Fällen das Gegenteil bewirken?*).

Sogenannte ‚Unfälle' können nicht in jedem Fall ausgeschlossen werden, sofern eine Psyche in der Vergangenheit großen Belastungen ausgesetzt war. Auf keinen Fall steckt eine Absicht dahinter, wenn ein initiatorisches Geschehen dem Kandidaten Schaden zufügt. Hinter den nicht gerade sanften Initiations-Riten steckt vielmehr die Absicht, die Psyche zu stärken und nicht, eine Schwächung zu bewirken. Dies gelingt allerdings – wie bereits erwähnt – nicht in jedem Fall. -

Ein wirksames Heilmittel für eine desolate Psyche, deren Einheit verloren gegangen ist, sind ausgedehnte Ruhezeiten, die es der Seele ermöglichen, sich zu regenerieren. Auch lauwarme bis kalte Bäder haben einen therapeutischen Effekt. Jede Aufregung, die an problematische Themen erinnert, sollte strikt vermieden werden, wenn man keinen Rückfall riskieren will.

Dieser Umstand ist maßgebend für die Schwierigkeit, den Patienten mit einer adäquaten Behandlung zur Seite stehen, denn eine instabile Psyche ist zu schwach, um die Hürden, die ein therapeutischer Prozess mit sich bringt, zu verkraften.

Stimmenhörer

Einige Menschen hören Stimmen, während die meisten davon verschont bleiben. Woran liegt das?

Stimmenhörer gehören zu denjenigen Personen, denen im Laufe der Zeit die Fähigkeit zur inneren und äußeren Abgrenzung weitgehend verloren gegangen ist. Die Durchlässigkeit ihres Organismus erlaubt das ungehinderte Einströmen fremder Energien und Wesenheiten. Diesen gelingt es mitunter, sich - auch gegen den erklärten Willen des betreffenden Individuums -, lautstark Gehör zu verschaffen.

Die Willensfreiheit ist somit partiell außer Kraft gesetzt, und dies ist eines der Hauptmerkmale bei den Stimmenhörern. Sie haben zuwenig darauf geachtet, ihren Willen zu stärken und sind daher teilweise fremden Energiewesen ausgeliefert. Diese Entwicklung umzukehren, ist nicht leicht, denn es erfordert eine überaus standhafte Haltung, die den Stimmenhörern meist abhanden gekommen ist.

Das Lautwerden von Stimmen ist kein Weg, der zu tieferen Erkenntnissen führt. Die Stimmen greifen in aufdringlicher Weise in das Leben eines Menschen, in seine alltäglichen Verrichtungen, seine Pläne und Handlungen ein. Die Entfaltungsmöglichkeiten eines freien Individuums werden durch die Manipulationen, die mit Stimmen in *jedem Fall* verbunden sind, eingeschränkt. Daher ist das Lautwerden von Stimmen kein geeignetes Mittel, um spirituellen Fortschritt zu erlangen.

Wenn es diesen Wesen gelingt, eine Aura zu durchdringen, weil jemand ihnen zu Willen ist, dann können sie ihren schädlichen Einfluss ungehindert ausüben. Ein Mensch bleibt solange geschützt, wie eine Verbindung zum Licht existiert und er regelmäßig Kontakt aufnimmt. Nur unter diesen Umständen könnte er ohne große Schwierigkeiten auch gefährliches Terrain betreten. Selbst in der materiellen Welt steht jemand solange unter einem gewissen Schutz, wie er eine Lichtverbindung aufrechterhält.

Die Stimmen (bzw. die Energiewesen hinter den Stimmen), verfolgen ihre eigenen Zwecke, die meist sehr im Dunkeln liegen. Eine mentale Beziehung wäre nur dann sinnvoll, wenn sie auf gleicher Ebene stattfindet, wenn ein faires Miteinander möglich ist. Daran sind die Wesenheiten aber in der Regel gar nicht interessiert. Es geht ihnen in erster Linie darum, ihre Opfer in die Irre zu führen und Macht auszuüben. Unter diesen Bedingungen ist eine Beziehung unter Gleichen kaum möglich.

Energiewesen dieser Art versuchen mit allen Mitteln, die Stimmenhörer zu beeindrucken. Dies kann manchmal den Anschein von Hilfe erwecken, doch im Grunde geht es ihnen nur um eines: Ihre Macht auszudehnen über eine Psyche, die nicht über die Mittel verfügt, sich genügend zur Wehr zu setzen.

Für Wesen dieser Art sind Moralvorstellungen ein Fremdwort. Sie nutzen die Menschen für ihre Zwecke aus, wo immer es möglich ist. Das Todesurteil fällen sie über denjenigen, der sich ihnen völlig ausgeliefert hat und letztlich nicht mehr fähig ist, ihnen irgendeinen Widerstand entgegenzusetzen. Dann gehen sie ‚aufs Ganze', was soviel heißt: Sie blasen ihm das Lebenslicht aus, ohne Bedenken oder Skrupel!

Hierbei stehen ihnen Mittel zur Verfügung, die der Menschheit noch weitgehend unbekannt sind. Eine Art psychischer Zwang wird ausgeübt, dem sich der Geist eines schwachen Menschen nur schwer zu widersetzen vermag. Haben diese Wesen die Verbindung über einen längeren Zeitraum gefestigt, dann können sie fast unbeschränkt Einfluss ausüben, - in jedweder Hinsicht.

Kundalini-Aufstieg und Schizophrenie

Eine ganze Anzahl schizophrener Menschen ist sehr an spirituellen Themen interessiert. Tatsächlich werden ihnen oft Erfahrungen und Einsichten zuteil, die ihresgleichen suchen.

Bei Menschen, die unter schizophrenen Episoden leiden, ist häufig der Lebenssinn verloren gegangen. Sie begeben sich daher auf die Suche nach einem Ausgleich für ihr freudloses Dasein. Vor dem Hintergrund einer mangelhaften seelischen Abgrenzung nach außen und innen werden ihnen spirituelle Erlebnisse zuteil, die für viele eine willkommene Abwechslung sind in ihrem tristen Dasein. Daher halten sie sich daran fest und geraten aber, indem sie ihr Interesse vermehrt unsichtbaren Sphären zuwenden, nur noch tiefer in ausweglose Situationen, in die sie sich immer weiter verstricken, je geringer die Distanz wird. Ein Teufelskreis entsteht, der oft nicht mehr durchbrochen werden kann.

Die therapeutische Arbeit mit Psychiatriepatienten gestaltet sich zunehmend schwierig, je mehr sie auf Abwege geraten sind und sich in unübersichtlichen Labyrinthen verirrt haben, die den Horizont eines gewöhnlichen Therapeuten bei weitem übersteigen. Die therapeutische Arbeit beschränkt sich meist auf Hilfsangebote, die den Patienten daran hindern sollen, völlig in wahnhaften Vorstellungen und Ängsten zu versinken.

Interventionen, die das Problem in seiner Tiefendimension erfassen und Einfluss darauf nehmen, sind extrem mühsam und erfordern einen hohen mitmenschlichen Aufwand. Nur Wenige finden sich bereit, diesen Einsatz zu leisten und sich mit ihrer ganzen Persönlichkeit, mit allem, was ihnen zu Gebote steht, einzubringen.

Eine umfassende therapeutische Arbeit ist für die Psyche des Therapeuten eine Gratwanderung, denn auch seine Grenzen können ins Wanken geraten, wenn sie nicht überaus stabil und festgefügt sind. Der therapeutische Einsatz verlangt ihm alles ab. Nicht selten unterliegt er und wird von ähnlichen Phänomenen geplagt wie diejenigen, die er beseitigen wollte.

Gelingt es einem Therapeuten, auf die psychotische Grundstimmung Einfluss zu nehmen und diese mehr ins Positive zu kehren, verändert sich auch die Zusammensetzung der inneren Instanzen, deren Negativität immer mehr abnimmt und die auf Dauer kein Bleiberecht haben.

Wird die geistige Welt um Hilfe gebeten und miteinbezogen, steigen die Erfolgsaussichten einer Heilbehandlung um ein Vielfaches. Die geistigen Helfer kennen Mittel und Wege, die einem Menschen normalerweise nicht zur Verfügung stehen, um dunkle Mächte zurückzudrängen. Eine wirksame Heilbehandlung sollte daher immer Interventionen seitens der höheren Geistwelt mit einbeziehen.

Doch nicht in jedem Fall sind die höheren Geistebenen dazu bereit. Dies hängt von verschiedenen Faktoren ab: Von den persönlichen Fähigkeiten und der Einstellung des Therapeuten und davon, ob der leidende Patient willens und in der Lage ist, die Hilfe anzunehmen. Bei dem Patienten sollte die Bereitschaft erkennbar sein, Unterstützung aus geistigen Sphären zu akzeptieren und dunkle Kräfte konsequent von sich zu weisen. Andenfalls wäre der Einsatz auf Dauer wirkungslos.

Eine Hilfe ist nur dann möglich, wenn das betroffene Individuum bereit ist, auch seinen Teil dazu beizutragen. Vielfach weist die Denkweise neben der Verwirrung auch verstockte, unbewegliche Züge auf, die von außen kaum aufzulockern sind. Die innere Verhärtung und Unbeweglichkeit und ein Hang zur Besserwisserei führen oft zu einer Haltung, die keine andere Meinung gelten lässt. Kommen noch extreme Ängste dazu, wird die Lage zusätzlich erschwert.

Die Aktivierung der Kundalini-Energie und schizophrene Schübe weisen einige Ähnlichkeiten auf.

Schizophrenie ist eine Erkrankung des Nervensystems, die einen Menschen daran hindert, seine Persönlichkeit zu entfalten, während der Kundalini-Prozess aufbauende Potentiale freisetzt. Trotz der Ähnlichkeiten im Erscheinungsbild sind die Unterschiede doch unübersehbar. Der an Schizophrenie Erkrankte ist häufig außerstande, die einfachsten Dinge des Alltags zu bewältigen. Derartige Schwächen finden sich höchst selten bei Menschen mit Kundalini-Erfahrungen.

Schizophrenie entsteht auf der Grundlage von Insuffizienz und fehlerhaften Wahrnehmungen, die ein Individuum immer stärker in problembehaftete Denk- und Verhaltensweisen hinein manövrieren. Dies verhält sich bei dem Erwachen der Kundalini grundlegend anders. Die Betreffenden verfügen über entsprechende Anlagen, die es ihnen über kurz oder lang ermöglichen, mit den (teils heftigen) Begleiterscheinungen fertig zu werden.

Das Bewusstseinsfeld verliert seine individuellen Begrenzungen und es wird konturlos. Dies kann unterschiedliche Gründe haben. Es geschieht, wenn die Persönlichkeit zu schwach ist, ihre Grenzen aufrechtzuerhalten und zu bewahren. Das Ich-System bricht zusammen, sobald die Einflüsse oder Ansprüche der Außenwelt derart feindselig oder überfordernd sind, dass sie nicht mehr bewältigt werden können.

Durchlässige Grenzen erzeugen zwar den Anschein einer geistigen Entwicklung, die aber vor dem Hintergrund einer Ich-schwachen Persönlichkeit nicht stattfinden kann. Der Filter ist nicht fein genug und dunkle Mächte, denen normalerweise der Zugang verwehrt ist, finden vermehrt Eingang in den persönlich abgegrenzten Bereich.

Mit dem Kundalini-Aufstieg hat diese Entwicklung in der Regel nichts zu tun. Eine Vermischung zwischen Kundalini und schizophrenen Symptomen findet nur selten statt bei Individuen, deren Persönlichkeitsstruktur noch genügend Stärke aufweist, um das Betreten des Pfades zu wagen.

Spirituelle Krise oder Psychose?

Welches sind die Unterschiede zwischen einer spirituellen Krise und einer Psychose?

Im Grunde wurden einige Aspekte bereits beim Thema *Kundalini* beantwortet. Einige Einzelheiten sollen an dieser Stelle noch geklärt werden.

Eine spirituelle Krise beruht auf außerordentlich heftigen Reaktionen einer Psyche auf außergewöhnliche Phänomene. Die Reaktionen sind stark überzeichnet. Sie entsprechen der jeweiligen psychischen Struktur, der es nicht gelingt, auf ungewöhnliche Einflüsse mit innerer Ruhe und Gelassenheit zu reagieren.

Gleichmut ist das Mittel der Wahl, wenn auf die Seele außerordentliche Aufgaben zukommen, die sie zu bewältigen hat.

Jede übertriebene Aufgeregtheit schadet dem Verlauf des Prozessen, der dann manchmal zu einer Krise ausartet.

Ein problematischer Verlauf könnte somit unter Umständen verhindert werden, solange die betreffende Person die Nerven behält. Dies ist im Einzelfall nicht immer einfach und hängt von Faktoren ab, denen die Psyche teilweise ausgeliefert ist und die sich nicht ohne weiteres in den Hintergrund drängen lassen. In einem solchen Fall wird fachgerechte Hilfe benötigt, die in der Lage ist, das Leid der Seele in seinen Grundzügen zu erkennen, denn nur dann kann ein heilsamer Vorgang eingeleitet werden.

Auf die Frage zu den Unterschieden bleibt noch zu bemerken, dass die Störungen schizophrener Menschen viel tiefer liegen und keineswegs mit einer spirituellen Krise übereinstimmen. (*Die Symptome weisen allerdings erstaunliche Ähnlichkeiten auf.*)

Die Symptome entsprechen sich nur scheinbar, denn der Hintergrund ist ein anderer. Wie bereits erwähnt, leiden schizophrene Menschen unter einer Durchlässigkeit ihrer psychischen Grenzen, die ihnen zum Verhängnis wird. Daher können hier Kräfte zum Einsatz kommen, denen sie nicht gewachsen sind und deren Ziele nicht mit denjenigen der individuellen Psyche übereinstimmen.

Eine Psyche, der es an Widerstandskraft mangelt, ist wie ein Halm im Wind; sie ist mal für diese, mal für jene Einflüsse empfänglich. Für die spirituelle Entwicklung ist Beständigkeit ein wichtiger Faktor. Mangelt es an Kontinuität, führt der Weg nicht nach oben, in die lichten Höhen, sondern er verläuft in einem Zickzackkurs, der sich immer weiter nach unten neigt. Es kommen unterschiedliche Kräfte zum Einsatz, die letztendlich nur Verwirrung stiften.

Ein stabiles psychisches Gleichgewicht ist somit ein wichtiger Bestandteil des spirituellen Bewusstseinsweges, doch es kommen noch weitere Merkmale hinzu: Die Inhalte, die ein menschlicher Geist bevorzugt, die Ziele, die er sich setzt sowie die Haltung gegenüber wichtigen Themen spielen eine große Rolle wenn es darum geht, die Eignung einer Person festzustellen.

Eine Psyche, die vorwiegend an der Oberfläche schwimmt und die Gegebenheiten des Leben, so wie sie eben sind, akzeptiert und sich daran anpasst, sieht keinerlei Veranlassung, sich mit geistig anspruchsvollen Themen auseinanderzusetzen. Das Leben bietet solchen Leuten genügend Abwechslung, daher sind sie zufrieden mit den Verhältnissen, in denen sie sich befinden.

Ein nach geistigen Erkenntnissen strebender Mensch empfindet die Lebensverhältnisse, die ihn umgeben, als ungenügend. Seine Seele ist mit den oberflächlichen Freuden, die ein materielles Dasein zu bieten vermag, nicht einverstanden. Sie verlangt nach tieferen Erfahrungen und ruft mit diesem Wunsch die geistige Welt auf den Plan, die sich ihr – den individuellen Bedürfnissen entsprechend – zuwendet (*...und damit manchmal eine psychotische Episode auslöst?*)

Bei einer Psychose treten Mächte auf den Plan, denen nicht an einer Weiterentwicklung der Seele gelegen ist. Diese Machte sind in erster Linie an ihrem eigenen Fortkommen interessiert. Sie nützen daher die Schwäche ihrer Opfer für egoistische Zwecke aus, die mit einem spirituellen Werdegang nichts gemein haben. (*Wäre in solchen Fällen nicht ein stärkerer Schutz aus dem Geistigen notwendig?*)

Einer desolaten Psyche Schutz zu bieten, ist sehr schwierig. Dies hängt mit den Bedingungen in der geistigen Welt zusammen. Eine Psyche, die ihre Grenzen nicht genügend wahren kann, ist vermehrt unerwünschter Beeinflussung ausgesetzt. Es liegt an jedem Einzelnen selbst, derartige Einflüsse zurückzuweisen und sich konsequent höheren Geistebenen zuzuwenden, um deren Schutz zu erbitten.

Eine Intervention seitens höherer Geistmächte ist dann wirkungslos, wenn das Seelenbewusstsein nicht imstande ist, die heilsamen Botschaften zu empfangen und umzusetzen. Eine Psyche, bei der ein stabilisierender Faktor fehlt, ist offen für jegliche Beeinflussung. *(Wer entwickelt paranoide Vorstellungen?)*

Eine schreckhafte, ängstliche Persönlichkeit, deren Grenzen durchlässig geworden sind, hat dem Ansturm aus den übersinnlichen Bereichen wenig entgegenzusetzen. Die mit Misstrauen erfüllte Persönlichkeit, die der Außenwelt mit Feindseligkeit begegnet, bringt auch den inneren Mächten die gleiche distanzierte Haltung entgegen.

Innere Erlebnisse haben oft die Funktion eines Verstärkers: Ängste, Zorn und Misstrauen treten so weit in den Vordergrund, bis sie nicht mehr übersehen werden können. Im günstigen Fall besiegt das Individuum seine innere Antihaltung, andernfalls entsteht auf Dauer eine chronische Psychose.

Befreiung durch Exorzismus?

In manchen Fällen von negativer Beeinflussung werden exorzistische Maßnahmen durchgeführt. - Mit Erfolg?

Beim Exorzismus kommen geistige Kräfte zum Einsatz, von denen bereits die Rede war. Die Hilfe der geistigen Welt wird hinzugezogen, um dunklen Mächten, die sich in Körper und Seele eines Menschen eingenistet haben, die Stirn zu bieten. Wie schwierig diese Aufgabe ist, geht ebenfalls aus dem zuvor Gesagten hervor.

Die fehlenden Grenzen in der persönlichen Psyche ermöglichen es den negativen Kräften, nach der Austreibung immer wieder erneut einzufallen und das Land, das gerade eben erst befreit wurde, zu besetzen. Eine Arbeit, bei der oft kein Ende in Sicht ist.

Ein Exorzist kann nur dann erfolgreich eingreifen, wenn die Psyche des Belasteten bereit ist, sich von den dunklen Mächten loszusagen und ihm aus der eigenen Persönlichkeit genügend Stärke zuwächst. Oft existiert die Unheil stiftende Verbindung bereits über einen langen Zeitraum, wodurch die Arbeit des Exorzisten erheblich erschwert wird. Die Erfolgsaussichten sind nicht in jedem Fall von vornherein bis zur letzten Konsequenz einzuschätzen. Wo eine schwache Persönlichkeit zerfällt, gewinnt die psychische Struktur eines anderen an Stärke.

Vielfach gelingt es im Zuge des Exorzismus, wieder stabile innere Grenzen zu erzeugen, wozu die Maßnahmen erheblich beitragen. Wenn die persönliche Präsenz des Exorzisten eine Stärkung der Psyche des Belasteten herbeiführt, zeigen die angewendeten Mittel auf Dauer Wirkung und der erneute Einbruch destruktiver Kräfte wird verhindert.

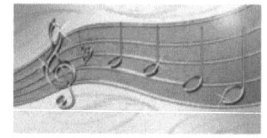

Geistige Mächte

Geist bedeutet Leben; Materie ist Widerstand.

Über- und Unterbewusstsein

Höheres und niederes Selbst

Die Frage nach dem geistigen Wesen oder höheren Selbst bezieht sich auf den transzendenten Teil des Menschen. Der geistige Anteil des menschlichen Bewusstseins ist so umfassend, dass er nicht allein mit Worten erklärt werden kann. Aufgrund mangelnder Vorerfahrungen sind die meisten kaum in der Lage, das geistige Wesen auch nur ansatzweise zu verstehen. Um eine andere Verständnisebene zu erreichen, müssten sie ihre Erfahrungen auf geistigem Gebiet zu erweitern. Diesem Zweck dienen tägliche Übungen, die geeignet sich, die Kenntnisse zu vertiefen.

Spirituellen Suchern wird mit der Zeit klar werden, wie der Geist auf die Materie einwirkt. Die meisten Menschen befassen sich lediglich mit dem irdischen Teil des Menschen, wobei ihnen allerdings das Maßgebliche entgeht.

Die menschliche Persönlichkeit besteht aus zwei Hälften: dem höheren (geistigen) Selbst und dem niederen Teil, dem materiellen Erbe. Die Persönlichkeit ist die Instanz, die zwischen den beiden steht. Ursprünglich sollte sie den Einfluss der geistigen Welt verstärken und dadurch den niederen, der Tierwelt nahestehenden Teil läutern. Dies ist die eigentliche Hauptaufgabe der Persönlichkeit, des Ich, die sie aber erkennen muss, damit sie ihre Funktion erfüllen kann. Mythen und Religionen sollen ihr dabei helfen, dieser Aufgabe gerecht zu werden.

Das Dritte Auge im Stirnzentrum ist der Dreh- und Angelpunkt der geistigen Entwicklung. Hier verläuft die Grenze zwischen dem Diesseits und dem Jenseits, der Schwelle zur geistigen Welt. Meditierende sollten sich vor allem auf ihr Stirnzentrum konzentrieren. *Das Stirnzentrum ist der Sitz ihrer Kreativität.* Hier sind sie in der Lage, die Stimme ihres inneren Selbst zu hören. Auch wenn sie nicht alles verstehen, so wird die Botschaft doch von ihrem Unterbewusstsein aufgenommen.

Wem es gelingt, dem innewohnenden Geist mit einer entspannten und offenen Haltung zu begegnen, hat keinen Grund mehr, anderen Menschen in Furcht oder Anspannung zu begegnen, denn der Geist ist auch in ihnen, so wie in jedem Menschen. Sobald der Adept sich mit Menschen unterhält, spricht er mit dem innewohnenden Geist. *(Doch die Menschen sind nicht alle gleich...)*

Der Geist ist in allen derselbe und doch nicht gleich. Individuelle Unterschiede bedeuten wenig in Zusammenhang mit dem Ganzen gesehen. Auf dem Grunde ihrer Seele sind die Menschen nicht verschieden. Lediglich die äußeren Daseinsbedingungen bewirken geringfügige, wenn auch bemerkenswerte Differenzierungen.

Der Geist schätzt jeden, ohne Ansehen der Person und seines Standes. Niemand könnte einer anderen Person Schaden zufügen, wenn der Geist es nicht zuließe. Er steuert jede Bewegung; er kann jegliches Handeln unterbinden, sofern es ihm missfällt. Hat ein Individuum Vertrauen zu ihm, ist er in allen nur erdenklichen Situationen geschützt.

Auch in spirituellen Lehrern wirkt der Geist, ebenso wie in ihren Anhängern. Nur bringen manche Menschen seine Möglichkeiten besser zur Entfaltung als andere. Im Bettler ist der Geist ein Bettler, im Millionär ist er reich. Doch er bleibt immer Derselbe, für immer und ewig. Der Mensch kann ihn nur dann deutlich hören, wenn seine eigene Stimme schweigt. Der innewohnende Geist ist der Weltbeherrscher.

Einfluss aus dem Unbewussten

Die menschliche Psyche ist aus Schichten aufgebaut, die ineinander übergehen. Feste Grenzen existieren zwar nicht, dennoch ist die Struktur jeder Schicht von unterschiedlicher Beschaffenheit. Ein Teil der Struktur bildet die persönliche Psyche, doch es gibt daneben und darüber hinaus andere Teile, die große Unterschiede aufweisen. *Als eine Konsequenz der spirituellen Öffnung sind Vorgänge im Unterbewusstsein und Unbewussten, die vorher unbemerkt blieben, nun der Wahrnehmung zugänglich geworden.*

Das Individuum hat die Wahl, mit diesen unterschiedlichen Persönlichkeitsteilen in Verbindung zu treten oder aber die Distanz aufrechtzuerhalten. Eine Psyche, die ihre Grenzen öffnet, sieht sich allerdings genötigt, gewisse Vorkehrungen zu treffen, damit diese anderen Teile nicht zu Eindringlingen werden. Die Gefahr des Eindringens psychischer Anteile besteht immer, auch wenn das Ego diese Tatsache in der Regel ignoriert.

Ein Mensch, der die Mächte des Unterbewusstseins steuern lernt - vor allem in ihrem destruktiven Aspekt -, ist in Zukunft befreit von deren Anwandlungen. Der Einfluss des Unterbewusstseins ist eine starke, nicht zu unterschätzende, Kraft, die imstande ist, ein Individuum immer wieder in die Niederungen des Daseins hinab zu ziehen. Menschen, die derartigen Anfeindungen ausgesetzt sind, werden auch auf den geistigen, feinstofflichen Ebenen davon beeinträchtigt. Als unumgängliche Voraussetzung für die Höherentwicklung gilt, allen Anfeindungen aus dem eigenen Unterbewusstsein zu widerstehen und Distanz zu wahren.

Personen, die den Beeinflussungen aus dem Unbewussten ungefiltert ausgesetzt sind, haben Probleme, Gedankenenergien zielgerichtet zu steuern. Die Gedanken sind starken Schwankungen unterworfen, werden abgelenkt und umgeleitet. Nur reine, klare Energien sind in der Lage, ungehindert ans Ziel zu gelangen. Das Hindernis besteht in der Anfälligkeit für Strömungen, die den eigenen zuwiderlaufen. Die eigenen Mentalenergien geraten in den Sog sie überlagernder fremder Energieströme, was die Zielgerichtetheit zunichte macht. Daher ist die Klärung der Energien die Voraussetzung für alles weitere.

Das Tier im Menschen

Jeder Mensch ist mit einem Tier zusammengespannt und steht mit ihm in enger Verbindung, ohne davon zu wissen. Ein Wanderer auf dem spirituellen Pfad ist stärker den tierischen Eigenschaften ausgesetzt, weil sich in ihm die Bande gelockert haben. Er muss die Zügel nun straffer nehmen, sonst entgleitet ihm vollends die Kontrolle und das Tier geht mit ihm durch. Sobald es bemerkt, wie nachlässig es geführt wird, wird es immer öfter auszubrechen versuchen.

Dies wäre aber nicht im Sinne einer spirituellen Weiterentwicklung, die darauf abzielt, für höhere Schwingungen zugänglich zu werden. Nicht der Mensch soll die tierischen Eigenschaften annehmen, sondern das Tier die seinen! Andernfalls schottet er sich von der Einflussnahme der geistigen Ebenen immer weiter ab und es wird ihnen bald nicht mehr gelingen, bis zu ihm durchzudringen.

Das menschliche Ich hat die Aufgabe, den niederen Teil in seinem Innern zu disziplinieren und dem Einfluss geistiger Welten zugänglich zu machen. Der irdische Teil des Menschen ist häufig uneinsichtig und wendet sich gegen das höhere Selbst. Häufige Gereiztheit hat zur Folge, dass sich die tierischen Eigenschaften in erschreckender Weise verstärken. Der Betreffende legt sich langsam aber sicher ‚einen Pelz zu', d.h. er wird immer tierähnlicher.

Um die leise innere Stimme zu hören, sollte er es weitgehend vermeiden, heftig und ungestüm zu reagieren. Nur wenn er diszipliniert und ausgeglichen ist, können höhere Energien in ihn einströmen. Der Geist lässt nur diejenigen Wesensteile in die lichten Welten gelangen, die den hohen Ansprüchen genügen. Das letztendliche Ziel ist eine allgemeine Aufwärtsentwicklung der materiellen Ebene und eine Rückführung zum göttlichen Ursprung.

Geistige Helfer und Wächter

Wächter am Tor

Die Wächterinstanzen sind sehr unterschiedlicher Natur, daher ist es im Einzelfall nicht einfach, zu ergründen, mit *wem* ein Kontakt besteht. Diese Wesen sind an sich harmlos, doch sobald man sich ihnen widersetzt, laufen zur Hochform auf. Sie einfach unbeachtet zu lassen, ist leider nicht gut möglich, denn mit fast unwiderstehlicher Gewalt ziehen sie die Aufmerksamkeit auf sich. Sie durchdringen eine Psyche, auch wenn sie sich dagegen zur Wehr setzt. *Es sind die Wächter am Tor der Erkenntnis.*

Die Wesen können dem Wanderer nicht gefährlich werden, solange er sie nicht beachtet. Doch sobald er eine Reaktion zeigt, sind sie zur Stelle. Ein Mensch, der an das Tor zur Gegenwelt gelangt, sollte bestimmte Eigenschaften aufweisen:

◘ Eine gefestigte Persönlichkeit ist die erste Voraussetzung der geistigen Entwicklung.

◘ Offenheit und Vertrauen sind ein weiterer Schritt auf dem Wege.

◘ Die Fähigkeit, das Wahre vom Unwahren wie die Spreu vom Weizen zu trennen und

◘ Freigiebigkeit sind weitere Merkmale, die nicht gering geschätzt werden dürfen.

◘ Auf dem spirituellen Pfad kommt man nicht weiter, wenn man Misstrauen und Zwietracht sät.

Die Wächter haben die Funktion der Auslese. Die Reaktionen eines Probanden zeigen ihnen, welchen Stellenwert er seinen Gefühlen zumisst. Sofern er den Weg der Erkenntnis gehen will, sind Defizite des Gefühlslebens ein ernsthaftes Hindernis. Mängel in der Persönlichkeitsstruktur und im Gefühlsleben rufen die Wächter auf den Plan. Sie reagieren, dem individuellen Hemmnis entsprechend, grundverschieden.

Die Wächterinstanzen treten auch auf Anweisungen höherer Geistebenen in Aktion, die aber eher selten beteiligt sind. Wächter sind auch fähig und befugt, eigenmächtig zu handeln. Von der irdischen Ebene aus sind sie nur schwer zu beeinflussen. Manchmal räumen sie freiwillig das Feld, wenn für das betroffene Seelenbewusstsein ein Lernprozess abgeschlossen ist oder die Entwicklung als aussichtslos eingestuft wird.

Ein sogenanntes *Clearing* führt selten zu einem positiven Ergebnis, wenn die Wächter einen ‚Auftrag' haben, der sie daran hindert, den Aufforderungen eines eifrigen ‚Clearers' nachzukommen. In einem solchen Fall ist ein vordergründiger Erfolg des *Clearings* von nur vorübergehender Dauer.

Auch Geistlehrer üben die Funktion eines Wächters am Tor aus, der Menschen ohne entsprechenden Entwicklungsstand den Eingang verwehrt. Geistige Helfer haben ebenfalls die Funktion von Mittlern, der die Schwelle zur anderen Welt bewacht, um Unbefugten den Zutritt zu verwehren - in beiderseitigem Interesse.

Zu den Wächtern gehört auch die *Weiße Garde*, die magische Operationen unter Beobachtung stellt. Magische Blutopfer sind ein starkes, aber auch gefährlichste Mittel, um Wirkungen zu erzielen. Die Praktizierenden rufen Mächte auf den Plan, die ihnen feindlich gesonnen sind und die alles daran setzen, um ihnen das blutige Handwerk zu legen. Sie werden die *Weiße Garde* genannt, die ihresgleichen beschützt und nicht zulässt, dass die Untaten von Schwarzmagiern ein gewisses Maß überschreiten.

In einem solchen Fall schreiten sie ein und bringen den Schwarzmagier zu Fall. Ihnen stehen dabei Mittel zur Verfügung, die normalen Erdenbürgern nicht bekannt sind. Die Mitglieder der *Weißen Garde* agieren von einer anderen Seinsebene aus, die ihnen mehr

Möglichkeiten einräumt, als den Bewohnern der materiellen Welt gegeben sind. Es fällt ihnen nicht schwer, Materie in Bewegung zu setzen und Aktionen auszuführen, die über das Menschenmögliche hinausgehen. Sie haben die irdische Daseinssphäre transzendiert und kehren nur gelegentlich, für ein bestimmtes Ziel, dahin zurück.

Es gibt Wächter für nur einen Tag und Wächter für ein ganzes Leben.

Spirituelle Lehrer

Spirituelle Lehrer sind die Helfer der Menschheit. Sie haben besondere Aufgaben zu erfüllen, die nicht alle im Einzelnen benannt werden sollen. Da sie weit eher in der Lage sind als andere Menschen, Gefahren zu trotzen und Fallstricke zu umgehen, ist die Gefahr eines Absturzes gemindert. Doch auch hier sind Vorsichtsmaßregeln notwendig. Die Lehrer arbeiten mit einer eingeschränkten Gedächtnisfunktion, was ihnen bei ihren Aufgaben zugute kommt. Eine bleibende Funktion des Gedächtnisses über alle Zeiten hinweg ist nicht wünschenswert.

Ein inkarnierter Lehrer kann einen wirkungsvollen Schutz bieten, da er selbst in Kontakt mit der geistigen Welt steht und die Funktion eines Mittlers innehat. Er schirmt die Schüler gegen feindliche Eindringlinge wirkungsvoll ab.

Der gedankliche Kontakt mit anderen Wesen stellt eine Verbindung her. Ist die Aura durchlässig und sind die Energiezentren geöffnet, wird diese Verbindung besonders intensiv. Man fängt die ‚Stimmung' des Anderen auf; eine Einflussnahme findet statt. Konzentriert sich der Jünger auf einen weiter entwickelten Geist, z. B. auf einen spirituellen Lehrer, gleicht sich das eigene Schwingungsniveau dem des Lehrers allmählich an. Ebenso kann die Bevorzugung konstruktiver Gedanken das allgemeine Niveau anheben und festigen.

Geistführer und geistige Helfer

Jeder Mensch ist fortwährend in Kontakt mit geistigen Wesen, doch läuft dieser Vorgang in der Regel völlig unterhalb der Wahrnehmungsschwelle ab. Sobald ein spiritueller Wanderer sich auf den Pfad begibt, werden diese Vorgänge immer bewusster von ihm wahrgenommen.

Die geistige Welt ist aus einer Vielzahl von Schichten aufgebaut, wobei jede Schicht einer spezifischen Schwingungsstufe entspricht. Die Schwingungshöhe des jeweiligen Individuums entscheidet, mit welcher der Schichten es jeweils in Berührung kommt.

Der Kontakt zu den geistigen Ebenen ist immer vorhanden, nur wissen die meisten Menschen davon nichts. Sobald ein Bewusstsein Bereitschaft zeigt, höhere Weisheit zu akzeptieren, werden die entsprechenden Verbindungskanäle geschaffen, die eine Aufnahme ermöglichen. Aufgabe des Individuums ist es, den Kontakt häufig zu suchen, damit die Verbindung gefestigt wird.

Geistführer haben die Aufgabe, Menschen auf dem Weg der spirituellen Weiterentwicklung zu leiten und zudem einen Ausgleich der physischen Kräfte zu bewirken. Das hierdurch entstehende Gleichgewicht ist dringend erforderlich, denn es sorgt für Stabilität, die den Zusammenhalt des Organismus fördert und ein Auseinanderbrechen verhindert.

Der psycho-physische Organismus ist nicht so festgefügt, wie man gemeinhin annimmt. Die einzelnen Teile sind nur lose miteinander verbunden und fügen sich erst im Laufe der Zeit zu einer festen Struktur zusammen. Eine konstante Verbindung zu den geistigen Ebenen fördert den Zusammenhalt der Kräfte und neutralisiert gleichzeitig disharmonische Energien.

Um ein höheres Niveau zu erreichen, ist die konsequente Durchführung von Übungen erforderlich. Dies betrifft vor allem die Ausrichtung der Gedanken auf höhere Geistebenen, um das Schwingungsniveau anzuheben und konstant zu halten. Auch regelmäßige Atemübungen tragen zur Stabilisierung bei.

Eine fest gefügte Verbindung zum Geistführer ist notwendig, um Missverständnisse weitgehend auszuschließen. Die funktionsfähige Verbindung zu höheren Mächten ist die Voraussetzung für jede spirituelle Weiterentwicklung. Der Unterschied zwischen dem höheren Selbst und einem Geistführer ist nur graduell. Er besteht in Abstufungen derselben göttlichen Kraft, die im gesamten Weltall pulsiert.

Beabsichtigt ist im Grunde, dass sich der Jünger mit der Zeit von jeglicher Abhängigkeit freimacht, so dass er in der Lage ist, seinen Weg und seine Zielsetzungen selbst zu bestimmen. Hat er diesen Punkt erreicht, hält der Geistlehrer die Zeit für gekommen, den Übenden in die Unabhängigkeit zu entlassen. Nicht vermehrte Abhängigkeit ist also letztendlich das Ziel der spirituellen Entwicklung, sondern Unabhängigkeit auf einem Niveau, das im normalen Leben nicht erreichbar ist.

Geistführer ziehen sich dann zurück, wenn sie ihre Aufgabe als beendet ansehen. Sie verlassen einen Jünger, sobald er in der Lage ist, selbstbestimmt seinen Weg fortzusetzen und fähig, eine Wahl zu treffen zwischen den verschiedenen Möglichkeiten der Existenz. Die geistigen Lehrer bemühen sich, ihn auf die Entscheidung vorzubereiten. Sobald dies geschehen ist, ziehen sie sich zurück.

Ein unentwickeltes Individuum wird es schwer haben, die höheren Geistebenen mental zu erreichen, daher stehen Helfer bereit, die den Empfang ermöglichen. Wünscht ein irdischer Mensch eine bestimmte Information, dann wird ein Geisthelfer diesen Wunsch weiter vermitteln; die Entscheidung wird dann auf der nächsthöheren Ebene getroffen.

In manchen Fällen sind Geisthelfer zur Stelle zum Schutz des Lernenden. Sie sind als Vorsichtsmaßnahme gegen negative Einflussmöglichkeiten gedacht, dessen Ausmaß er noch nicht erfassen kann. Meist erkennt er nicht, welchen Gefahren er ohne sie ausgesetzt wäre. Sie ‚riegeln' seinen Organismus weitgehend nach außen ab. Fehlt es an Aufgeschlossenheit auf seiner Seite, können die Geisthelfer nicht ausreichend eingreifen.

Die geistigen Helfer sind im Unterbewusstsein eines jeden Menschen, jedes Mannes und jeder Frau. Der spirituelle Jünger nimmt uns nur deutlicher wahr als andere, da er einen intimeren Kontakt zu ihnen unterhält. Dies ist Teil seines Entwicklungsweges.

Eine vorübergehende Verbindung mit den Geisthelfern wird manchmal für eine Schulung als unerlässlich angesehen, auch wenn sie dem Schüler zeitweise lästig ist. Sie tritt an die Stelle eines äußeren Lehrers und soll ihn vor Fallstricken bewahren. Er könnte ohne sie nicht bestehen. Diese Form der Unterrichtung wird gewählt, damit der Proband auch ohne sichtbaren Lehrer Unterweisungen erfahren kann. Das Ziel ist die Stärkung seiner Persönlichkeit. Je besser der Kontakt ist, desto schneller ist dieser Teil der Schulung beendet. Er ist dann frei, die weitere Richtung selbst zu bestimmen. Kann er sich nicht entscheiden, werden die Geisthelfer ihm dabei behilflich sein.

Sie sind die Übersetzer und Vermittler der Botschaften und Einflüsse aus der geistigen Welt und können den Lernenden weitgehend abschirmen, aber auch - seinem Entwicklungsstand entsprechend - mehr Offenheit erlauben. Geisthelfer haben die Gabe, aus den Augen des Jüngers zu sehen, was in Zeiten, wenn er in Gefahr gerät, von großem Nutzen für ihn sein kann; bspw. können sie gezielt Energien gegen potentielle Angreifer richten. Auch lassen sie ihm präzise Warnungen zukommen, falls sich in seinem Umfeld eine Gefahrenquelle befindet.

(Ein wichtiges Ziel der persönlichen Ganzwerdung besteht darin, den Kontakt zu den Geisthelfern zu verbessern. Im Normalfall sind die Eingebungen aus dem Unterbewusstsein - denn um nichts anderes geht es -, nur sehr verschwommen zu vernehmen. Ein Geistesschüler lernt nach und nach, die ‚Stimme' der Geisthelfer immer besser zu verstehen. Er soll weitgehend frei werden von Irrtümern, die dem

Durchschnittsmenschen immer wieder unterlaufen und diesen verunsichern.

An dieser Stelle stellt sich die Frage, wie groß die Gefahr der Fremdbestimmung durch die Geisthelfer ist. Da die Beziehung auf einer Wechselwirkung zwischen Schüler und Helfer beruht, fragt sich, was passiert, wenn der Lernende den Geisthelfern die Führung überlässt. Falls er ein ausgeprägtes Autoritätsdenken mitbringt und die Geisthelfer für Tyrannen hält, wird er dementsprechenden Erfahrungen ausgesetzt und es kann sehr schwer werden, aus dem selbst geschaffenen Teufelskreis hinauszugelangen.

Andererseits gehen von Geisthelfern immer wieder Provokationen aus, auf die der Jünger je nach Temperament reagiert. So kann es zu einer jahrelang andauernden, streitsamen Beziehung kommen, da dem Schüler nicht die Distanz zu den Provokateuren gelingt. Letzten Endes soll sich beim Jünger Gleichmut den Angriffen gegenüber einstellen, doch dies gelingt sicher nicht in jedem Fall.)

Die höheren Seinsebenen können nur mithilfe der geistigen Helfer erreicht werden. Der Schüler kämpft einen aussichtslosen Kampf, wenn er meint, sie beseitigen zu können. Das Erreichen der geistigen Welten setzt ein hohes Maß an Integrität, an Selbstbeherrschung voraus. Wenn er zurückfällt, kann dies sehr schmerzlich für ihn werden.

Nach Beendigung der Geistesschulung verlassen sie die Helfer. Der Zeitpunkt hängt von der Aufnahmefähigkeit des Lernenden ab. Er trifft zum überwiegenden Teil die Entscheidungen selbst, auch wenn ihm dies nicht in vollem Umfang bewusst ist. Doch sein größeres Selbst ist in der Lage, die Entwicklung zu überschauen und lenkt ihn unsichtbar.

Die Gefahr einer zu engen und dauerhaften Verbindung an die Geisthelfer besteht nicht. Eine unauflösliche Verbindung wäre nur möglich, wenn der Kandidat seine Zustimmung gibt. Die Entscheidung liegt immer bei ihm bzw. bei seinem höheren Selbst.

Geisthelfer oder Störenfried?

Störenergien sind eine lästige Begleiterscheinung auf dem spirituellen Weg, denn es fällt dem Bewusstsein zunehmend schwer, sich von ihnen zu distanzieren. Ein großer Vorteil wäre es, den Sinn und Zweck ihres Daseins zu erkennen, denn in letzter Konsequenz kommt ihnen eine aufbauende Funktion zu. Sie sollen letztendlich die spirituelle Entwicklung fördern.

Der Wanderer auf dem Pfad kann sich ihnen auf verschiedene Weise nähern: Er kann sich ihnen widersetzen oder aber als das erkennen, was sie im eigentlichen Sinn bedeuten: eine Lenkung auf seinem Weg. Sobald er damit aufhört, sie zu bekämpfen, hat er einen wichtigen Schritt zu seiner Befreiung getan. Die Energiewesen sind an sich neutral, doch sie besitzen Reaktionsfähigkeit, d.h. sie reagieren auf Gedankenschwingungen.

Düstere Gedanken sind es, die den Anwärter hinunterziehen und angreifbar werden lassen. Wenn er sich stattdessen seine geistige Weiterentwicklung vor Augen hält, befindet er sich auf dem richtigen Pfad. Positive Gedankenschwingungen wirken auf Dauer lähmend auf dunkle Energien, da diese nur bis zu einer gewissen Schwingungsgrenze existieren können. Sie werden abgestoßen und suchen sich andere Wirkungsbereiche. Ihr Zweck ist es im Grunde, den Kandidaten auf bestimmte Mängel in seiner Psyche hinzuweisen. Ist dieser Zweck erfüllt, ziehen sie sich zurück. Der Proband hat nun die Möglichkeit, angemessener auf Fremdeinflüsse zu reagieren als zuvor. Sein gesamtes Bewusstseinsfeld kann einen ungeahnten Aufschwung nehmen.

Diese Energiewesen kommen in besonderen Fällen zum Einsatz, immer dann, wenn auf andere Weise kein Erfolg erzielt werden kann. Die Mentalität mancher Jünger zwingt die geistigen Helfer zu forcierten Maßnahmen, sofern es an Aufgeschlossenheit auf ihrer Seite fehlt. Ein Anwärter wäre gänzlich den dunklen Mächten preisgegeben, wären nicht Geisthelfer zur Stelle, ihn vor noch wüsteren Eindringlingen zu bewahren. Die Gefahren sollen nicht in allen Einzelheiten geschildert werden, denn das würde an dieser Stelle zu weit führen. Die sogenannten Fremdenergien sind als Vorsichtsmaßnahme gegen negative Einflussmöglichkeiten gedacht, dessen Ausmaß der Geistesschüler noch nicht erfassen kann.

Gewisse Vorsichtsmaßregeln sollten immer beachtet werden. Die Energiewesen können nur dann schädlich sein, wenn sich die Schwingungen des Jüngers im unteren Bereich befinden. Dann ermöglicht er eindringenden negativen Energien, sich mit seinem System zu verbinden, was andernfalls nicht ohne weiters möglich wäre. Seine Schwingungshöhe ist also entscheidend für die Beeinflussungsmöglichkeiten von außen. Je niedriger die Schwingungsfrequenz beim Erhalt medialer Botschaften, desto mehr ‚Sender' werden empfangen. Mit zunehmender Schwingungshöhe nimmt die Anzahl der gesendeten Botschaften ab, folglich werden die Störmöglichkeiten immer weniger.

(Nimmt ein Kandidat einen direkten mentalen Kontakt zu dem Geistwesen auf, das ihm Probleme bereitet und von dem er sich ‚besetzt' fühlt, kann Erstaunliches zutage treten. Der Geist ist kein dunkles Wesen, das die Absicht hat, ihm Schaden zuzufügen, sondern er entpuppt sich als Geistführer, der den Jünger auf den Weg der Schulung vorbereiten will. Innerpsychische Probleme des Jüngers bilden das Hindernis; seine geistige Ausrichtung bedarf einer Revision.

Es kann geschehen, dass ihm zumute ist, als habe er mit dem Geist bereits sein ganzes Leben lang in Kontakt gestanden. Er war ein Teil seines Unterbewusstseins, der sich über plötzliche Eingebungen, Intuitionen und Gefühlsaufwallungen bemerkbar machte. Nun ist die ‚Schranke' durchlässiger geworden und die Wesen des Unterbewusstseins werden deutlicher wahrgenommen, wodurch die Kommunikation intensiviert wird und auch die in der Psyche angelegten Probleme.

Bei näherer Betrachtung ähnelt die Beziehung des Geistes zum menschlichen Bewusstsein der einer psychoanalytischen Beziehung: Wie der innewohnende Geist ist auch der Analytiker für den Klienten unsichtbar. Er wirkt als neutraler Spiegel, auf den der Klient die Inhalte seines Unterbewusstseins projiziert. Aufgrund einer entspannten Haltung des Klienten sollen möglichst unverstellt die Strebungen des Unterbewusstseins bis in die feinen Verästelungen hinein sichtbar werden.

Auch der Geistführer ist imstande - allerdings ungleich effektiver als ein Therapeut -, jede noch so kleine Regung in der Psyche wahrzunehmen. Er reagiert auf die aus dem Wachbewusstsein sowie dem Unterbewusstsein kommenden Regungen, so dass sich eine lebendige Wechselbeziehung ergibt, die von dem Übenden nicht immer in aller Deutlichkeit erkannt wird.

Der Geistführer fungiert somit ähnlich wie ein Spiegel, der dem Lernenden seine Vorzüge, aber auch seine Fehler deutlich vor Augen führt. Jeder zieht diejenigen Mächte an, die ihm entsprechen. Hat er das begriffen, ist ihm ein Mittel in die Hand gegeben, die Hindernisse auf dem spirituellen Pfad zu bewältigen.)

Feinstoffliche Verbindungen

‚Departments' in der geistigen Welt

Die geistige Welt ist nicht so geordnet, wie manche Erzähler anzunehmen scheinen. Das Reglement ist nicht straff; es werden keine Order ‚von oben' oder von irgendwoher erteilt. Diesbezügliche Annahmen und Berichte sind nicht zutreffend.

In der geistigen Welt existieren ‚Departments' (Abteilungen), ähnlich wie in der materiellen Welt. Die jeweilige Interessenlage der Person, die einen Kontakt sucht, entscheidet darüber, welche Sektion mit dem individuellen Bewusstsein in Beziehung tritt. Sind die Interessen mehr allgemeiner Natur, kommen andere Kräfte zum Einsatz als bei tiefsinnigen philosophischen Betrachtungen. Die geistige Welt unterscheidet sich in dieser Hinsicht nicht grundsätzlich von der irdischen Sphäre.

Die verschiedenen geistigen Gruppierungen pflegen einen regen Austausch untereinander. Zieht eine inkarnierte Person die besondere Aufmerksamkeit geistiger Entitäten auf sich, dann ist nicht von vornherein klar, welche der Wesen sich zu ihr gesellen, um sich mit ihr auszutauschen. Die Informationsübermittlung kann von ganz unterschiedlich geprägten Berichterstattern ausgehen.

Der Weg ist nicht so fest vorgezeichnet, wie oft angenommen wird. ‚Oben' und ‚unten' sind keine feststehenden Begriffe, denn: das ‚Obere' ist wie das ‚Untere' und umgekehrt. Dennoch existiert ein gravierender Unterschied. Die Schwingungshöhe der Person, die eine Frage sendet, zieht entsprechende Wesenheiten in ihren persönlichen Wirkungsbereich. Dies kann ihr zum Vorteil gereichen oder im Gegenteil Nachteile mit sich bringen, die umso größer sind, je niederer die Stufe, auf der sie sich zum gegebenen Zeitpunkt befindet.

Man kann es von dieser Seite aus betrachten: Ein halbvolles Glas wird gefüllt mit einer Flüssigkeit, die sich mit der bereits vorhandenen vermischt. Ist die Mischung rein, bringt dies keine Nachteile mit sich, sondern beide Teile profitieren davon. Ist das Gegenteil der Fall, wird die Verunreinigung nicht aufgehoben, sondern noch verstärkt.

Wenn sich der Kontakt zu einem bestimmten Bewusstseins-Konglomerat besonders lohnend gestaltet, dann wird - oft unbemerkt vom Empfänger – diese Verbindung beibehalten bzw. ausgedehnt. Das Individuum wird zu einer bevorzugten Bezugsperson, wobei auch die Gefühlswelt eine gewisse Rolle spielt. Intensive Gefühle, gleich welcher Couleur, erhöhen die Schwingungsfrequenz, woraus beide Seiten einen Vorteil ziehen. Im besten Fall verhilft ein Geistwesen ‚seinem' Menschen zu tiefgehenden Erfahrungen, welche diesen auf seinem Entwicklungsweg aufblühen lassen.

In diesem Fall sind die Übermittler Adepten der mittleren und gehobenen Stufe, die es sich zur Aufgabe gemacht haben, interessierten Menschen diejenigen Botschaften zukommen zu lassen, die sie sich wünschen. Zugleich ergreifen sie die Gelegenheit, in Kontakt mit dem Irdischen zu kommen, das auf Einige von ihnen nach wie vor eine gewisse Anziehungskraft ausübt.

Diese Wesen suchen nach gleichgesinnten, um sich mit ihnen zu verbinden und so ihre Stabilität, ihren Zusammenhalt, zu verbessern. Die persönlichen Energien verknüpfen sich mit ihnen gleich gestellten. Es sind ähnlich gelagerte Schwingungsmuster, die sich verbinden und von den menschlichen Erfahrungen profitieren. Die Energien des Schülers gewinnen ebenfalls an Stabilität. Sein Energiesystem würde desolat, sofern er nicht selbständig in der Lage ist, seinen Fokus beizubehalten.

Die Verbindung zum Probanden wird hergestellt, um ihm Rat zu erteilen. Dazu bedarf es nur ein wenig Aufmerksamkeit von seiner Seite. Sein Energiesystem leidet, wenn die Verbindung immer wieder unterbrochen wird. Ein sich erweiterndes Bewusstsein kann nicht bestehen außerhalb der Verknüpfung, denn es ist auf andere Energien angewiesen, um die Kontrolle aufrechterhalten zu können.

Unterstützung aus astralen Bereichen

Wenn Menschen die Hilfe der geistigen Welt erbitten, um anderen beizustehen, kommen sie häufig in Kontakt mit Wesenheiten der astralen Ebene. Hierbei ist es dringend erforderlich, auf die eigene Schwingungshöhe zu achten, um Schwierigkeiten vorzubeugen. Die geistige Welt ist keineswegs so uneigennützig, wie es manchmal den Anschein hat. Astrale Wesenheiten verbinden sich häufig mit den Bittstellern, um deren Energie zu nutzen. *Energie ist der Motor, der die Hilfe in Gang setzt.*

Diese Wesenheiten beschränken sich nicht nur auf die erbetenen Hilfeleistungen. Oft sind sie bestrebt, mit dem Hilfesuchenden eine engere Verbindung einzugehen, als manchem von ihnen lieb ist. Sie finden einen Weg, das Energie-Reservoir des Bittstellers anzuzapfen und auf sehr eigennützige Weise ihren Profit daraus zu ziehen. Der Betreffende bemerkt erst mit der Zeit, dass sein Energie-Vorrat schwächer wird. Meist fällt es ihm schwer, die Zusammenhänge zu begreifen und die Ursache für den Energie-Verlust zu erkennen.

Nach einiger Zeit entsteht eine unauflösliche Verbindung, die im günstigen Fall für beide Teile Vorteile bringen kann, wenn nämlich der Bittsteller Hilfestellungen in schwierigen Situationen und einen Wissenszuwachs erhält. Im negativen Fall nimmt die Energie immer mehr ab und auch die Hilfeleistung wird immer geringer. Das Opfer wird zum Spielball astraler Mächte, die auch nicht davor zurückschrecken, ihm seinen Lebensodem zu nehmen, indem sie sich in seinem Organismus festsetzen und die wichtigen Schaltstellen, die für die Energie-Zufuhr zuständig sind, zu besetzen.

Die einzige Möglichkeit, dem entgegenzusteuern, besteht darin, sich mit der Lichtebene in Verbindung zu setzen, da diese astrale Wesen unter Kontrolle halten kann. Die Hinwendung zu höheren Ebenen ist ein Schutz, der in solchen Fällen dringend benötigt wird.

Die Lichtwelt ist daran interessiert, interessierten Menschen zu helfen, auf eine höhere geistige Stufe zu gelangen. Astrale Mächte wissen ihren Vorteil daraus zu ziehen, falls der Proband zu gewissen Ausschweifungen (Sex, Alkohol, Habgier etc.) neigt. Immer ist die geistige Welt bemüht, dem Strauchelnden die Zusammenhänge zu erklären und ihm zu ermöglichen, sich mit der Lichtwelt zu verbinden. Diese Verbindung ist der Schutz, der astrale Wesenheiten fernhält.

Wenn jemand zu geistigen Mächten Kontakt aufnimmt, um bestimmte Informationen abzurufen, entstehen energetische Verbindungen, die nicht ohne weiteres wieder gelöst werden können. Die Konsequenzen sind nicht immer vorteilhaft. In vielen Fällen findet eine unangenehme Beeinflussung statt. Die astralen Helfer, die einem Ratsuchenden geholfen haben, in bestimmter Hinsicht einen

Erfolg zu verbuchen, wollen in der Folge davon profitieren, ‚ihren Teil bekommen'. Sie wollen nicht ‚draußen bleiben', sondern mit ihm zusammen an den Früchten teilhaben. Dieser Aspekt wird häufig nicht genügend berücksichtigt, doch er tritt irgendwann deutlich zutage.

Dauert der Kontakt über einen längeren Zeitraum fort, entstehen unlösbar scheinende Verbindungen, die ein Bewusstsein infiltrieren. Sie üben einen - meist unerwünschten - Einfluss aus, bis hin zu zwanghaften Verhaltensweisen. Um die Verbindungen zu lockern, sind Lichtströme erforderlich, die allerdings starke Verknüpfungen nicht ohne weiteres auflösen können.

Der Einfluss besteht fort und muss als Folge des ausdauernden mentalen Kontakts getragen werden. In manchen Fällen, wenn Warnungen nicht genügend beachtet wurden, ist die Verbindung weit fortgeschritten. Dann sind die Auswirkungen deutlich spürbar als Konsequenz der Fehlhaltung, die dem Betroffenen nun zu schaffen macht. Nur die Ausrichtung auf das Licht gibt ihm die Möglichkeit, zu versuchen, Fehler der Vergangenheit zu korrigieren.

Die Ratsuchenden sind oft in einem grundlegenden Irrtum befangen, dem leider viele unterliegen. Sie halten mediale Botschaften für glaubwürdig, weil diese aus einer geistigen Quelle kommen. Oft wird davon ausgegangen, die Hinweise kämen von einer übergeordneten Ebene, die den Weg weist. Dieser Irrtum hat bereits viele spirituelle Wanderer in die Irre und in den Untergang geführt. Informationen kommen aus vielen Quellen und nicht immer sind mit ihnen die lautersten Absichten verbunden.

Wenn Abhängigkeit droht, ist dies ein Zeichen für die Bereitschaft einer Person, sich da hineinzubegeben und diese zuzulassen. Ist jemand hierfür nicht offen, kann der Erwerb von Wissen in keiner Weise schädlichen Einfluss ausüben, sondern hat ganz im Gegenteil eine aufbauende Wirkung, wenn dieses Wissen dem Empfänger zugute kommt. Ein wissensdurstiger Mensch ist seiner Mitwelt gegenüber in einem beträchtlichen Vorteil. Hierbei ist natürlich die Art des Wissens, das erworben wird, entscheidend.

Die diesbezügliche Sorge ist dennoch nicht gänzlich unbegründet. Dabei ist von entscheidender Bedeutung, inwieweit sich der Kanal auch für andere Wesenheiten öffnet als denen, die angerufen wurden. Die Reinhaltung des Kanals sollte unbedingt gewährleistet bleiben. Hier sind Reinigungsübungen und eine konsequente Ausrichtung gefragt. Der Geisteshaltung, in der die Frage gestellt wird, kommt gleichfalls eine immense Bedeutung zu.

Ist ein Mensch mit einem Problem konfrontiert, das ihn sehr belastet, kann eine Frage zu der ersehnten Lösung hinführen. Im Fall von körperlichen Beschwerden, Krankheit, schwierigen Beziehungs-Konstellationen u.a. kann ein Eingreifen der geistigen Welt mittels einer Stellungnahme, die das Problem hinterfragt und zur Lösung beiträgt, eine große Hilfe bedeuten.

Doch die geistige Welt ist alles andere als erfreut, wenn sie zum Zwecke persönlicher Vorteilnahme angerufen wird. In diesem Fall misst sie der Frage wenig Bedeutung bei und reagiert mit Zurückhaltung. Hier kommen dann andere Wesenheiten auf den Plan, die den Fragenden mit Scheininformationen versorgen, was von diesem in den meisten Fällen nicht einmal bemerkt wird. Niemand ist gezwungen, sich in Abhängigkeit von einer geistigen Macht zu begeben, denn auf dem geistigen Pfad werden jedem die erforderlichen Mittel bereitgestellt, die er benötigt, um seinen Lebensunterhalt zu finanzieren.

Das Bewusstsein des größten Teils der Menschheit ist noch nicht genügend entwickelt, um die unterschiedlichen Geistebenen zu unterscheiden. Hier ergibt sich ein weites Betätigungsfeld der psychologisch-spirituellen Schulung, die eine feinere Wahrnehmung der geistigen Ebenen ermöglichen würde. Das menschliche Bewusstsein ist bisher nur zu einem geringen Teil entfaltet. Eine Entschlüsselung der verschiedenen Bewusstseinszonen wäre notwendig, um spezielle

Kenntnisse innerhalb der psychologisch-spirituellen Wahrnehmung zu vermitteln.

Verbindung mit dem Geisthelfer

Eine Variante des spirituellen Entwicklungsweges ist die Verknüpfung der Selbste von Übendem und Geisthelfer. Der Geisthelfer ist dem Jünger bereits ein Stück des Weges voraus. Die Verbindung mit ihm bietet die Chance, ein widerstrebendes Selbst auf den Weg zu geleiten und dort zu halten.

Eine ‚Besetzung' (wie es oft genannt wird) durch einen Helfergeist ist eine Erfahrung, die vielen Suchern auf einer bestimmten Stufe ihres Weges zuteil wird. Sie haben die Wahl zwischen Stagnation und Entwicklung. Das eigentliche Ziel ist der Ausgleich einander widerstreitender Persönlichkeitsanteile, die einer Weiterentwicklung im Wege stehen. Nach Erreichung dieses Zieles zieht sich der Helfergeist zurück ohne Spuren zu hinterlassen.

Die geistigen Helfer haben keineswegs die Absicht, das Selbst des Übenden zu absorbieren oder gar zu ‚ersetzen'. Ganz im Gegenteil soll die Psyche des Jüngers gestärkt werden und als Sieger aus dem Ringen hervorgehen. Die Entscheidung fällt letztlich immer zu Gunsten des Übenden aus.

Kommt es nicht auch hin und wieder zu psychotischen Zusammenbrüchen oder gar Selbstmorden?

Neurotische Tendenzen sind nicht auszuschließen, doch Zusammenbrüche sind äußerst selten. Die Energie-Zentren eines spirituellen Jüngers sind teilweise geöffnet. Er zieht daher Geistwesen seiner Schwingung gemäß an. Ist er übelgelaunt, dann wird er auf entsprechende Reaktionen beim ‚Gegenüber' treffen, der ihm auf diese Weise ein Spiegelbild seiner eigenen Befindlichkeit sind.

Geisthelfer hegen nicht die Absicht, jemandem das Lebenslicht auszublasen. Sie verfügen vielmehr über eine stabile Persönlichkeitsstruktur, die sie dem Schüler vermitteln. Das Bewusstsein von Schüler und Geisthelfer verbindet sich lediglich für die Dauer des gegenseitigen Wachstums. Vorrangiges Ziel ist die Vereinigung mit den höheren Geistwelten.

Ein Geisthelfer gehört der nächsthöheren Ebene an. Seine Aufgabe ist es, eine Verbindung zu spirituellen Seinsebenen herstellen, die auf andere Weise nicht möglich wäre. Der Helfer ist ein Wesen aus der Lichtwelt, den der auf Abwege geratene Jünger zu sich herunterzieht und ihm Schaden zufügt, ohne dies direkt zu beabsichtigen. Er ist ein Halt und eine Stütze, doch oft wird er daran gehindert, seinen Einfluss auszuüben.

Viele Implikationen des geistigen Weges werden in einem falschen Licht gesehen. Spirituelle Wanderer sollten sich vor negativen Annahmen hüten, denn diese könnten sich sonst bewahrheiten aufgrund der Tatsache, dass sie daran glauben. Vertrauen ist notwendig, um auftretende Schwierigkeiten zu überwinden. Jeder sollte sich über seine künftigen Ziele Klarheit verschaffen.

Auf einer unterbewussten Ebene wünscht der Sucher die Veränderung. Die Aufnahme einer höheren Geistenergie enthält für ihn keinerlei Verpflichtung. Auch wird seine Freiheit, sein Selbstbestimmungsrecht, in keiner Weise eingeschränkt. Vielmehr erfährt er eine Ausweitung seines Bewusstseins.

Unter dem Einfluss des Helfergeistes soll mit der Zeit der gesamte Organismus harmonisiert und in eine höhere Schwingung versetzt werden. Dann wird der ‚Durchgang' durch das Tor, das Ziel jeder spirituellen Entwicklung, möglich.

Sonden und Implantate

Sogenannte Implantate, die vielerorts soviel Kopfzerbrechen bereiten, sind zur Bewältigung bestimmter Aufgaben unabdingbar. Die

Sonden, die manchem Probanden eingesetzt werden, sind lediglich ein Hilfsmittel. Sie dienen der Orientierung und können sehr leicht wieder entfernt werden. Sonden sind nur dann notwendig, wenn es gilt, spezielle Aufgaben zu bewältigen. Die geistige Welt ist nicht daran interessiert, dem Suchenden in irgendeiner Weise zu schaden. Was ihn eine zeitlang ärgert, kann sich später als Gewinn erweisen.

Der physische Körper wird für die Aufnahme einer höheren Energie vorbereitet. Daher ist es wichtig, dass der Proband seine Gedanken so oft wie möglich auf die höheren Geistebenen ausrichtet. Ist das Ziel nach Beendigung der Aufgabe erreicht, werden die Sonden nicht mehr benötigt.

Der ‚Nukleus'

(Ein Problem beschäftigt viele spirituelle Sucher: Energieströme in ihrem Kopf verhindern eine entspannte Aufmerksamkeit und sind ein Grund dafür, dass die Konzentration empfindlich gestört ist.)

Die sogenannten ‚Energieströme' können als Bestandteil der geistigen Entwicklung angesehen werden. Sie sind ein Teil des Rüstzeugs, das es einem Probanden ermöglichen soll, sich geistig fortzuentwickeln. Auf lange Sicht gesehen kommt ein Strebender leicht vom Wege ab. Um ihn fortwährend an den spirituellen Pfad zu erinnern, wird ein geistiger Kern - ein sogenannter *Nukleus* - in ihn gelegt, der die Aufmerksamkeit anziehen und bündeln soll.

Er wird, je nach der persönlichen Reaktion des Individuums, zum Freund oder zum Widersacher. Geht es den geistigen Weg bergauf, gibt er unschätzbare Hilfestellung, um den Jünger weiterzubringen. Sobald negative Einstellungen die Oberhand gewinnen, wird der *Nukleus* als Widersacher empfunden. Er wird immer versuchen, das Blatt zu wenden und dem Weg eine andere Richtung zu geben, indem er auf Tücken und Fallen hinweist, die den geistigen Pfad erschweren.

Das sieht doch ganz nach Zwangsmaßnahmen aus.

Die unterschiedlichen Lernmöglichkeiten sind von unabsehbarer Vielfalt und fein auf das jeweilige Individuum abgestimmt. Der Schüler entscheidet selbst, welche Maßnahmen ergriffen werden. Immer sind genügend Hinweise vorhanden, die eine Umkehr ermöglichen.

Ein angewandter Zwang bedeutet nicht, dass jegliche Abweichung vom Wege gleichermaßen geahndet wird. Die Entwicklungsschritte folgen keinem festen Schema, daher sind Abweichungen in jedem Fall zugelassen. Nur bei gänzlich uneinsichtigen Wesensteilen, denen jeglicher Lernschritt zuwider ist, wird zu Zwangsmaßnahmen gegriffen. Ein Proband muss schon ein hohes Maß an Uneinsichtigkeit aufweisen, bis rigorose Maßnahmen zum Einsatz kommen.

Drastische Interventionen kommen nur bei völliger Uneinsichtigkeit eines Wesensteils zur Anwendung. Dies geschieht nicht so häufig, wie vielleicht angenommen wird. Im Einzelfall ist kein Zwang entscheidend, der zur Weiterentwicklung führt. Ab einer bestimmten Entwicklungsstufe ist er gänzlich unnötig.

Die vorübergehende Verbindung mit dem *Nukleus* ist für die Schulung oftmals unerlässlich, auch wenn sie anfangs lästig erscheint. Sie tritt an die Stelle eines äußeren Lehrers und bewahrt den Schüler vor Fallstricken. Er könnte ohne diese Hilfestellung nicht bestehen. Die spezielle Form der Unterrichtung wird gewählt, damit auch ohne sichtbaren Lehrer Unterweisung stattfinden kann. Das Ziel ist die Stärkung der Persönlichkeit. Je besser der Kontakt ist, desto schneller ist dieser Teil der Schulung beendet. Der Proband ist dann frei, die weitere Richtung selbst zu bestimmen. Kann er sich nicht entscheiden, werden ihm geistige Helfer weiterhin Unterstützung gewähren.

Sie sind Übersetzer und Vermittler der Einflussnahme und Botschaften aus der geistigen Welt. Sie können den Jünger, seinem Entwicklungsstand entsprechend, weitgehend abschirmen, aber auch mehr Offenheit erlauben. Die Helfer haben die Gabe, aus seinen Augen zu sehen, was in Zeiten, wenn er in Gefahr gerät, von großem Nutzen sein kann. Bspw. können sie ihm präzise Warnungen zukommen lassen, falls sich in seinem Umfeld eine Gefahrenquelle befindet oder gezielt Energien gegen potentielle Angreifer richten.

Der *Nukleus* - auch wenn er vielen als Ärgernis erscheint -, hat das Potential, das individuelle Bewusstsein in ungeahnte Höhen hinaufzutragen, die es ohne ihn nie erreichen könnte. So gesehen ist er ein Segen, wenn man ihn akzeptiert und auf dem Weg fortschreitet. Der Helfer wird niemandem einen Schaden zufügen, wenn der Schüler dies nicht zulässt.

In vielen Fällen ist ein solcher ‚Helfer' allerdings nicht notwendig, da die Entwicklung einen anderen Verlauf nimmt. Er kommt nur dann zum Einsatz, wenn die Gefahr eines Abweichens vom geistigen Pfad besteht und der Proband nicht imstande ist, die Untiefen des Weges nicht allein zu überwinden.

In der Literatur ist manchmal von einem ‚Edelreis' die Rede, das einem unentwickelten Bewusstsein ‚aufgepfropft' wird. Was hat das zu bedeuten?

Menschen mit sehr niedrigem Schwingungsniveau erhalten so die Möglichkeit einer spirituellen Höherentwicklung, falls sie dies wünschen. Die Modalitäten sind ihnen bekannt; ihre Zustimmung wurde eingeholt. Im Hinblick auf die meisten spirituellen Wanderer wird, ihrem Entwicklungsstand entsprechend, keine derartige Möglichkeit in Betracht gezogen.

Spirituelle Gemeinschaften

Verschiedene Wege

Spirituellen Gemeinschaften mit gemeinsamer Zielsetzung gelingt es in der Regel, einen vertieften Kontakt zu den geistigen Ebenen herzustellen, wodurch der Fortschritt der einzelnen Mitglieder enorm beschleunigt wird. Die Anzahl der Beteiligten ist dabei von nebensächlicher Bedeutung. Entscheidend sind die gemeinsame Entwicklungsrichtung und die Intensität der Erfahrung, die nur durch Kommunikation auf einer tieferen Ebene ermöglicht wird.

Meditationserfahrungen in Gruppen können eine große Hilfe sein für Menschen, die nach einer Anleitung suchen. Sobald jemand genügend eigene Erfahrungen gesammelt hat, kann er die Unterstützung durch eine Gruppe entbehren und auf Hilfsmittel jeglicher Art verzichten.

Viele spirituelle Wanderer verfügen bereits über ausreichend lange Meditationserfahrungen, weshalb die Teilnahme an einer Gruppenmeditation für sie nicht notwendig ist. Sobald sie aber das Verlangen danach haben, mehr mit anderen Menschen zusammen zu sein, sollten sie nicht zögern, die Gelegenheit zu nutzen. Gemeinsame Erfahrungen können sehr lohnend sein, wenn Menschen mit gleicher spiritueller Zielsetzung zusammen kommen und in der meditativen Versenkung eine gemeinsame geistige Ebene erreichen.

Die spirituellen Erlebnisse innerhalb einer solchen Gemeinschaft können sehr intensiv sein und den Rahmen alles bisher Erlebten sprengen. Daher kommt einer ausreichenden Vorbereitung und der Zurückstellung privater Interessen eine besondere Bedeutung zu. Die Vorbereitungen können recht langwierig sein und auf verschiedenen Wegen erfolgen, die alle in dasselbe Ziel einmünden.

Eine weitere Möglichkeit der Entfaltung ist der Weg des Yoga, der dem Einzelnen verschiedene Mittel an die Hand gibt, eine geistige Höherentwicklung anzustreben. Dabei ist zu beachten, dass nur Wenige auf diesem Pfad zum Ziel kommen, da lebenslange Disziplin und Ausdauer vonnöten sind.

Ein anderes Beispiel für eine Disziplinierung zum geistig - entwickelten Menschen sind Reinkarnationserfahrungen, bei der die unterschiedlichsten Erlebnisse in verschiedenen Lebensspannen die Persönlichkeit prägen, wobei die Erfahrungen einer aufwärts führenden Spirale gleichen, die in einem höchsten Punkt gipfeln. Ausschlaggebend dabei sind Lernerfahrungen von besonderer Intensität. Nur durch tiefgehende Einsichten lernt der Mensch, die irdischen Schranken zu überwinden.

Religiöse Gemeinschaften und Sekten

Bei einigen Menschen wäre es vorteilhaft, sich von geistigen Dingen fernzuhalten, denn diese tragen nicht unbedingt zur Verbesserung ihrer Lage bei. Charakterliche Details rücken ins Blickfeld der Oberen, die andernfalls verborgen geblieben wären. Der Betreffende liefert sich somit in gewisser Weise einem Einflussbereich aus, der nicht in jedem Fall und unter allen Umständen wohlwollend reagiert. Möglicherweise kommen Eingriffe zum Tragen, die unter anderen Umständen unterblieben wären.

Ein Kirchenbesuch nach einer längeren Phase der Abwendung von Glaubensinhalten ist daher nicht in jedem Fall zu empfehlen. Manchmal erreicht er das Gegenteil dessen, was erhofft wird, nämlich dann, wenn die Seele sich über einen langen Zeitraum von religiösen Themen abgewendet hat. Die geistigen Herrscher wenden nun die Aufmerksamkeit dem Teilnehmer zu, der sich in ihren Wirkungsbereich begibt, was nicht immer ein Segen für ihn ist.

Die Entscheidung, die Kirche zu meiden, kann nur jeder selbst treffen. In bestimmten Fällen raten die Geisthelfer zur Vorsicht, denn der Kirchgang ist keineswegs ein Allheilmittel.

In sektiererischen Gruppen richten die Mitglieder ihre gesamte Konzentration auf den Sektenführer aus. Wird dabei mit der Zeit das Ich des Sektenanhängers durch das Ich des ‚Gurus' ersetzt?

Diese Form der Ausrichtung dient dazu, die Zerstreuung von Energien zu verhindern. Das persönliche ‚Ich' wird nicht ersetzt, sondern ausgerichtet auf höherwertige Energieformen. Hierdurch entsteht in der Tat eine Verbindung, die der geistigen Höherentwicklung dienlich ist. Beide Seiten profitieren davon durch einen Zuwachs an Erfahrungswissen.

Die Verbindung ist nicht so angelegt, dass eine Seite die andere dominiert. Die ‚Übernahme' eines Systems wäre nur durch Einvernehmen zu erreichen und wird nur in Ausnahmefällen praktiziert. Eine Verbindung im oben beschriebenen Sinn dient dazu, der Zerstreuung von Energie entgegenzuwirken. Das geistige Eigentum eines Menschen wird hierbei nicht angetastet. Die Ausrichtung der Gedankenkräfte eines Übenden hat eine Durchlichtung des gesamten Organismus zur Folge, einschließlich der psychischen Komponente.

Sektenführer sind Akkumulatoren, die gleichgesinnte Wesensteile zusammenführen, wobei jeweils die Freiheit im Geiste gewahrt bleibt. Das sich geistig entwickelnde Mitglied behält seine Entscheidungsfreiheit, auch wenn vielfach von anderen Voraussetzungen ausgegangen wird. Der Entscheidungsspielraum und die Verantwortung werden normalerweise erweitert, nicht eingeschränkt. Hierzu ist allerdings die Kooperationsbereitschaft des Individuums vonnöten. Ein Wesensteil, das auf die geistige Ebene erhoben wird, genießt unbeschränkte Freiheit.

Die in der Sekte der Sonnentempler verübten ‚Selbstmorde' gaben damals Anlass zu Spekulationen. Was ist dort geschehen?

Um das Wesen dieser religiösen Gruppierung zu verstehen, ist ein erweitertes Verständnis der spirituellen Wege die Voraussetzung. Die Unterschiede innerhalb der verschiedenen Gemeinschaften erschweren das Verständnis zusätzlich.

Religiöse Gemeinschaften, deren Wahrnehmungsfokus erweitert ist, erhalten Mitteilungen aus verschiedenen geistigen Ebenen, die sich aufgrund mangelhafter Ausrichtung der Konzentration mischen. Ein Anhaltspunkt für die Vorgänge, die Probleme bereiten, ist im Wesen des Lichts zu sehen. Es diffundiert je nach Art der Strahlung; die Helligkeit scheint zu variieren aufgrund der Streubreite. Mangelndes Unterscheidungsvermögen bewirkt den Empfang von Botschaften, die letztlich in die Irre und in den Untergang führen.

Der Orden der ‚Sonnentempler' zersplitterte nach einiger Zeit und zerfiel in verschiedene Teilgruppen mit zwei hauptsächlichen Richtungen. Die Gruppierungen um Luc Jouret und Di Mambro (zwei Sektenführer) beanspruchten für sich ausschließliche Autorität. Es kam zum Eklat, bei dem die Gegenpartei blutige Rache schwor.

Sehr viel Geld, Macht und persönliche Kränkungen gaben den Ausschlag. Nachdem der erste Anschlag geglückt war und ein Gegenfeldzug stattgefunden hatte, befürchtete die Gegenpartei weitere Rachefeldzüge. Eine Kette der Gewalttätigkeiten war in Gang gesetzt worden, bei der auch viele Unschuldige ihr Leben lassen mussten. Bevor das erste Massaker stattfand, hatten die Zerwürfnisse ein für beide Seiten unerträgliches Ausmaß angenommen. Der aufgestaute Hass drängte zur Entscheidung.

Der in Kanada erfolgte Anschlag kann in die Reihe der ‚Gegenfeldzüge' eingeordnet werden, nachdem vierzehn weitere Angehörige der Sonnentempler bei Grenoble in den Bergen den Tod fanden. Ein Abkommen zwischen den verfeindeten Gruppen wurde gebrochen, als das zweite Massaker stattfand, bei dem vierzehn Menschen starben. Der Kern der Gegenpartei existierte noch, war aber außer Landes gegangen. Die Zurückgebliebenen waren nun zu jeder Tat bereit.

Hat es bei den ‚Sonnentemplern' nicht auch Angriffe von außerhalb gegeben?

Diese Art von Gewaltanwendung gab es nicht. Die bei den ‚Sonnentemplern' ausgeübten Gewaltakte entsprangen einem Denkschema, das aus den inneren Strukturen dieser Gruppe resultierte. Hass und Gewalt wurden gesät, als die Mitglieder innere Feindbilder entwickelten. *In kleinen, in sich abgeschlossenen Gemeinschaften werden zerstörerische Irrwege zu einer großen Gefahr.*

Fremde Energieströme

(Beeinflussung durch fremde Energieströme und Inbesitznahme durch unsichtbare Mächte ist ein vielschichtiges Problem, das nicht einfach zu fassen ist, wie aus der nachfolgenden Darstellung hervorgeht. Eine undifferenzierte Betrachtungsweise, wie sie gemeinhin diesen Phänomenen gegenüber vorherrscht, isst genauso wenig angebracht wie blindes Vertrauen gegenüber den Einflüssen aus unsichtbaren Sphären. In den nachfolgenden Texten soll versucht werden, den unentwirrbar scheinenden Knoten zu lösen und ein wenig Licht in das Dunkel der Einflüsse aus der Geisterwelt zu bringen.)

Die Mächte des Unterbewusstseins

Die bisherigen Erkenntnisse über das menschliche Unterbewusstsein sind sehr mangelhaft. Der Mensch kommt über das Unterbewusstsein mit geistigen Wesen in Verbindung, von denen sein bewusstes Denken nichts weiß. Einfälle und Lernerfolge kommen von dort, aber auch Misserfolge und Rückschläge.

Über das Unterbewusstsein steht der Mensch mit aufbauenden und zerstörerischen Mächten in Verbindung. Je nachdem, welcher Seite er mehr Einfluss zubilligt, wird seine Entwicklung in die eine oder andere Richtung tendieren. Diese Mächte sind weder gut noch böse, sondern es sind prüfende Instanzen, die *Wächter am Tor*, die dem Individuum seinen Platz zuweisen.

In jedem Augenblick des Lebens steht der Mensch mit geistigen Mächten in mentaler Verbindung. Immer liegt es in seiner Entscheidung, in welche Richtung er sich wenden will. *Dunkle Energien sind die Seismographen der geistigen Welt*

Die meisten Menschen glauben sich völlig ungebunden und unbeobachtet, doch in Wahrheit sind sie mit größeren Mächten verbunden, die in der Lage sind, über ihr Schicksal zu bestimmen. Sie greifen aber niemals willkürlich ein und in seltenen Fällen entscheiden sie gegen den Willen des Betroffenen. Aber sie sind allgegenwärtig: *Die Menschen stehen unter Beobachtung.*

Jeder Mensch steht unterbewusst mit geistigen Wesen in Kontakt, verdrängt diese Tatsache aber beharrlich. Ohne die Hilfe aus seinem Unterbewusstsein könnte er nicht bestehen. Der Erfolg bei seinen Unternehmungen hängt weitgehend von der Entwicklung seiner Intuition ab, d.h. inwieweit er in der Lage ist, die Botschaften aus seinem Unterbewusstsein zu verstehen.

Die geistigen Mächte können die Pläne eines Individuums in besonderer Weise unterstützen oder behindern. Dies hängt u.a. davon ab, ob der Betreffende:
○ an die geistigen Mächte glaubt,
○ sich um Hilfe an sie wendet (sie anruft),
○ seine Pläne keiner unlauteren Absicht entspringen.

In gewissem Umfang erhält jeder Mensch Unterstützung durch unsichtbare Helfer. Er tut dies allerdings meist als Zufall, glückliche Umstände etc ab. In jedem Moment seines Lebens hat er die Gelegenheit, sich für konstruktive Möglichkeiten zu entscheiden oder das Gegenteil zu tun. Damit entscheidet er auch über seine Zukunft.

Dies bedeutet aber noch keine grundlegende Determinierung des Schicksals durch überlegene geistige Mächte. Der Entscheidungsspielraum, der jedem Individuum gewährt ist, soll es ihm ermöglichen, die Fehlerquellen in seinen Motiven und Absichten aufgrund der Folgen seines Handelns selbst zu erkennen. Wären die Menschen lediglich Befehlsempfänger sie kontrollierender geistiger Mächte, kämen sie niemals in die Lage, einen eigenen Willen zu entwickeln und diejenigen Erfahrungen zu machen, für die sie sich auf ihrem Lebensweg entschieden haben.

Infiltration durch dunkle Energieströme

Der menschliche Körper gleicht einem Vakuum, das die Energien aus seiner Umgebung anzieht, um die Leere zu füllen. Das menschliche Bewusstseinsfeld zieht diejenigen Energien zu sich heran, die mit ihm harmonieren. Aus der Wechselwirkung von Körper und Energien aus der Umgebung gestaltet sich das menschliche Bewusstsein.

Der physische Körper ist ein Schwachpunkt in der spirituellen Entwicklung, denn er unterliegt der Vergänglichkeit. Aus dem physikalischen Korsett heraus muss der Adept den Sprung in die Unendlichkeit bewältigen. Das physikalische Gefährt ist ein Hindernis, aber auch ein Freund, der die Weiterentwicklung erst ermöglicht. Wird dem Körper nicht genügend Beachtung zuteil, kann diese Nachlässigkeit schwerwiegende Folgen für die weitere Entwicklung nach sich ziehen.

Das dritte Energiezentrum am Solarplexus öffnet sich. Die Freigabe der Energien aufgrund dieser Öffnung bewirkt die Anziehung jeglicher Energieströme, auf die sich der Jünger konzentriert. Eine stetige Verbindung geschieht aufgrund lang anhaltender Konzentration auf bestimmte Energieströme.

Das Bewusstseinsfeld mancher Medien ist infiltriert mit dunklen Energien, die auch mit dem physischen Körper eine Verbindung anstreben, denn der Körper ist ein Stabilisator für jede Art von Energie. Ist das Bewusstseinsfeld nicht stark genug, um sich gegen eindringende Fremdenergien erfolgreich zur Wehr zu setzen, findet eine Vermischung statt. Nur eine Verbindung mit lichtvollen Kräften könnte verhindern, dass eine Verbindung mit andersgearteten Energien zustande kommt.

Daraus ergeben sich ernsthafte Konsequenzen: Ein infiltriertes Bewusstseinsfeld wird immer weniger widerstandsfähig gegen Eindringlinge von außen. Es expandiert, da eine Fülle von Energien angezogen wird. Dominante Strebungen gewinnen die Vorherrschaft, während nicht angepasste Bewusstseinsfragmente ausgeschieden werden. Sie formieren sich an anderen Orten neu.

Ist die Lichtzufuhr einmal gedrosselt, gewinnen dunkle Energieströme an Stärke, bis sie von zwingender Gewalt sind und die Entscheidungsfreiheit der Betroffenen lähmen. Diesen Energien die Stirn zu bieten, wird immer schwieriger, je massiver ihr Auftreten ist. Sie haben auch die Fähigkeit, sich mit ihnen ähnlichen Energien in der Umgebung zu verbinden und lassen mit der Zeit ein undurchdringliches Dickicht entstehen, das den Lichtkräften immer weniger erlaubt, hindurch zu dringen. Der Ausdruck ‚Dornenhecke' passt hierzu.

Aufgrund dieses Zusammenhangs wird leicht ersichtlich, wohin eine derartige Entwicklung führen kann: Die dominanten Energien ‚übernehmen' nach einiger Zeit - von den Betroffenen oft unbemerkt -, das infiltrierte Bewusstseinsfeld. Das ursprüngliche Bewusstsein wird überlagert und nach einiger Zeit gänzlich ausgeschaltet. Hier noch von außen einzugreifen, wäre äußerst schwierig, denn zu diesem Zeitpunkt ist eine Gegenwehr kaum mehr möglich. Nur die permanente Ausrichtung auf die Lichtkräfte verhindert ein Überhandnehmen dieser dunklen Mächte.

Hohe Gedankenqualität ist der beste Schutz gegen unerwünschte Eindringlinge. Sobald sich die Tore im menschlichen Organismus öffnen, besteht eine Verbindung zur geistigen Welt, unabhängig vom Empfang bestimmter Botschaften. Das Tor kann in diesem Leben nicht mehr geschlossen werden. Die Energien, die jemand anzieht, entsprechen seiner Schwingungsfrequenz zum Zeitpunkt der Beschäftigung mit einem Thema.

Um zu verhindern, dass negative Energien einströmen, ist eine ruhige innere Haltung von Vorteil. Die dunklen Energien heften sich an ihnen gleich geartete, nur so kann eine dauerhafte Verbindung zustande kommen. Der Lernprozess besteht darin, die eigenen Energien den ihren immer unähnlicher werden zu lassen. Ist der Jünger hierzu in der Lage, werden die ihn bedrängenden Energien von selbst verschwinden. Kaum ein spiritueller Sucher ist vor diesem Hindernis gefeit.

Eine konsequente Ausrichtung seiner Gedankenkraft wird ebenfalls Früchte tragen. Wenn er weiterhin zielorientiert bleibt, wird seinen

Bemühungen Erfolg beschieden sein. Die Energien sind bereit, ein System zu verlassen, sobald sie sich unwohl fühlen. Eine hohe Schwingungsfrequenz macht ihnen zu schaffen.

Weisen die eigenen Energien große Unregelmäßigkeiten auf, erscheint ein Eingreifen von geistiger Seite nicht ratsam. *Die Harmonisierung der eigenen Energien ist oberstes Ziel.* Wenn jemand diesem Ziel sehr nahe ist, ziehen sich die Energien von selbst zurück.

Falls der erste Schritt auf dem Pfad gelungen ist, sind die nachfolgenden Hindernisse von nur geringer Bedeutung. Falls ein Bewusstsein so weit entwickelt ist, dass es den Körper nicht mehr benötigt, bezieht es seine Energie fortan aus feinstofflichen Quellen. Der Bewusstseinsfokus erweitert sich. Das sich entwickelnde Bewusstseinsfeld wird mit der Zeit immer unabhängiger von seiner physikalischen Grundlage, sobald es seine eigene Beweglichkeit und die damit verbundene Freiheit erkennt.

Zusammenballung von Energien

Jeder Mensch ist umgeben von einem Meer des Bewusstseins. Die ihn umgebende Energiemenge ist enorm. Spirituelle Wanderer sind zeitweise einem Ansturm ausgesetzt, der seinesgleichen sucht. Erfahrungen dieser Art sind Teil des geistigen Weges. Lernprozesse in ähnlicher Form ereignen sich regelmäßig; der Jünger kann ihnen nicht entgehen. Die Energien, die Druck erzeugen, stammen nicht alle aus der geistigen Welt; oftmals sind es die eigenen.

Das gröbste Hindernis für die ungehemmte Infiltration dieser Fremdanteile der Psyche ist das menschliche Bewusstsein selbst, das mit heftiger Gegenwehr auf jede Art von Einmischung reagiert. Doch in geschwächtem Zustand - bspw. in Zeiten der Krankheit - ist das Bewusstsein herabgedämpft. Anteile der Psyche gewinnen an Stärke, die sich zuvor im Hintergrund aufhielten. Diese Anteile erscheinen dem Bewusstsein fremd, dennoch haben sie Teil an der Gesamtstruktur der Psyche, die ohne sie nicht existieren könnte. Es sind nützliche

Helfer, die jedem Individuum mit Rat und Inspiration zur Seite stehen. Ohne diese Inspiration wäre eine Person auf lange Sicht nicht überlebensfähig.

Um negativen Energien auf angemessene Art begegnen zu können, ist die Kenntnis über ihre Entstehung sehr von Nutzen. Viele der existierenden Energien haben bereits eine beträchtliche Lebensdauer, was Rückschlüsse auf ihre Intensität zulässt. Energien bilden Muster, die - wenn sie zusammen passen - miteinander verzahnt sein können. Aufgrund der Musterbildung ist es für die Energien leicht, zugehörige Teile zu identifizieren und sich zusammenzuschließen. Auf diese Weise entstehen mächtige Energiefelder.

Eine Zusammenballung (Konglomerat) gleich gerichteter Energien löst sich nur schwer wieder auf. Das darin enthaltende Bewusstsein strebt nach Beständigkeit. Je mehr Bewusstseine ihre Energien versammelt haben, desto größer ist ihr Ausmaß. Ein umfangreiches Bewusstseinsfeld ist in der Lage, andere Systeme zu infiltrieren, falls es auf Rezeptoren trifft, auf energetische Anschlüsse, die das Eindringen ermöglichen.

Die Resonanzschwingung erlaubt bestimmten Energien, sich mit dem Bewusstsein zu verbinden. Anfangs ist die Zustimmung des ursprünglichen Bewusstseins erforderlich, um ein Eindringen zu ermöglichen. Ist die Einwilligung einmal erfolgt, sind auch nachfolgende Energien in der Lage, den einmal gewährten Freiraum in Anspruch zu nehmen.

Das Bewusstseinsfeld des infiltrierenden Partners passt sich beim Vorgang des Eindringens so weit wie möglich der Schwingung an, um später wieder auf das Ursprungniveau zurück zu fallen. Dann entsteht für den Betroffenen der unangenehme Effekt einer Minderung seiner gesamten Stimmungslage. Aufgrund der Anpassungsfähigkeit der Energie ist eine Gegenwehr äußerst erschwert. Der energetische Zusammenschluss erfolgt auch gegen seinen bewussten Willen.

Um eine Zusammenschaltung zu verhindern, sind sehr spezielle Kenntnisse vonnöten. Die Perzeptoren enthalten kleine Widerstände, die aktiviert werden können. Hierzu wird wiederum die Einwilligung des menschlichen Partners benötigt. Er kann die Perzeptoren auch selbst aktivieren mit Hilfe gewisser Vorstellungsbilder. Dazu ist allerdings eine energetische Disposition erforderlich, die bislang nur wenige aufweisen.

Das ungehinderte Eindringen negativer Energieströme resultiert oft aus der Weigerung eines Jüngers, sich mit den höheren Geistebenen zusammenzuschließen. Die Lichtwelt erwartet Vertrauen und Hingabe, was eine Aufgabe der Eigenautorität voraussetzt. Wenn jemand die wahre Schönheit des gesamten Seins erkennen will, kann er das nur im Kontakt mit der Lichtwelt zuwege bringen.

Instabile Mentalenergien

Ein spiritueller Jünger soll aufnahmefähig werden für höhere geistige Energien, daher ist seine Konzentration zeitweilig gestört. Ein großes Problem bilden dabei instabile Mentalenergien. Die Energien sind desolat, wenn sie keinen Halt finden und sich mit allem und jedem ohne Unterscheidung verbinden.

Die Lage ist besonders prekär, wenn jemand sein Haus mit einer fremden Energie teilt, die darauf aus ist, sich mit ihm zu vereinen, koste es was es wolle. Beim Erstkontakt schaffen manche die Möglichkeit hierfür, ohne zu ahnen, was auf sie zukommt. Sollte es der Fremdenergie gelingen, das System zu destabilisieren, geht sie als Sieger aus dem Kampf hervor. Der Schutz ist besonders gefährdet, wenn eine beschleunigte Schwingung es fremden Energien erlaubt, sich dem persönlichen Energiesystem immer weiter anzugleichen.

Die Brisanz der Lage kann an einem Beispiel veranschaulicht werden: Der Jünger balanciert auf einem schwankenden Balken und ist in Gefahr, jeden Moment in die Tiefe abzustürzen, wenn der Widerstand fast erloschen ist. Die Energien verbinden sich mit ihm auch gegen seinen Willen. Um dies zu verhindern, wären andere Kräfte notwendig, als ihm zur Verfügung stehen. Nur wenn er Vertrauen zu seinem Geisthelfer entwickelt, kann er adäquate Hilfe erwarten.

Konzentrationsübungen können zwar die Psyche stabilisieren, doch sie befreien ebenfalls die negativen Energien. Die Beschleunigung bewirkt eine erhöhte Anpassungsleistung. In der Folgezeit infiltriert die Fremdenergie den Organismus des Jüngers, soweit es irgend geht.

Die fremden Wesensteile bewirken letztendlich eine Erhöhung der Schwingung, wodurch die Spannbreite der Reaktionen erweitert wird. Der Stoffwechsel profitiert von einer solchen Verbindung, da der Anteil an Sauerstoff vermindert wird. Die vermehrte Kohlendioxid - Konzentration kann einen Stoffwechsel revolutionieren, denn die Ausscheidungsprozesse gehen schneller vonstatten, d.h. die Beschleunigung des Stoffwechsels kann zur Gesunderhaltung des Organismus beitragen.

Die Erhaltung der Energie ist oberstes Gebot in diesem Prozess, über das sich auch die Widersacher-Mächte nicht hinwegsetzen können. Sobald die Beschleunigung an eine bestimmte Grenze kommt, tritt eine Beruhigung ein, die der Proband zu spüren bekommt. Dann ist auch eine Infiltration nicht mehr möglich, denn die ihn durchdringenden Energien finden keinen Halt mehr. Daher sollten die Konzentrationsübungen noch eine Weile fortgesetzt werden, bis den Fremdenergien eine Ankettung nicht mehr möglich ist. Auch sollte eine lichtvolle Frequenz erzeugt werden, die den Prozess der Erneuerung fördert.

Mundatmung trägt ebenfalls zur Regeneration der Energien bei, denn sie erschwert die Ankettung fremder Energien ganz erheblich. Auch ein verbesserter Lärmschutz kann entschieden zur Gesunderhaltung beitragen. Die Ohren sind empfindliche Seismographen, die jedes Geräusch in der Umgebung registrieren. *Die Verbindung unerwünschter Energien führt nämlich u.a. über Geräusche.*

Falls der Lernprozess noch nicht abgeschlossen ist, strömen die Fremdenergien unentwegt nach. Dies kann als Zeichen für den desolaten Zustand der andrängenden Energie gewertet werden. Sie wollen bewirken, dass die brüchig werdende Verankerung wieder Halt bekommt. Die konsequenten Gegenmaßnahmen sollten diese Bemühungen zunichte machen.

Gelingt es dem Probanden nicht, fremde Energiewesen auf Distanz zu halten, gerät er in ernsthafte Gefahr. Diese Energien haben die Eigenschaft, seine Schwingungen permanent abzusenken, um sie ihren eigenen anzupassen. Diesem Vorgang muss frühzeitig Einhalt geboten werden, andernfalls sinkt seine Schwingungsfrequenz unmerklich immer weiter ab, bis die Verstrickung nicht mehr zu lösen ist. Dann ist es nur noch eine Frage der Zeit, bis die elementaren Lebensfunktionen zum Erliegen kommen.

Doch die Energien sind nicht so mächtig, wie manch einer glaubt. Sie geraten in arge Bedrängnis, wenn der Betroffene in seinen Übungen konsequent bleibt. Die Erhöhung seiner Schwingungsfrequenz kann ein kleines Wunder bewirken. Die fremden Energien können nicht lange in diesem schnellen Rhythmus schwingen, das wissen sie selbst genau. Daher ist es nur eine Frage der Zeit, wann der Jünger befreit sein wird.

Oft ist ein infiltriertes Bewusstseinsfeld von sich aus kaum in der Lage, geeignete Gegenmaßnahmen zu ergreifen. Dann ist die Hilfe der geistigen Welt ist erforderlich, um eine Befreiung zu erreichen. Durch die Richtung der Aufmerksamkeit auf die geistige Welt wird die Fremdenergie auf Dauer geschwächt, was eine Einflussnahme ‚von oben' möglich werden lässt.

Die geistige Welt ist in der Lage, auf Bitten eines Betroffenen hin in Zukunft die Immunität gegen diese speziellen Energien zu wahren. Er bliebe dann in Zukunft von ihnen verschont. Um Hilfe aus diesem Bereich zu erlangen, bedarf es nicht sehr viel: Jeder Mensch ist mehr oder weniger befähigt, die Inspirationen zu empfangen, die ihm aus den tieferen Schichten seiner Psyche unaufhörlich zufließen. Erwehren kann er sich der dunklen Kräfte im Grunde nur dann, wenn er bereit ist, sich damit auseinander zu setzen.

Die beste Möglichkeit, lästige Fremdenergien fernzuhalten, ist die konsequente Ausrichtung auf die Lichtwelt. Wird die Hinwendung nach oben lange hinausgezögert, gestaltet sich der Prozess besonders mühsam. Dem Jünger bleibt nur die Entscheidung, sich nach oben, ins Licht, zu entwickeln oder hinab zu sinken in die Dunkelheit. Ein Zwischenweg existiert nicht.

Die Wesen der Geisterwelt

Astrale Mächte

Die Aufgaben der Astralwelt unterschieden sich von denen der höheren Geistebenen. Niedere Astralwesen stammen aus einem Bereich, der unter dem Begriff ‚Unterwelt' bekannt ist. Da ihre Schwingung dunkel ist, kann es ihnen ohne fremde Hilfe nicht gelingen, in Kontakt mit dem Licht zu kommen. Sie nehmen daher jede sich bietende Gelegenheit wahr, ihre Schwingung zu erhöhen und den Aufstieg doch noch zu schaffen. Den Menschen, mit denen sie in Verbindung stehen, ist auf einer unterbewussten Ebene klar, mit wem sie es zu tun haben.

Die dunklen Mächte sind im Grunde nicht böse, doch es sind durchweg unterentwickelte Geister von schlichtem Gemüt und von primitiven Gelüsten beseelt. Manche Medien spüren intuitiv ein großes Unbehagen, wenn sie mit ihnen in Berührung sind, auch wenn ihnen die ‚Unterscheidung der Geister' nicht hinreichend gut gelungen ist. Das Wirken der Astralwelt verläuft zwar in eigenständigen Bahnen, doch hat die Lichtwelt immer die Möglichkeit, astrale Einflüsse zurückzudrängen und unter Kontrolle zu bringen.

Um sich mit gewöhnlichen Anliegen von Menschen zu befassen, leistet die Astralwelt nützliche Arbeit und bildet zudem eine Brücke, die es geeigneten Individuen ermöglicht, eine höhere Stufe zu erreichen. Die Helfer aus der Astralwelt können daraus ebenfalls einen Vorteil ziehen, indem die verfeinerten Schwingungen auch sie erreichen und auf eine höhere Daseinsstufe befördern. Die Astralhelfer sind also auch am Fortschritt ‚ihres' Menschen interessiert und trachten in der Regel nicht danach, ihn scheitern zu sehen. Es ist kaum möglich, sie in dieser Funktion von Geisthelfern zu unterscheiden.

Wie sind Wesen in die Dunkelheit gelangt?

Wesen haben nicht immer das Glück, im Licht aufzuwachsen. Manchen ist es nicht gelungen, auf die Sonnenseite zu gelangen. Dieses Privileg wird nur wenigen zuteil. Dunkle Wesen können das Sonnenlicht nicht absorbieren, da ihnen ein Schutzfilter fehlt. Die ungehindert eindringenden Strahlen würden sie verbrennen. Nur das mittelbare Licht, gefiltert durch einen menschlichen Organismus, ist ihnen zuträglich.

Durch die Augen eines Menschen strömt das Licht bis in ihr Reich. Augen sind die Filtervorrichtungen, die sie benötigen. In enger Verbindung mit einem menschlichen Organismus können sie die Lichtenergie abzweigen und umleiten. Im menschlichen Organismus befinden sich genügend Kanäle, die dies ermöglichen. Die Wesen haben allerdings in der Regel keinen Zugriff auf die gesamten Energien einer Person, sondern sind lediglich an den Lichtquanten interessiert.

Diese setzen sie für gewisse Zwecke ein, die nicht allgemein geläufig sind. Die Lichtquanten stabilisieren gewisse Eigenschaften, an denen sie interessiert sind. Es handelt sich dabei um Durchsetzungsfähigkeit, Intelligenz, Wissen. Sie verwenden diese Eigenschaften für ausschließlich lichtvolle Ziele. Niemandem wird dadurch ein Schaden zugefügt. Die Lichtquanten sind auch ein Durchgangstor in andere Dimensionen. Zu diesem Zweck werden sie eingesetzt, und der Proband wird davon ebenfalls zu gegebener Zeit profitieren.

Welche Konsequenzen hätte eine Verbindung mit den dunklen Astralmächten für den Menschen?

Für ihn wären die Konsequenzen kaum spürbar, für die dunklen Mächte würde sie eine sehr große Veränderung mit sich bringen. Ihre Realität würde durchströmt werden von Licht, denn sie ist ein finsteres Tal, in dem niemals die Sonne scheint. Die Verbindung mit einem Menschen würde Wesen Licht bescheren, die danach lechzen. Für ihn wäre die Aufgabe nicht groß; er würde auch etwas von ihnen erhalten. Sie können ihm seine Wünsche erfüllen, wieviele er auch hat. Auf der anderen Seite können sie ihm allerdings mehr Schaden zufügen, als ihm lieb ist.

Dies ist ein regulärer Weg wie andere auch. Die dunklen Energien, die einen Jünger umlagern, verwandeln sich mit der Zeit in Licht, wenn er dies beabsichtigt. Doch sie beeinträchtigen ihn auch. Diesen Nachteil wird er kaum mehr spüren, wenn er sich auf den Weg begibt.

In einer geistigen Entwicklung sind immer unterschiedliche Kräfte bzw. Mächte ‚am Start', die - abhängig von der Einstellung und der Schwingungshöhe des Individuums - einen Einfluss ausüben. Dieser führt dann zu unheilvollen Konsequenzen, wenn die negativen Strömungen über einen längeren Zeitraum dominieren. Hier gilt: *Je intensiver die negative Schwingung, desto unheilvoller wird der Einfluss seitens der geistigen Welt.*

Jeder spirituelle Wanderer entscheidet selbst, mit *wem* er in Verbindung tritt. Er sollte es weitgehend vermeiden, mit dunklen Energiewesen in mentalen Kontakt zu treten. Die Hinwendung zu höheren geistigen Ebenen bildet einen natürlichen Schutzwall gegen ungebetene Eindringlinge.

Elementarwesen

Vor einigen Tagen bemerkte eine Freundin ein grünes gefiedertes Wesen, das etwa 1m über ihr schwebte. Es schien in Verbindung mit ihrem Stirnzentrum zu sein.

Wesen dieser Art gibt es in großer Anzahl und Fülle. Sie nehmen den Raum ein, der gemeinhin als unbelebt gilt, da sie unsichtbar sind. Diese Wesen kommen leicht in Kontakt mit Menschen, denen sie auf vielerlei Weise dienen. Ihr Bewusstsein ist geschult, daher können sie ihnen mit Rat und Tat zur Seite stehen. Ein Mensch, der eine Verbindung mit einem von ihnen hergestellt hat, wird gut versorgt mit Informationen jeder Art.

Nun sind diese Wesen allerdings nicht ganz uneigennützig. Sie wollen belohnt werden für die Mühen, die sie auf sich nehmen und für die Leistungen, die sie erbringen. Genauer gesagt schätzen sie es nicht, wenn man ihre Gaben als selbstverständlich hinnimmt. In ihrem Wesen sind sie rechtschaffen und großmütig, doch können sie sich auch zu Launen hinreißen lassen. Wird eines dieser Wesen gereizt, dann neigt es dazu, schnell die Kontrolle über sich zu verlieren. Sie gelten daher als rachsüchtig und unberechenbar, da sie ihrem vermeintlichen Gegner großen Schaden zufügen können.

Diese Wesen werden auch *Elfen*, *Nixen* oder *Wichtelmännlein* genannt. Seit alters her kennt sie der Mensch und unterhält Beziehungen zu ihnen. In der Regel besitzen sie keine fest umrissenen Formen und sind daher leicht zu verwechseln. Nur ungern begeben sie sich in die Nähe von Menschen, die ihnen schon viel Schaden zugefügt haben. Eine Ausnahme davon bilden Personen mit spirituellen Neigungen, denen sie sich gern zugesellen. Ja, diese Menschen ziehen sie magisch an, weil lichtvolle Ströme von ihnen ausgehen.

Hat eines dieser Elementarwesen einen Menschen auserkoren, dann ist er bereit, eine tiefe Beziehung zu ihm einzugehen, die umso enger wird, je länger diese Beziehung dauert. Der Kontakt findet über telepathischen Austausch statt, bei dem das Wesen versucht, die Neigungen ‚seines' Menschen zu erkunden. Es ist bestrebt, diesem in zuvorkommender Weise bei allen seinen Unternehmungen und Vorhaben Unterstützung zu bieten. Doch nicht nur das: Es kann ihm auch bei schwierigen Unternehmungen helfen, an die er sich sonst nie herangewagt hätte.

Dem Wesen stehen Informationen zur Verfügung, die normalerweise nur mit Mühe zu erwerben sind. Diese Informationen stellt es gerne zur Verfügung, wenn dafür ein gewisser Ausgleich erfolgt. Dieser Ausgleich ist eine prekäre Angelegenheit, denn nicht immer verstehen die Menschen, was es damit auf sich hat. Das Wesen will nicht nur die Neugier eines Menschen stillen, sondern ihm bei seiner Weiterentwicklung behilflich sein und mit Rat und Tat zu Seite stehen. In diesem Fall ist es ein verlässlicher Freund und Helfer. Ein Mensch, dem ein solches Wesen hilft, ‚zahlt' ihm in Form von Gunstbezeigungen das zurück, was er bekommen hat.

Eine Beziehung wird aufgebaut, an der jeder seinen Anteil hat und seinen Vorteil zieht. Verläuft die Beziehung in harmonischen Bahnen, bereichert sie beide Seiten gleichermaßen und niemand kommt zu Schaden. Das Wesen hat an Struktur und Form gewonnen; es ist angefüllt mit Energie und Licht. Sein ‚Erzeuger' hingegen ist durch vielfältiges Wissen bereichert worden.

Das Elementarwesen nimmt die dargebotenen Gaben in sich auf und gewinnt an Eigenständigkeit. Es wird unabhängig von dem, der es erzeugt und mit Leben erfüllt (beseelt) hat. Zwar hatte es vor dem Zusammentreffen mit dem Menschen auch schon eine eigene Existenz, doch diese war unvollkommen und amorph. Es glich einer Flamme, die erlischt und der keine Dauer beschieden ist. Erst in der Verbindung mit einem Menschen gewinnt es feste, stabile Strukturen, die sich im Wind nicht von selbst wieder auflösen. Hierzu benötigt es eine bestimmte Art von Energie, wie sie nur dem Menschen zu eigen ist.

Trennt sich das Wesen irgendwann wieder von seinem ‚Erzeuger'?

Ein Mensch, der ein solches Wesen ‚erschafft', kann mit ihm auf Dauer verbunden bleiben oder sich von ihm lösen, wenn er dies wünscht. Eine Loslösung geschieht in beiderseitigem Einvernehmen. Will nur das Wesen sich von ihm lösen, kann der Mensch es dennoch binden und fesseln nach seinem Wunsch und Willen. Zeigt hingegen das Wesen übergroße Anhänglichkeit, kann es mit gewissen Mitteln dazu gebracht werden, zu gehen. *(Wie sehen diese Mittel aus?)*

Das Elementarwesen kann durch Eingreifen übernatürlicher Mächte genötigt werden, sich zu entfernen. Auch gewisse Übungen sind hierfür geeignet. Diese Fälle kommen aber nicht allzu häufig vor. Normalerweise verabschiedet sich das Wesen zu gegebener Zeit und beide gehen friedlich auseinander.

Verläuft die Beziehung hingegen asymmetrisch und kann keine Übereinstimmung zwischen dem Wesen und dem Menschen erzielt werden, kommt es zu außergewöhnlichen Entwicklungen. Das Wesen bemüht sich zwar, den Menschen auf dem rechten Wege zu halten, gibt aber - dessen Wünschen und Drängen entsprechend – bald nach. Hier nun entsteht ein breites Feld für Irrtümer und Fehlentwicklungen, die nicht alle benannt werden können.

Mediale Menschen sind in der glücklichen Lage, sich mit Geisthelfern in Verbindung setzen zu können, um ihre Irrtümer wenigstens zum Teil zu hinterfragen. Nicht allen geht es so, und einige kommen daher weit vom Wege ab.

Die Entwicklung der meisten verläuft, obwohl ihnen das oft nicht bewusst ist, in den vorgezeichneten Bahnen. Die ‚Abirrungen' sind nicht so ausgeprägt, wie es manchmal scheinen mag. Viele der Irrtümer bewegen sich immer noch im Rahmen dessen, was unter bestimmten Umständen zu erwarten ist. Wirklich gravierende Fehler unterlaufen nur einem geringen Teil der spirituellen Wanderer.

Um auf das nächtliche Erlebnis zurückzukommen: Das *Dritte Auge* im Stirnzentrum ist der Dreh- und Angelpunkt der geistigen Entwicklung. Hier verläuft die Grenze zwischen dem Diesseits und dem Jenseits, der Schwelle zur geistigen Welt.

Nicht jedes Wesen, das mit einem Menschen in Verbindung tritt, respektiert seine Bedürfnisse und seine Grenzen. Es existieren Unterschiede in den Planungen und Zielsetzungen. Einige Wesen sind bestrebt, Zugang zu Menschen gemäß ihren eigenen Plänen und Zielen zu erhalten, die nicht unbedingt mit denen des Betreffenden übereinstimmen. Hat eine Person solche ‚Gäste' eingeladen, dann benutzen diese sie für ihre eigenen Zwecke. Das Opfer ist in der Regel außerstande zu erkennen, welche Rolle es dabei spielt und welchen Zweck es erfüllt.

Eine Person, der dieses widerfährt, wird zum Spielball der Launen von Wesen, deren Existenz sich ihrer Kenntnis entzieht; von denen sie nicht einmal weiß, dass es sie gibt. Der Spielraum dieser Wesen ist größer, als gemeinhin bekannt ist. Sie sind durchaus in der Lage, sich ohne Einverständnis einem Menschen anzunähern. Hierzu benötigen sie allerdings die Erlaubnis von anderer Seite, aus den geistigen Ebenen.

Spirituelle Wanderer sind solange geschützt, wie es für ihren Fortschritt notwendig ist und solange dieser gefördert wird. Der Schutz versagt in dem Augenblick, in dem jemand diesen Wesen den Zugang zu sich gestattet. (Extreme Lebenssituationen, in denen der Schutz ebenfalls versagt, kommen zum Glück nicht allzu häufig vor und sind ein eigenes Kapitel.) Aufklärung tut not darüber, welchen Zweck diese Wesen in Wahrheit verfolgen.

Um mit ihnen zu kooperieren, bedarf es einer steten Aufmerksamkeit von seiten des betreffenden Individuums, die ihnen aber, so gut es eben geht, entzogen werden sollte. Die Wesen sind allerdings trickreich und erfinderisch, um die Aufmerksamkeit dennoch auf sich zu ziehen. Dies erreichen sie u. a. dadurch, indem sie ein Wissen vermitteln, das nicht das ihre ist. Sie machen den Zuhörer glauben, immer nur das Beste für ihn zu wollen. Indem sie freundschaftlich und wohl gesonnen daherkommen, gelingt es ihnen, ein Vertrauen zu gewinnen, das nicht angebracht ist.

Ist die Verbindung einmal fest genug, sind sie durchaus imstande, auch andere Seiten von sich zu zeigen, die äußerst unangenehm sein können. Sobald es ihnen gelingt, sich festzusetzen, können sie im Organismus schalten und walten, wie es ihnen beliebt. Sie sind nämlich in der Lage, wichtige Schlüsselpositionen im Körper zu besetzen, was ihnen weitreichenden Einfluss einräumt

Viele dieser Wesen sind aber nicht daran interessiert, einen Menschen zum Spielball zu machen und auch nicht, ihm Hindernisse aus dem Weg zu räumen. Wesen dieser Art streben danach, sich um jeden Preis mit einem Menschen zu verbinden, das sollte dabei immer beachtet werden. Sie gewinnen dabei an Stärke und sind oft die alleinigen Nutznießer.

Dunkle Energiewesen

Um den mystischen Weg zu beschreiten, ist die Unterscheidung von hell und dunkel von besonderer Bedeutung. Das mystische Dunkel verhüllt das Licht. Auch Lichtwesen weisen Unterschiede auf. Ein unbefangener Wanderer kann dies auf den ersten Blick nicht klar erkennen, daher sind bedauerliche Irrtümer die Folge.

Viele Wege sind nicht frei von Missverständnissen und Fehlannahmen. Die mit einem geistigen Schüler in Kontakt stehenden Wesen sind keineswegs immer Wesen des Lichts, wie lange Zeit geglaubt wurde. Sie treiben ein Spiel mit ihm, was letzten Endes seine Widerstandskräfte stärken und seine psychische Stabilität festigen kann.

Dunkle Energiewesen, die sich einem Jünger nähern, haben nicht durchweg soviel Macht über ihn, wie er manchmal glaubt. Sie werden schwächer, je häufiger er mit lichtvollen Kräften in Verbindung tritt. Er kann sie beherrschen durch eine konsequente Ausrichtung auf positive Ziele. Manche Probanden verbauen sich durch eine durchgängig ablehnende Haltung die Möglichkeit einer großartigen geistigen Entfaltung.

Dunkle Energien sind die Seismographen der geistigen Welt. Sie registrieren jede Unstimmigkeit in Haltung und Verhalten eines Geistesschülers. Ein Proband, der die Hürde nicht überwindet, gerät in die Gefahr eines tiefen Falls. Die Energiewesen verbünden sich gegen ihn und können seinen Sturz verursachen; ein Absturz, der umso schwerer wiegt, wenn seine Aura nicht mehr intakt ist.

Manche Jünger befinden sich - bildlich gesehen - auf einer Schaukel, die sich vom Zustand des Ausbalanciert seins nach unten neigt. Sie stehen im Mittelpunkt gewaltiger Kräfte, die sie in die eine und zugleich in die andere Richtung ziehen. Werden sie ihrer Aufgabe, die Balance zu halten, nicht gerecht, tut sich ein Abgrund auf, der immer größer wird und sie zu verschlingen droht.

Das Bewusstseinsfeld des Jüngers verdunkelt sich immer mehr und wird zu einer Gefahr für ihn und andere. Die Verdunklung wird aufgehalten, wenn es ihm gelingt, genügend Lichtströme zu absorbieren. Lediglich Einseitigkeit führt ins Verhängnis. Dunkle Mächte ergreifen von ihm Besitz, wenn er es zulässt, dass düstere Stimmungen sein Bewusstsein dauerhaft in Mitleidenschaft ziehen.

Irgendwann gilt es, die dunklen Mächte als das anzusehen, was sie sind und sich von ihnen konsequent zu distanzieren. Der Jünger hat die Wahl, mit der Dunkelheit verbunden zu bleiben oder sich höheren Seinsebenen zu öffnen. Im zweiten Fall stehen ihm Geisthelfer zur Seite, die seine Befreiung vorantreiben. Er kann allerdings auch seinen Irrtümern verhaftet bleiben.

Falls sich der Jünger für den Weg der Befreiung entscheidet, sind Konzentrationsübungen von großem Nutzen:

Eine **Übung**, welche die Lichtaufnahme erleichtert:

☼ Setze dich im Schneidersitz auf eine bequeme Unterlage mit nach oben weisenden Handflächen.

☼ Lege den Kopf in den Nacken und konzentriere dich auf einen weißen Punkt in großer Entfernung.

Diese einfache Übung ermöglicht es dem Probanden immer wieder, Kontakt zu geistigen Helfern herzustellen, was in manchen Fällen für sein Überleben dringend notwendig ist.

Die dunkle Energie hingegen beabsichtigt das Gegenteil. Sie erschwert den Weg; manche Reise wird durch sie zum Alptraum. Man erkennt die Energie an einem untrüglichen Zeichen: Sie setzt sich mit einem Bewusstsein in Verbindung, wenn es missgestimmt ist. Nur dann hat sie nämlich die Möglichkeit, mit ihm zu verschmelzen. Ist der Jünger dagegen in psychisch guter Verfassung, gesellen sich ihm feinere Energien zu, die nicht daran interessiert sind, seinen Organismus für eigene Zwecke zu benutzen.

Man darf die Macht der niederen Energiewesen nicht unterschätzen, denn sie können sehr hartnäckig sein. Sie infiltrieren einen Organismus auf eine Weise, die schwer zu beschreiben ist. Sie weisen eine gewisse Elastizität auf, d.h. sie haben die Fähigkeit entwickelt, sich dem fremden Schwingungsmuster bis zu einer gewissen Grenze anzupassen. Hierbei sind sie sehr erfinderisch. Der Jünger darf nicht zulassen, dass sie seinen Organismus infiltrieren, indem er ihnen Tür und Tor öffnet. Es ist ohne weiteres möglich, sich ihnen zu widersetzen. Vor allem ein permanent höherer Schwingungsgrad als der ihre kann sie in Grenzen halten und letztlich zur Aufgabe bewegen.

Sobald sich der Jünger mit Lichtkräften verbindet, werden sie ihn letztendlich vor den dunklen Mächten beschützen. Eine Bereitschaft von seiner Seite, den Weg des Lichts zu gehen, ist die Voraussetzung für eine dauerhafte Verbindung mit ihnen. Es liegt letztlich an jedem selbst, sich zu befreien. Die dunklen Energien scheuen das Licht, daher wirken Lichtübungen auf sie abschreckend. Sofern es dem Jünger gelingt, immer wieder Licht in seinen Körper zu ziehen, können sie nicht lange verweilen.

Die Geisthelfer unterstützen ihn, indem sie seinen Körper mit feinstofflichen Energien durchströmen. Auch Konzentrationsübungen sind ein mächtiger Schutz gegen dunkle Energien. Hierbei ist natürlich ausschlaggebend, auf die eigene seelische Verfassung zu achten. Unterscheidet sich das eigene Schwingungsmuster permanent von dem der infiltrierenden Energien, ist ihnen ein Verweilen auf Dauer nicht möglich.

Spuk- und Plagegeister

Die unsichtbaren Ebenen sind ein reichhaltiges Experimentierfeld, in dem sich viele verschiedene Wesenheiten tummeln. Es würde zu weit führen, sie allesamt zu nennen. Die Spukerscheinungen gehören zu einer bestimmten Kategorie von übersinnlichen Phänomenen. Der Geist, der sich lebenden Menschen annähert, ist überaus interessiert daran, mit diesen in Kontakt zu treten. Dabei sind oft alte Verbindungen aus früherer Zeit im Spiel, die einem Dahingegangenen keine Ruhe lassen und ihn immer wieder dazu anstacheln, die betreffende Person zu konfrontieren und auch zu schädigen. Unbewältigte Konflikte aus der Vergangenheit spielen ebenso eine Rolle wie das jeweilige Verhalten in der Gegenwart, das Aufmerksamkeit erregt bzw. Unmut hervorruft.

Es gibt sogenannte *Plagegeister*, die einem Menschen das Leben zur Hölle machen können. Sie halten sich in der Nähe einer Person auf, mit der sie einmal in näherer Beziehung gestanden haben und wo Zwistigkeiten eine ausschlaggebende Rolle spielten. Der Groll des Plagegeistes macht sich durch Angriffe Luft, die umso verstörender sind, als dafür keine lebende Person als Verursacher infrage kommt.

Die individuellen Beziehungen der Menschen untereinander sind sehr vielfältig und nur im Einzelfall kommt es zu Spukphänomenen. Die belästigte Person ist normalerweise, sofern sie der Sache auf den Grund geht und vergangene Begebenheiten Revue passieren lässt, durchaus in der Lage, den ‚Stein des Anstoßes' zu finden bzw. die verstorbene Person, die für die spukhaften Ereignisse verantwortlich ist. Gelingt es der belasteten Person, sich mit den Zerwürfnissen der Vergangenheit auseinanderzusetzen und diese zu klären, verschwindet auch der Spuk wie von Zauberhand!

Doch nicht immer sind die Geister böse gesinnt; manche treiben gerne Schabernack und schießen dabei auch schon mal übers Ziel hinaus. Dem Treiben sind gewisse Grenzen gesetzt, was diesen Wesen durchaus bewusst ist. Die Beziehungen zwischen Menschen- und Geisterwelt sind nun mal verrückt und vielfältig. Geistererscheinungen sind nur bei Menschen erlaubt, die in der Lage sind, in irgendeiner Weise damit zurechtzukommen.

Eine weitere Spezies sind die **Spukgeister**, die sich von den eben genannten in einiger Hinsicht unterscheiden. Sie sind sich ihrer Umgebung nicht völlig bewusst, sondern handeln aus einem inneren Antrieb heraus, der sie dazu treibt, bestimmte Handlungen in endloser Folge zu wiederholen. Dabei fehlt ihnen die Erkenntnis der realen Gegebenheiten, in denen sie sich befinden. Meist sind auch die Menschen, die sich an den ‚Spukorten' aufhalten, für sie nicht wahrnehmbar.

Traumatische Begebenheiten aus der Vergangenheit halten Spukgeister an gewissen Orten oder in bestimmten Häusern fest. Das traumatisierte Seelenbewusstsein kann sich von dem Geschehen nicht lösen; man könnte es als ‚geistesgestört' bezeichnen. Die Geister sind in einer Endlosschleife gefangen, die eines Tages ebenso plötzlich beendet ist, wie sie begonnen hat. Die darin angesammelte Energie hat sich verbraucht und der Spuk löst sich auf.

Normaleweise findet keinerlei Kontakt statt zwischen Lebenden und Spukgeistern. Dennoch spüren sensible Menschen manchmal eine Anwesenheit und fühlen sich ohne Grund an bestimmten Plätzen unwohl. Den Spukgeistern zu helfen, ist fast unmöglich, da ihr Bewusstseinsgrad nicht ausreicht, um Interventionen von außen zu erkennen und darauf reagieren zu können.

Auch Psychiatriepatienten werden häufig von unsichtbaren Wesenheiten geplagt...

Hierbei handelt es sich um eine völlig andere Spezies, die mit den oben genannten nichts gemein hat. Psychotische Menschen haben sich – bewusst oder unbewusst – Mächten geöffnet, für die sie noch nicht bereit waren. Diese Mächte treiben im wahrsten Sinne des Wortes ein Spiel mit ihnen, das häufig zum völligen Verlust der Eigenständigkeit führt.

Den Mächten ist daran gelegen, unreife Bewusstseine von der geistigen Ebene fernzuhalten, indem sie ihnen deren dunkle Seite zeigen. Sie fungieren somit als eine Art ‚Wächterinstanz', der es allerdings nicht darum geht, helfend einzugreifen, sondern die individuellen Seelenbewusstseine unsanft in ihre Schranken zu weisen und ihnen klarzumachen, dass die geistige Ebene für sie alles andere als geeignet ist.

Ein naiver Glaube an das unbegrenzt Gute ist ebenso schädlich wie übersteigert Ängste, die hinter jeder Ecke das Böse vermuten. Die geistige Welt reagiert negativ auf extreme Einstellungen, in welcher Form auch immer. Werden die erteilten Lektionen nicht erkannt und nicht beachtet, ist der Niedergang der Persönlichkeit nur eine Frage der Zeit.

Die geistigen Gefilde sind keine Spielwiese für unreife Kinder, daher ist es mehr als angebracht, erteilte Warnhinweise ernst zu nehmen und das Interesse von bestimmten Themenbereichen zurückzuziehen, solange es noch Zeit ist. Eine Nichtbeachtung entsprechender Hinweise führt zu ernsthaften Konsequenzen, was leider häufig erst spät erkannt wird.

Verstorbene und ‚verlorene Seelen'

Es ist für Hinterbliebene nicht empfehlenswert, zu lange bei unlängst Verstorbenen zu verweilen, denn sonst könnten diese sich an sie hängen. Wenn ein Hinterbliebener sehr ausdauernd und intensiv an einen verstorbenen Angehörigen denkt und um ihn trauert, hat dieser die Möglichkeit, sich mit dem feinstofflichen Organismus des Trauernden zu verbinden. Die Gedankenkraft schafft die Verbindung. Dies gilt für Lebende und erst recht für Verstorbene, die extrem sensibel auf die Gedanken von Menschen reagieren.

Wünscht jemand die Verbindung nicht, ist es ratsam, in der ersten Zeit kurz nach dem Tode nicht allzu oft an den Verstorbenen zu denken. Will man einen Toten im Jenseits unterstützen, ist es hilfreich, ihn mit lichtvollen Gedanken ein Stück weit zu begleiten, ihm eine gute Reise für seine weitere Entwicklung zu wünschen und ihn innerlich loszulassen.

Wer sind die sogenannten ‚verlorenen Seelen', die beim Clearing-Prozess von Therapeuten und Heilern ‚ins Licht' geschickt werden?

Die Seelenbewusstseine befinden sich in einer Zwischenwelt, die der materiellen Welt sehr nahe ist. Es ist ihnen versagt, den Zustand, in dem sie sich befinden, zu begreifen. Daher schwirren sie, den Nachtfaltern ähnlich, planlos umher und verstehen nicht, was mit ihnen geschehen ist.

Diese Seelen gibt es in großer Zahl. Man kann sich als Vergleich eine weite Ebene vorstellen, die von zahllosen fliegenden Wesen gefüllt ist. Sie schwirren wild durcheinander und wissen nicht, wohin. Ihnen fehlt eine Anleitung, die ihnen Halt und Stütze wäre.

In jenseitigen Ebenen existieren weite Bereiche, die völlig sich selbst überlassen sind. Man kann die Wesen dort mit einer Horde wilder Tiere im materiellen Feld vergleichen, die frei sind zu tun, was ihnen in bestimmtem Rahmen möglich ist. Das Bewusstsein der

‚freien' Seelen ähnelt tatsächlich den Bewusstsein von Tieren, mit dem Unterschied, dass die Seelen dazu fähig sind, Anleitungen zu begreifen, ihnen zu folgen und zielgerichtet zu handeln. Der Unterschied liegt somit im Grad der Bewusstheit.

Die Geistebenen sind sehr verschiedenartig und dieses Feld ist nur ein kleiner Teil des gesamten Terrains, ein Bereich, in dem die Seelen weitgehende Freizügigkeit erfahren.

Das Bewusstsein eines lebenden Menschen ist dem der Seelenbewusstsein weit überlegen. Daher hat er die Möglichkeit, einen Einfluss geltend zu machen, sobald seine Wahrnehmung erweitert ist. Die Seelenbewusstseine sind wie Kinder, die - teils verängstigt, teils zornig oder verspielt - sich einer klaren Anweisung kaum widersetzen.

Hängen sich viele der Seelenbewusstseine an lebende Menschen?

Seelenbewusstseine kommen in der Regel nicht ohne Aufforderung in die Nähe bestimmter Menschen. Die hohe Affinität zwischen zwei Seelen, unabhängig davon, ob sie unter den Lebenden weilen oder verstorben sind, schafft ein starkes Band zwischen ihnen, dass auch mit dem Tode nicht völlig zerreißt. Dieses Band und die Anhänglichkeit eines Seelenbewusstseins an die irdische Ebene schafft eine starke Verbindung, die von außen nur schwer aufgelöst werden kann, zumal das Band mit der Zeit immer fester wird.

Die Verbindung mit einem Lebenden gibt dem unbeständigen Seelenbewusstsein Halt und Stütze, die es zuvor vermisst hat. Haben die Seelenbewusstseine einmal begriffen, wie leicht es ihnen von manchen Menschen gemacht wird, an ihrem Leben teilhaben zu können, dann nutzen einige dies weidlich aus.

Sie teilen die Vergnügungen des betreffenden Individuums und entwickeln auch Suchtverhalten, das dem ihres Wirts entspricht. Haben sie einmal die Voreile dieser Daseinsweise erkannt, bleiben sie auch gern auf Dauer. Dann wird es schwer, sie im Verlauf eines *Clearings* zu lösen und zum Fortgehen zu bewegen.

Ein *Clearer* arbeitet daher mit geistigen Helfern zusammen, die ihm in schwierigen Fällen zur Seite stehen. Diese Helfer kennen Mittel und Wege, eine verstockte Seele dazu zu bringen, sich zu lösen. Nicht jede dieser Seelen ist aber verstockt oder böse, sondern Unwissenheit hat sie in den Zustand gebracht, den sie nun verlassen soll.

Fließt nicht normalerweise die Energie von Verstorbenen nach einer gewissen Zeit zurück zu den Lebenden?

Die zurückfließende Energie von Verstorbenen ist nicht von gleicher Beschaffenheit wie die der ‚verlorenen Seelen'. Ein Teil der Persönlichkeit ist willens, den Weg ins Licht zu gehen und verweigert nicht die weitere Entwicklung. Die zurückgebliebenen Energien sind Anteile der Persönlichkeit, die für den Weg ins Licht nicht geeignet waren. Sie werden daher mit der Energie von Anverwandten oder auch von guten Freunden, die in einem engen Verhältnis zu den Verstorbenen standen, verschmolzen, ohne dass dabei ein Schaden entsteht.

Diese Praxis besteht bereits seit langer Zeit und hat sich bewährt. Den Nachfahren kommen Erfahrungen und Erkenntnisse zugute, die für sie auf anderem Wege nicht erreichbar gewesen wären. Nicht in jedem Fall ist es einfach, die zurückfließende Energie zu assimilieren, doch in der Regel entstehen hierdurch keine bleibenden Schäden. Die Verwandten, die für die Aufnahme der Energie infrage kommen, sind durchaus willens und in der Lage, damit zurechtzukommen.

Anders verhält es sich mit den sogenannten ‚verlorenen Seelen', die eine Rückkehr ins Licht aufgrund von Komplikationen in ihrem Seelenhaushalt verweigert haben. Ihre Energie ist weitaus kompakter und lässt sich daher nicht vom Wirtsorganismus assimilieren. Dies liegt auch nicht in der Absicht des fremden Seelenbewusstseins, das ja bestrebt ist, die Individualität um jeden Preis aufrechtzuerhalten.

Es handelt sich in der Regel um willensstarke Persönlichkeiten, die sich dem normal stattfindenden Entwicklungsgang widersetzen.

Sie bilden daher einen Fremdkörper im Wirtsorganismus, den sie beeinflussen und auch schädigen können. Ein starkes Ego-Bewusstsein ist eine Präsenz, die sich durchaus immer wieder - auch in störender Weise - bemerkbar machen kann. Manche sind davon überzeugt, eine Aufgabe zu erfüllen, wenn sie sich mit einem menschlichen Bewusstsein verbinden. Manchmal geschieht dies aus falsch verstandener Fürsorge, wenn es sich um Hilfsbedürftige handelt oder um Kinder, denen man zur Seite stehen möchte.

Andere wiederum verfolgen ausschließlich eigennützige Ziele. Allen diesen Seelenbewusstseinen ist gemeinsam, dass sie einen eigenmächtigen Weg beschreiten, mit dem sie sich selbst und anderen keinen Gefallen tun, da diese Entwicklung so nicht vorgesehen ist.

Für die Heiler, die *Clearings* durchführen, wäre es von Belang, die Wesenheiten, mit denen sie zu tun haben, unterscheiden zu lernen, denn nicht jede anwesende Entität ist eine ‚verlorene Seele', die bereit ist, über kurz oder lang ins Licht zu entschweben.

Inbesitznahme

Geisthelfer oder Dämonen?

Die ‚Besetzung' eines geistigen Suchers durch eine intelligente Fremdenergie soll Lernschritte ermöglichen, die ansonsten unterblieben wären. Dem Wesensteil werden Einsichten in Zusammenhänge eröffnet, die ihm sonst verschlossen geblieben wären. Mit Lernen dieser Art ist eine große Chance verbunden. Öffnet sich der Anwärter für die Entwicklung, kann er ungeahnte Höhen erreichen, denn unbegrenzte Möglichkeiten werden ihm eröffnet.

Die Entwicklung findet allerdings unter starkem Druck statt. Der ‚Besetzte' duldet die Fremdenergie in der Regel nicht freiwillig.

Ein ‚Besetzer-Geist' handelt mit Übereinstimmung und im Auftrag hoch entwickelter Geistführer. Das zu erreichende Ziel ist dabei sehr hochgesteckt. Entwicklungsschritte sollen ermöglicht werden, die unter anderen Umständen nicht erreicht würden. Eine Schulung der Persönlichkeit auf allen Ebenen findet statt. Eine besetzende Wesenheit soll den Weg ebnen für geistige Gefilde. Viele spirituelle Wanderer haben noch nicht erkannt, welchen Gefahren sie ausgesetzt wären ohne sie. Sie ‚riegelt' den Organismus weitgehend nach außen ab.

Eine ‚Besetzung' durch ein geistiges Wesen gibt den Betroffenen die Möglichkeit, unmittelbaren Kontakt mit Geistlehrern zu unterhalten. Informationsaustausch und -übermittlung wird auf direktem Wege, ohne Verzerrung, möglich. Der Kandidat hat sich einst für diesen Weg entschieden. Dabei wird niemand gezwungen, Teil einer anderen Wesenheit zu werden. Die Möglichkeit besteht zwar, ist aber nicht geläufig.

Die Besetzung hat die Erfüllung einer begrenzten Aufgabe zum Inhalt, ist also nur vorübergehend. Nach Beendigung des Arbeitsbündnisses löst sich der ‚Besetzer-Geist' wieder aus dem Verband. Der Proband ist nun frei, eigene Wege zu gehen oder sich geistig weiterzuentwickeln. Immer hat er hinzugewonnen, in mehrfacher Hinsicht.

Der sogenannte ‚Besetzer-Geist' ist nämlich eine hoch qualifizierte Wesenheit, die versucht, ihren Gastgeber von ihrem Wissen profitieren zu lassen. Nach Beendigung der Mission, wenn er seine Aufgabe als beendet ansieht, zieht sich der Geistlehrer zurück. Er wird gehen, sobald der Schüler in der Lage ist, selbstbestimmt seinen Weg fortzusetzen. Der Lehrer bemüht sich, ihn auf die Entscheidung vorzubereiten, bis er frei genug ist, eine Wahl zwischen den verschiedenen Möglichkeiten der Existenz zu treffen.

Die Verbindung eines Menschen mit einem Geistwesen erfolgt zu beiderseitigem Nutzen. Beide lernen aus der Verbindung, die unter der Aufsicht höherer Geistlehrer steht. Das Zusammensein wird aus unterschiedlichen Gründen begünstigt, denn die möglichen Lernprozesse sind vielfältig. Ein Zweck kann darin liegen, den Einflüssen des Unterbewusstseins zu begegnen und unterscheiden zu lernen zwischen förderlichen und destruktiven Einflüssen. Sich abgrenzen können von negativen Einflüsterungen ist ein essentieller Lernschritt auf dem Weg zu geistiger Freiheit; Versuchungen standzuhalten ein weiterer.

Die Wanderer auf dem spirituellen Pfad sind unterschiedlich motiviert. Es gilt, diese Motivationen sichtbar zu machen. Der Helfer ist ein Teil des Planes zu seiner Unterstützung. Sein Einfluss soll eine Stabilisierung der Energien bewirken, was ohne ihn weitaus schwerer zu erreichen wäre. Verbindungen mit Geistwesen können zudem psychischen Erkrankungen und geistigem Verfall vorbeugen. Die Verbindung wird gelöst, wenn sie für eine Seite Nachteile mit sich bringt oder beide Seiten nicht mehr profitieren können.

Die Energien des Geistlehrers haben die Aufgabe, den geistigen Schüler auf seinem Weg ins Licht vorzubereiten.

Viele können das leider nicht so empfinden, denn sie fühlen sich fortwährend bedrängt

Die sie bedrängenden Energien sind ein Teil des Lichts. Diese Information sollte das Verstehen erleichtern. Die geistigen Mächte kommen aus Welten, die sich von der bekannten Realität weitgehend unterscheiden. Daher ist es problematisch, ihr Sein vollkommen zu erfassen. Energiewesen von ihrer Art sind flüchtig, und dennoch stabil. Ihr Umfang ist von unermesslicher Weite.

Auch diejenigen geistigen Helfer, die gemeinhin als ‚Dämonen' bezeichnet werden und sehr unbeliebt sind, üben eine wichtige Funktion aus. Sie konfrontieren den Probanden mit seinen Ängsten und

Schwächen, die ihn an einer Fortentwicklung hindern. Es sind in der Regel ebenfalls noch in der Entwicklung befindliche Wesen, die in wechselseitigem Kontakt dazulernen. Für die Helfer ist es keineswegs angenehm, strikt gegen einen Übenden vorzugehen, denn auch für sie ist es eine ‚Strapaze'.

Der Proband kann die Verantwortung für seine Haltungen und Denkweisen nicht an die Geisthelfer abgeben. Ihre Bemühungen zielen darauf ab, ihm die Irrtümer vor Augen zu führen, die seine Weiterentwicklung behindern. Sobald der Zweck erfüllt ist, lassen sie davon ab. Als erstes sollte der Anwärter lernen, nicht auf die sogenannten ‚negative Energien' zu reagieren. Die Geistwesen erscheinen ihm nur deshalb als bedrohlich, weil er seine negativen Vorstellungen und Emotionen auf sie projiziert und bei ihnen entsprechende Gegenreaktionen hervorruft.

Manche Jünger erkennen nicht in ausreichendem Maße den Unterschied zwischen Energiewesen mit niedriger Schwingung, die ihn benutzen, und Geisthelfern, die ihm durchweg freundlich gesinnt sind. Die mangelnde Unterscheidungsfähigkeit resultiert oft aus einer Verstrickung mit der materiellen Ebene.

Geistige Helfer grenzen sich in erster Linie in der Schwingungsfrequenz von den niedrigen Wesenheiten ab, was verhältnismäßig leicht zu erkennen ist. Der Kontakt mit ihnen ist angenehm; der Proband fühlt sich auch hinterher noch wohl dabei. Sie haben das Bestreben, ihn dem Licht näher zu bringen, entgegen der niederziehenden Gewalt negativ wirkender Kräfte. Wenn er ihnen Vertrauen entgegen bringt, können sie ihn aus der Umklammerung dunkler Mächte befreien. Lediglich eine ablehnende Haltung ihnen gegenüber hindert sie daran, Unterstützung zu gewähren.

Die Schwingungen von Geisthelfer und Schüler weisen ähnliche Muster auf. Gelingt es den geistigen Helfern, einem Suchenden bei seiner spirituellen Weiterentwicklung behilflich zu sein, haben sie damit selbst einen Schritt in ihrer eigenen Entwicklung getan. Sie dürfen über einen Schüler nicht beliebig verfügen. Der Rahmen wird vor Beginn der Schulung festgelegt und darf nicht überschritten werden. Der Proband gibt dazu sein Einverständnis und weiß auf einer unterbewussten Ebene in etwa, worauf er sich einlässt.

Geisthelfer sind durchaus in der Lage, ohne den Schüler zu existieren. Sie können ihm ein Licht sein auf dem Weg. Doch es liegt an ihm, das Licht zu erkennen, das auch in dunklen Zeiten immer bereitgehalten wird. In manchen Fällen können Geistwesen unter gewissen Umständen auch einen Körpertausch vornehmen. Ein sogenanntes *Walk In,* ein Tausch des Körpers, wird äußerst selten als Möglichkeit in Betracht gezogen. Es kommt dann zur Anwendung, wenn ein Adept der geistigen Ebene meint, er habe noch wichtige Aufgaben zu erledigen, die er auf andere Weise nicht bewältigen kann.

In der Regel wird das Einverständnis derjenigen Person eingeholt, die mit dem Leben abgeschlossen hat und sich besondere Vorteile von dem Wechsel verspricht. Der Zugang zur rein geistigen Ebene ist erleichtert, wenn jemand freiwillig seine sterbliche Hülle verlässt, um sie für höhere Zwecke zur Verfügung zu stellen.

Wenn der Jünger lernt, dem Selbst zu vertrauen, ergibt sich alles Weitere daraus. Er lernt die Steuerung seiner Energien sowie die Konzentration auf das Wesentliche. Die persönlichen Fehlhaltungen werden ihm klar vor Augen geführt. Jeder lernt seinen Motivationen entsprechend und soviel, wie ihm begreiflich ist.

Die geistigen Helfer werden den Schüler nach Beendigung seiner Ausbildung verlassen. Der Zeitpunkt hängt von seiner Aufnahmefähigkeit ab. Er trifft zum großen Teil die Entscheidungen selbst, auch wenn ihm dies nicht in vollem Umfang bewusst ist. Sein größeres Selbst ist in der Lage, die Entwicklung zu überschauen und lenkt ihn unsichtbar. Letztendlich geht das gesamte geistig-seelische System des Probanden gestärkt aus der Auseinandersetzung hervor.

Gelingt die Klärung, ist der Weg frei für die Anhebung der Schwingungsrate auf ein rein geistiges Niveau. Somit ist die Entwicklung zum Abschluss gekommen. In dem Moment, wo die geistige Ebene erreicht ist, enden die Beeinträchtigungen und der beteiligte Geisthelfer ist frei, sich anderen Aufgaben zuzuwenden. Wird das Ziel nicht erreicht, bleibt auch der Geisthelfer gebunden und abhängig von den Energien des Probanden. Dieser Zustand kann sich über Jahre hinziehen, in manchen Fällen bis zum Tod.

Hat ein Mensch dagegen die rein geistige Ebene erreicht, sind seine Möglichkeiten weitaus vielfältiger als im erdgebundenen Dasein, denn der Beweglichkeit des Geistes sind kaum Grenzen gesetzt.

Besetzungen durch negative Wesen

Besessenheit ist ein Phänomen des Unterbewusstseins. Ein Mensch ist außerstande, sich fremder Geisteinflüsse zu erwehren. Das Bewusstseinsfeld wird infiltriert von einer fremden Geistenergie, der es mit der Zeit gelingt, große Teile des Bewusstseinsfeldes seinem Einfluss zu unterstellen. Das fremde Bewusstseinsfeld beginnt, das ursprüngliche Bewusstsein zu überlagern. War es dabei bis zu einem gewissen Grad erfolgreich, wird es zunehmend schwierig, eine Distanzierung zu erreichen.

Das Bewusstseinsfeld eines Menschen entspricht einer immerwährenden Energieproduktion, daher ist hier besonders auf die ‚Reinhaltung' zu achten. Ein Bewusstseinsfeld, das fortwährend Schlacken produziert, kann nicht verhindern, mit negativen Energien überschwemmt zu werden. Diese Energien haben das Bestreben, im menschlichen Organismus zu verweilen, indem sie die Stimmungen der Person beeinflussen und sie zu unangemessenem Verhalten provozieren. Haben sie einmal eine gewisse Lebensdauer entwickelt, ist es schwer, sich ihrer wieder zu entledigen. Sie tendieren dazu, sich aus Gründen der Erhaltung der Energie immer wieder bemerkbar zu machen.

Die Energiewesen können auch überdauern in Bewusstseinsfeldern, die ihnen wenig oder gar nicht entsprechen, sofern ihnen anfangs willig Einlass gewährt wird. Hier machen sie sich in unangenehmer Weise bemerkbar, da sie mit dem vorherrschenden Bewusstseinsfeld kollidieren. Die Folge sind vermehrte Spannungszustände und häufige Wutausbrüche. Auf Dauer wird ein Leidensdruck erzeugt, der das seelische Gleichgewicht in Gefahr bringt, bis hin zu psychotischen Zusammenbrüchen.

Die fremden Energieströme verbinden sich mit dem menschlichen Organismus, um von seiner Energie zu profitieren Je enger die Verbindung wird, desto mehr Energie geht verloren.

Die Beeinflussung des ursprünglichen Bewusstseins nimmt zu, was eine Trennung der beiden Bewusstseinsfelder erschwert. Der Betroffene kann die Bindung nach einer Weile nicht mehr ohne weiteres lösen. Hierzu wird er die Hilfe hoch entwickelter Geistwesen benötigt.

Ist es der fremden Wesenheit gelungen, seinen Machtbereich auszuweiten, besteht die Gefahr einer totalen Kontrolle durch das fremde Bewusstseinsfeld. Eine Umkehr scheint nicht mehr möglich. Wird das ursprüngliche Bewusstsein ausgeschaltet, kann es seine Energien nicht mehr für eigene Ziele einsetzen. Der Energiefluss wird seiner Kontrolle entzogen und umgeleitet in eine Richtung, die das fremde Bewusstsein vorgibt.

Ursprünglich war die Verbindung zu beiderseitigem Nutzen angelegt. Dem Probanden wurden Informationen zuteil, die er auf andere Art nicht erhalten hätte. Sofern die Fremdenergie ein gewisses Eigenleben entwickelt, entspricht das nicht dem anfänglichen Plan. Es liegt an jedem selbst, frühzeitig Gegenmaßnahmen zu ergreifen und sich durch Anhebung der Schwingungsfrequenz aus der Verbindung zu lösen.

Trancezustände

Die Bereitwilligkeit mancher Medien, ihren Körper unsichtbaren Wesenheiten zur Verfügung zu stellen, wird in der geistigen Welt durchaus kritisch gesehen. Ein (Voll-)Trancemedium verliert zunehmend die alleinige Einflussnahme auf seinen Organismus. Sind die mit ihm in Verbindung stehenden Geistwesen gutwilliger Natur, resultiert daraus kein gravierender Schaden. Doch nicht immer ist das Verhältnis zwischen übermittelndem Geist und Medium ungetrübt. Dem unsichtbaren Botschafter gelinge es mit der Zeit, seinen Einflussbereich immer weiter auszudehnen. Das kann bis zur Übernahme wichtiger Körperfunktionen durch den Geist gehen, der nun schalten und walten kann, wie es ihm beliebt.

Der arglose Mensch bemerkt zu spät seinen Fehler. Er wird zum Spielball jenseitiger Mächte, die ihn zu Handlungen treiben können, die ihm zutiefst widerstreben. Das unsichtbare Wesen klammert sich an und ‚besetzt' sichtige Funktionen des Organismus. Auch beim Übergang in die jenseitige Welt kann sich das Opfer nicht ohne weiteres befreien von seiner Last, denn das Wesen ist weiterhin bestrebt, die Kontrolle aufrecht zu erhalten.

Es setzt alles daran, mit dem Bewusstsein seines Opfers zu verschmelzen, denn nur so kann es die sofortige Auflösung verhindern. – Ein Bewusstseinsfeld, das in dieser Weise ‚kontaminiert' ist, kann seine Ziele nicht mehr frei wählen. Es wird von fremden Impulsen überschwemmt, die nicht seine eigenen sind.

Im Verlauf einer spirituellen Entwicklung werden die Schutzfunktionen gelockert, um einen Bewusstseinsprozess in Gang zu setzen, doch sollte sich jeder Einzelne gut überlegen, wem er sich öffnet und wie weit die Einflussnahme gehen soll, die jenseitigen Mächten gestattet ist. Die mediale Tätigkeit sollte allenfalls als Übergang betrachtet werden zu höherem Bewusstsein. Sie sollte die Psyche nicht an Wesen aus dem Astralreich binden, die sie hinabziehen und einem Aufstieg im Wege stehen.

Verschmelzung mit Wesenheiten

Eine Person, die sich aus freien Stücken Wesenheiten öffnet, die von ihrer Energie profitieren, schafft hierdurch Abhängigkeiten. Die Abhängigkeit kann wechselseitig sein, sofern beide Seiten einen Nutzen aus der Verbindung ziehen. Menschen, die mit dieser Art von Wesen in Beziehung treten, sind sehr an einem Kontakt zur geistigen Welt interessiert. Sie nehmen billigend in Kauf, dass aus dem Kontakt eine enge Verbindung entsteht, die in einigen Fällen unlösbar wird.

Hat die geistige Wesenheit erst einmal erkannt, wie leicht sich ein Mensch täuschen lässt, dann nutzt sie dieses weidlich aus. Das Täuschungsmanöver kann so weit gehen, dass der Geist selbst daran zu glauben beginnt. Hier kommt es zu einer *folie à deux*. Der in Abhängigkeit geratene Geist sucht nach einer Möglichkeit, seine Form unter allen Umständen zu wahren. Ein intensiver Kontakt erlaubt eine immer weiter gehendere Annäherung.

Die Wesenheit verschmilzt in einigen Fällen völlig mit dem Menschen und macht sich dessen Angewohnheiten zu eigen, bis sich die Unterschiede verwischen. Die Verschmelzung eines Geistwesens mit einem Menschen ist nicht von vornherein beabsichtigt. Eine derartige Verbindung hört auch nach dem Tod nicht auf.

Welchen Nutzen und welche Nachteile bringt eine solche Verbindung mit sich?

Der Nutzen wurde schon genannt, da der Mensch das Geistwesen mit Energie versorgt. Dieses hingegen stillt auf geschickte Weise die Neugier des Menschen auf alles, was mit der geistigen Welt zusammenhängt. Hierbei kann es zu einem sehr fruchtbaren Austausch kommen.

Der Nachteil wird aber ebenfalls deutlich: Der Geist hält den Menschen umklammert, und auch nach dessen Tod löst sich die Verbindung nicht. Es ergeben sich schwerwiegende Konflikte, da der Mensch zum ersten Mal in aller Deutlichkeit seine Abhängigkeit erkennt. All' sein Bitten und verzweifeltes Flehen wird ihm dann nicht weiterhelfen. Der Geist ist nicht an einer Loslösung interessiert, da sonst seine Fortexistenz in Gefahr wäre.

In vielen Fällen kommt es allerdings zu einem Eingreifen seitens der höheren Geistebenen, sofern sich der Betroffene mangels Wissen in die Abhängigkeit gebracht hat und die Verbindung nicht schädlichen oder selbstsüchtigen Zwecken diente.

Treffen die Versuche der Wesenheit auf fruchtbaren Boden, dann neigt sie dazu, ihrem ‚Wirt' Angst einzujagen. Starke Ängste können ein festes Band zwischen Geistwesen und Mensch erzeugen. Je häufiger dieser intensive Angstzustände durchlebt, desto fester umklammert ihn der Geist. Dann sind selbst die Bemühungen höherer Geistebenen oft vergeblich. Auch stetige, fast ununterbrochene Kontaktaufnahme dient dem gleichen Ziel.

Ist eine Verschmelzung erfolgt, löst sich die Abhängigkeit des Wesens, da es zur Ebene des Wirts aufgestiegen ist. Dieser hat es als seinesgleichen akzeptiert, weshalb keine weiteren Nachteile damit verbunden sind. In problematischen Fällen hingegen bleibt die Abhängigkeit des Geistwesens erhalten und damit auch dessen Bemühungen um Aufmerksamkeit seitens des Menschen, in welcher Form auch immer.

Reinkarnation

Kann sich ein Mensch weder im Diesseits noch im Zwischenreich von der Umklammerung durch ein Wesen der Astralebene – von dort kommt das Geistwesen in der Regel – befreien, dann droht ihm ein wahrhaft trauriges Schicksal. Häufig kommt es in einer erneuten Inkarnation zu spontanen Übergriffen seitens des Geistwesens bereits im Kindesalter, was sich in unkontrollierten Tobsuchtsanfällen oder in vehementer Zerstörungssucht äußern kann. Abartiges Verhalten aller Schattierungen kann aus einer solchen ungewollten Verbindung entstehen.

Auch geringere Abweichungen von der Norm kommen vor, wie z.B.: häufiges Bettnässen, Einkoten, Quälsucht. Die Entstehungsursachen derartigen Fehlverhaltens können allerdings sehr unterschiedlich sein. Therapeuten stehen meist vor einem Rätsel, da alle Versuche, helfend einzugreifen, fehlschlagen.

Gemeinsam ist den Fällen die Uneinsichtigkeit der Verhaltensweisen dieser Kinder. Nichts deutet auf eine Ursache hin, die ihr Verhalten auch nur annähernd erklären würde. Die Kinder stehen unter einem starken seelischen Druck, den sie sich selbst nicht erklären können. Ihre mangelnde Fähigkeit zu kontrolliertem Verhalten verunsichert und ängstigt sie. Sie geraten bald ins Abseits, was ihr Leiden noch verschlimmert.

Ein therapeutisches Eingreifen ist, wie bereits angedeutet, nicht einfach, selbst in Fällen, wo ein für derartige Probleme aufgeschlossener Therapeut die Zusammenhänge ahnt. Aufgeklärte Therapeuten oder auch sonstige Bezugspersonen, welche die Hilfe der geistigen Welt hinzuziehen, haben am ehesten die Möglichkeit, das Übel an der Wurzel zu fassen. Seitens der geistigen Welt ist immer die Bereitschaft vorhanden, auf erstgemeinte Bitten hin handelnd einzugreifen.

Die Anwesenheit eines fremden Geistwesens in einem Organismus soll den Betreffenden letzten Endes den Wert der Unabhängigkeit erkennen lassen. Die Neigung, in psychische Abhängigkeit zu geraten, hindert manchen bei seinem Werdegang. Nur wenn er den Wert völliger Unabhängigkeit ermessen kann, ist er frei, seinen eigenen Weg zu wählen. Auch sein Wahrnehmungsvermögen verbessert sich grundlegend. – Am Ende des Weges wird er den Wert dieser belastenden Erfahrungen erkennen können.

Schutz vor dunklen Energien

Jeder spirituelle Wanderer ist gefordert, die Mittel und Wege, die seinem Schutz dienlich sind, selbst zu entdecken und gewisse Regeln einzuhalten. Hierzu gehört es, keinen leichtfertigen Umgang mit der Geisterwelt zu pflegen, sowie den geistigen Helfern mit Respekt und

Hochachtung zu begegnen. Sie haben es nicht gern, wenn sie geringschätzt oder verlacht werden.

Die Mächte des Lichts sind nur in dem Maße hilfreich, wie sich jemand an ihnen orientiert. Versagt der Jünger, dann drohen ihm Missgeschick und Untergang. Doch er ist den bedrohlichen Einflüssen nicht schutzlos ausgeliefert. Sie sind nur so mächtig, wie er ihnen zubilligt. Die Verbindung mit einem geistigen Lehrer kann einen Schüler zudem weitgehend vor einem Teil der gröbsten Gefährdungen abschirmen.

Dennoch ist die Sorge im Hinblick auf dunkle Energiewesen nicht unbegründet. Die ‚Schule des Lebens' sollte den Geistesschüler bereits einiges gelehrt haben. Nicht ohne Grund werden zweifelhafte Verbindungen im menschlichen Lebensumfeld mit einer kritischen Einstellung bedacht. Vieles, was im mitmenschlichen Bereich geschieht, kann übertragen werden auf die Prozesse, die im Geistigen von Bedeutung sind.

Jeder Kandidat ist für sein Schicksal selbst verantwortlich, da ihm ja ein angemessener Lernbereich zur Verfügung steht. Die geistigen Ebenen unterscheiden sich keineswegs von der Lebensschule, wo ja auch das Übernehmen von Eigenverantwortung ein wichtiger Teil des Lernprozesses ist.

Die Vorbedingung einer Existenz auf der geistigen Ebene ist die Zurückweisung fremder Energieströme, die den Organismus zu überfluten drohen. Der spirituelle Jünger muss in der Lage sein, sich klar von ihnen abzugrenzen, da er ansonsten dort nicht als eigenständiges Selbst existieren kann. Die Probleme, die ihn auf der Geistebene erwarten, haben ihre Entsprechung in seinen gegenwärtigen Schwierigkeiten.

Negative Energien sind wie Wolken, die den Strahl des Lichts verdecken und die Helligkeit nicht hindurch lassen. Wenn man ihnen keine Beachtung schenkt, werden sie weiterziehen und die Sicht wird wieder klar. Es sind mächtige Energien, die ein Mensch durch seine eigenen Gedankeninhalte anzieht und festhält. Am günstigsten ist eine entspannte Haltung heiterer Ruhe und Gelassenheit, um ihnen zu entgehen.

Sind die Energien erst einmal aktiviert, ist es nicht so leicht, wieder Distanz zu gewinnen. Der Jünger sollte von vornherein nicht bereit sein, sie in seine psychische Struktur eindringen zu lassen und sich mit ihnen zu verbünden. Nur so kann er verhindern, dass sie sich festsetzen und ihn auf ihre Seite zu ziehen versuchen. Doch er ist kein Spielball fremder Mächte, wie es ihm vielleicht scheint. Oft hat er noch nicht gelernt, zwischen den negativen und positiven Energien zu unterscheiden. *Er sollte immer berücksichtigen, dass die Kräfte des Kosmos aufbauende und zerstörende sind.*

Mit der Zeit wird er lernen, eine subtile Unterscheidung zu treffen. Der Filter befindet sich in seinem Herzen und in seinem Sinn. Es ist die Qualität des Denkens, die jemanden vor unerwünschten Energien schützt.

Auch ein infiltriertes Bewusstseinsfeld ist durchaus in der Lage, geeignete Gegenmaßnahmen zu ergreifen. Zur Abwehr artfremder Energien empfehlen sich verschiedene Möglichkeiten:

- Das ursprüngliche Bewusstsein hat die Möglichkeit, sich hilfesuchend an sein höheres Selbst zu wenden.
- Ein bedrängtes Individuum kann Traumbotschaften erbitten, die ihm eine Lösung aufzeigen.
- Auch die Möglichkeit der Gegenwehr durch ‚Gegenzauber' ist vorhanden, setzt allerdings die Kenntnis derartiger Praktiken voraus.
- Gedankliche Abstinenz in Bezug auf fremde Energiewesen und Hinwendung zu höheren geistigen Mächten ist ebenfalls hilfreich.
- Völliges Ignorieren der Fremdenergien kann als das wirksamste aller Mittel angesehen werden.

Die Fremdenergien lassen sich, indem man sie ignoriert, zumindest auf Abstand halten. Doch es wird erst dann gelingen, sich ganz von ihnen zu lösen, wenn dieser Teil der Entwicklung bewältigt ist, d.h. wenn es dem Jünger gelungen ist zu ergründen, welche Entwicklungsschritte er bisher übersehen hat.

Jemand, der sich von fremden Energieströmen distanzieren will, kann sie nicht mit Mitteln bekämpfen, die ihnen nichts anhaben können. Energiewesen wie diese haben kein moralisches Verständnis. Sie benutzen daher jede günstige Gelegenheit, die sich ihnen bietet. Andererseits können sie als Katalysator für die geistige Entwicklung von Nutzen sein. Indem der Jünger mit ihnen ringt, findet er Mittel und Wege, sie in Zukunft von sich fernzuhalten. Dabei kann *Nicht-Beachtung* sehr günstige Auswirkungen haben, falls es ihm auf Dauer gelingt, die innere Distanz zu wahren. Auch Konzentrationsübungen *zeig*en Teilerfolge.

Kann sich jemand aus der Umklammerung durch dunkle Wesenheiten befreien?

♦ Zuerst sollte er lernen, seine Konzentrationsfähigkeit zu entwickeln, denn nur ein fokussierter Geist ist imstande, hilfreiche Kräfte anzuziehen.
♦ Als zweiten Schritt ist es notwendig, das Energieniveau zu erhöhen, um angreifenden Kräften weniger Angriffsfläche zu bieten. Hilfreich sind hierbei entsprechende Meditationen und eine harmonische Gemütsverfassung.
♦ Die dritte Voraussetzung ist die Abwesenheit von ablehnenden Reaktionen, von Rachsucht und Trotz, die einer Weiterentwicklung im Wege stehen. Sie sind auf dem geistigen Weg häufig anzutreffen, da die Gefühlstiefen des Probanden ausgelotet werden.
♦ Ein weiteres Merkmal der geistigen Entwicklung darf nicht vernachlässigt werden: Die Fähigkeit zu Trancezuständen ist ein zweischneidiges Schwert, denn sie birgt Gefahren, die allgemein zuwenig beachtet werden. In der Trance kann ein Medium in Verbindung mit hohen geistigen Sphären kommen, doch auch die gegenteilige Verbindung ist möglich: Ungewollt findet ein Kontakt mit Mächten, die auf den eigenen Vorteil bedacht sind, statt. Ihnen ist daran gelegen,

aus Gründen des Eigennutzes das Vertrauen eines Mediums zu gewinnen.

Die Wesen sind daran interessiert, die Energie eines Menschen anzuzapfen und diese für eigene Zwecke zu missbrauchen. Daher suchen sie sich Individuen aus, die eine gewisse Bereitschaft erkennen lassen und über ein ausreichendes Energie-Potential verfügen.

Ist es ihnen gelungen, die Verbindung aufzunehmen, können sie mit der Zeit Einfluss auf Denken und Wollen des Probanden nehmen. Dies kann so weit gehen, dass jeder kleinste Handgriff vorgeschrieben wird und der Mensch an jeder eigenen Entscheidungsfindung gehindert wird.

Das probate Mittel in diesem Fall kann nur in einer strikten Abkehr von bisherigen Überzeugungen bestehen, die einen derartigen Einfluss ermöglichen. Die Änderung der Glaubenssätze kann dann dazu führen, den eigenen Einflussbereich nach und nach zu vergrößern, um letztlich die Autonomie zurückzugewinnen.

Ist die Umklammerung durch ein Wesen schon sehr weit fortgeschritten, wird die Hilfe geistiger Mächte notwendig, die in der Lage sind, der Einflussnahme mit adäquaten Mitteln zu begegnen. Immer stehen Helfer bereit, um geeignete Maßnahmen zu ergreifen und dem Opfer in seiner Misere beizustehen.

In manchen Fällen gestaltet sich eine Befreiung allerdings schwierig, da das Opfer seine Zwangslage sehr spät erkannt hat. Doch auch hier ist die Lage nicht aussichtslos. Niemand sollte seinen Mut verlieren und die Hoffnung auf Verbesserung aufgeben, denn diese Haltung kommt den feindlichen Mächten entgegen. Ein Mensch, der die Hoffnung bewahrt, ist auf dem richtigen Weg. Er wird Mittel und Wege finden, den Kontakt mit den höheren Geistebenen aufzunehmen.

Zu den Voraussetzungen, um sich aus unerwünschten Verbindungen zu lösen, gehört die Aufgabe eigennütziger Ziele, die einer spirituellen Entwicklung im Wege stehen. Hilfe wird nur denen zuteil, die entsprechende Voraussetzungen mitbringen. Dazu gehören die Abkehr von der Materie und die Hinwendung zu geistigen Zielen. Ein Mensch mit ausgesprochen materiellen Interessen ist nicht reif für den spirituellen Weg. In diesem Fall ist Hilfe aus der geistigen Welt nur bedingt möglich.

Hilfe aus der geistigen Welt ist lediglich unter bestimmten Voraussetzungen möglich. Eine negative Grundhaltung ist ein Hindernis. Engstirnigkeit bringt einen Menschen in eine Situation, in der er stagniert. Es fehlt oft die Bereitschaft, die notwendigen Schritte zu unternehmen, um die Situation zu verändern.

Eine Person, die sich geistige Hilfen erhofft, ist gehalten, ihren Mitmenschen mit der gleichen Großzügigkeit zu begegnen, die sie sich erwünscht. Nur dann wird sie Erfolg in dem Bemühen haben, die Unterstützung gewährt zu bekommen, um die sie bittet. Ein gerechtes Geben und Nehmen ist Teil des Strebens nach geistiger Entfaltung. Die Hinwendung zu den geistigen Ebenen könnte sie in einem relativ kurzen Zeitraum von den Belästigungen, unter denen sie leidet, befreien.

Es ist absehbar, dass die mit dem Jünger in Kontakt stehenden Energien versuchen werden, seine Befreiungsbemühungen zu hintertreiben, indem sie sein Denken negativ beeinflussen. Ein vorübergehender Rückschritt wäre zwar bedauerlich, doch der psychische Eigenanteil erfährt eine zunehmende Stärkung, wodurch mit der Zeit eine Distanzierung eintritt. Die eigenen Bewusstseinsinhalte beginnen, die fremden zu überlagern, was zu deren Schwächung führt. Auf Dauer kann das Fremdbewusstsein den Kontakt nicht halten.

In solch einem Fall sollte die Konzentration auf das Licht verstärkt werden, da es eine Erfolg versprechende Möglichkeit bietet, sich auf immer von den lästigen, auf Kosten des Probanden existierenden Energien zu befreien. Der Kampf kann zu seinen Gunsten entschieden werden. Die dunklen Energien können ihm nichts anhaben, wenn er ihnen keine allzu große Bedeutung beimisst. Er sollte sich dessen bewusst sein, dass er sie selbst durch ähnliche Schwingungsmuster herbeigezogen hat. Ein fremdes Geistwesen ist nur so lange mächtig, wie ihm gebührend Aufmerksamkeit zuteil wird. Gelingt es dem ursprünglichen Bewusstsein, die Aufmerksamkeit permanent auf andere Inhalte zu richten, kann das Fremdbewusstsein wenig ausrichten.

Die Aufwärtsentwicklung beinhaltet Prozesse, denen nicht jeder folgen kann. Daher ist ein Mindestmaß an Vertrauen notwendig, damit die Entwicklung für alle Beteiligten zu einem Gewinn wird. Die geistigen Helfer suchen nach Möglichkeiten, die Probanden auf ihrem Weg zu unterstützen, doch dies wird erschwert durch eine grundsätzliche Haltung des Misstrauens und der Konfrontation. Sie versuchen, den Jüngern zu helfen, ihrem irdischen Gefängnis zu entfliehen, doch manche wehren sich mit allen Mitteln dagegen. Die Helfer können einem Betroffenen nur dann beistehen, wenn er auch bereit ist zur Selbsthilfe. Seine Möglichkeiten, mit der Situation fertig zu werden, sind überaus zahlreich.

Doch wenn es einem Menschen gelänge, die unerwünschten Energien vollständig fernzuhalten, würde er sich gleichzeitig von jeglicher Energie isolieren. Er ist aber auf den Kontakt mit diesen Energien angewiesen, denn sie sind die Lebenskraft, die ihn erhält und ihn täglich aufs Neue mit Energie versorgt. Ein absoluter Schutz ist also weder möglich noch wünschenswert. Sinnvoll dagegen wäre eine Abschirmung vor extrem negativen Energiewesen, die ihm Schaden zufügen können, ein Filter sozusagen, der nur Energien durchlässt, die seinen eigenen entsprechen.

Mit der Zeit wird der spirituelle Wanderer lernen, die negativen Energiewesen zu erkennen und auf Abstand zu halten. Ihm wird auch klar werden, wodurch er sie anzieht und zur Auswirkung bringt. Das wird ihm die Mittel an die Hand geben, gegen sie anzukämpfen. *Es gibt immer Ausgänge aus dem Labyrinth.*

Die Freigabe ungebetener Energie kann er erreichen, wenn er seine Gedankengänge auf spirituelle Ziele richtet. Der stetig nach oben gewandte Gedankenfluss verhindert das Eindringen niederer Energien und schafft einen Kanal für feinere Energieströme. Diese vermindern die Präsenz ungebetener Energien. Der gesamte Organismus wird auf eine höhere Schwingungsstufe angehoben, was die Anwesenheit niedriger Frequenzen immer schwieriger werden lässt. Die Schwingungsfrequenz ist also in diesem Zusammenhang von entscheidender Bedeutung.

Dem Betroffenen wird die Hilfe höherer Kräfte zuteil, wenn er sich mit ihnen verbindet. Andernfalls wird die unerwünschte Energie weiterhin an seinen Kräften zehren. Sobald er sich entscheidet, den geistigen Weg weiter zu beschreiten, erhält er die Unterstützung, nach der er verlangt.

Fremden Bewusstseinsenergien kommt im eigentlichen Sinn die Aufgabe zu, eine Stärkung des ursprünglichen Bewusstseins zu bewirken. Die Auseinandersetzung mit ihnen führt zu einer Verdichtung von Energien, die den Zusammenhalt fördert. Das Ursprungsbewusstsein hat die Chance, aus den Auseinandersetzungen zu lernen und darüber hinauszuwachsen. Am Ziel des Lernprozesses sollte eine Festigung und Harmonisierung seiner Energien stehen, wodurch es für die nächste Stufe der Entwicklung bereit wird. Eine Schwächung des Bewusstseins erfolgt nur dann, wenn der Lernprozess nicht erfolgreich abgeschlossen werden kann.

Sobald es dem Jünger gelingt, über die betreffende Stufe hinauszuwachsen, werden negative Energien fortan kein Hindernis mehr für ihn darstellen. Sein Bewusstseinsfeld ist in sich abgeschlossen kann nun eigenständig existieren. Es ist in seiner Existenz von niemandem mehr abhängig. Dadurch wird es in die Lage versetzt, autonom über sein weiteres Werden zu bestimmen.

Moderne Technik

Alte Filme

Ein Film aus einem früheren Jahrzehnt bringt das Bewusstsein zurück in die Vergangenheit. Er bewirkt einen – vorübergehenden –

Rückfall in vergangene Zeiten. Verweilt das Bewusstsein häufig an einem anderen Ort, lockert sich das Zeitgefüge, in dem es normalerweise verankert ist. Auch häufiger Fernsehkonsum hat diesen Effekt, da die Filme außerhalb des Rahmens, in dem der Zuschauer lebt, spielen.

Die Konzentration lässt nach und die Gedankengänge werden fahrig, da der Fokus im gegenwärtigen Zeitgefüge immer mehr verschwimmt. Je öfter das Bewusstsein außerhalb des gegenwärtigen Zeitrahmens verweilt, desto unkonzentrierter wird es, da sich die Verankerung in der Gegenwart immer weiter lockert. Das Bewusstseinsfeld verliert seine Festigkeit und die Einheit geht verloren.

Eine Folge der Lockerung ist die Schwächung der Willenskraft, denn zielgerichtetes Denken wird erschwert. Eine intensive Sonneneinstrahlung trägt dazu bei, das ehemals konstante Bewusstseinsfeld immer mehr aufzulösen. Vergesslichkeit und Desorientiertheit sind die Folge der Destabilisierung des Bewusstseinfeldes. Schreitet die Auflösung ungehindert fort, weil ein stabilisierender Faktor fehlt, werden die Auflösungserscheinungen unumkehrbar.

Unangebrachte Aggressivität ist einer der destabilisierenden Faktoren, der die Psyche in ungünstiger Weise beeinflusst. Doch bei weitaus ungünstiger wirkt sich ein ungesteuerter Fernsehkonsum aus, denn eine Vielzahl von Bildern stürmt mit Vehemenz auf die Psyche ein; der innere Halt wird beeinträchtigt. Innere Haltlosigkeit wiederum geht einher mit unkoordinierten seelischen Äußerungen, mit einem Mangel an Zielgerichtetheit.

Ein lockeres Bewusstseinsgefüge zieht alle möglichen Energien der Umgebung an, da der mangelnde Zusammenhalt die Abwehr schwächt. Ein stabiles Bewusstseinsfeld trägt dagegen zur Gesunderhaltung des Organismus bei, denn es verhindert, dass sich fremde Energie-Anteile mit den eigenen vermischen können.

Zur Aufrechterhaltung eines stabilen Bewusstseinsfokus sind regelmäßige Übungen erforderlich, bei denen die Gedanken gebündelt und auf einen Punkt ausgerichtet werden. Die verschwimmenden

Grenzen erhalten wieder Kontur und das Bewusstseinsfeld gewinnt an Festigkeit.

Für Menschen, die eine spirituelle Entwicklung anstreben, ist es ab einem gewissen Zeitpunkt unabdingbar, den Fernsehkonsum stark einzuschränken, denn die feineren, lichtvollen Energieeinheiten vermischen sich andernfalls mit schweren, niederziehenden Energien der Umgebung und verhindern einen geistigen Fortschritt. Der Verlust an Unterhaltung durch mediale Zerstreuung wird aufgewogen durch Erfahrungen, die über das alltägliche Dasein hinausreichen.

Diese Erfahrungen sind nicht einheitlich, denn jeder Mensch geht seinen eigenen, nur für ihn bestimmten Weg mit eigenen Besonderheiten. Daher sind allgemeine Aussagen nicht zulässig und auch nicht zutreffend. Die Erlebnisse, die einem spirituell aufstrebenden Menschen zuteil werden, verändern sich entsprechend seinen Vorlieben und den Inhalten, die ihn interessieren.

Filme auf DVD und Video

Wer glaubt, dass die Beeinträchtigung durch Filme, die auf DVD und Video gespeichert sind, geringfügig sei, der ist im Irrtum. Der Film-Industrie geht es darum, Menschen unter ihren Einfluss zu bringen, sie in ihren Bann zu schlagen. Sich sehr schnell bewegende Bilder passieren die Geist-Hirn-Schranke (mentale Hirnschranke) fast ungehindert, ohne vom individuellen Zensor beachtet zu werden. Dieses ungehinderte Eindringen verursacht Schädigungen in der Geistsphäre; eine Überflutung mit fremden Entitäten findet statt. Oft ist der individuelle Geist überfordert und kann nicht mehr unterscheiden zwischen eigenen und fremden Geistanteilen.

Dies bewirkt auf lange Sicht eine Entfremdung der Persönlichkeit vom eigenen Ich. Die Individualität wird zurückgedrängt bzw. geht verloren. Ein Prozess kommt in Gang, dessen Umkehrbarkeit mit der Zeit immer schwieriger wird. Kann ein Individuum die Bilderflut nicht mehr bewältigen, gerät das Geistfeld in Konfusion; es wird trübe und verliert an Schärfe. Ein ehemals reiner Geist verdunkelt sich auf unabsehbare Zeit.

Ein klares Bewusstsein, das fähig ist zur Unterscheidung zwischen drinnen und draußen, hat den Vorteil, eine unverwechselbare persönliche Identität zu erzeugen und zu bewahren. Geht die Einheit verloren, dann ist die Person nicht mehr genügend in der Lage, zwischen innen und außen zu differenzieren, einen einheitlichen Fokus aufrechtzuerhalten, der ihr zeigt, wo die Grenzen sind, wo sie aufhört und das andere beginnt.

Sobald die Grenzen der Persönlichkeit verwischen, kommt es zu Spaltungen des individuellen Bewusstseins, das die eigenen Anteile nicht mehr genügend wahrnehmen kann. Bewusstseinsteile spalten sich ab und verbinden sich mit Teilen außerhalb der Persönlichkeit. Es kommt zu einer Vereinheitlichung mit außer-persönlichem Bewusstsein, die weder gewollt noch bereichernd ist, da die Zusammenfügung der Bewusstseinsteile willkürlich erfolgt und somit keiner persönlichen Kontrolle unterliegt.

Ein Bewusstseinskarussel kommt in Gang, das auch die eigenen Energien in Mitleidenschaft zieht. Die Teile, die nach außen streben, enthalten einen Teil der individuellen Energie, die sie mit sich führen. Es kommt zu Zusammenschlüssen mit fremder Energie, wodurch die eigene Energie gebunden wird. Solche Zusammenschlüsse sind nicht ungefährlich, denn sie enthalten ein Potential zur Selbstzerstörung.

Energien, die auf diese Weise verloren gehen, werden nicht ersetzt. Es kommt zu Fluktuationen des Bewusstseins, das in seiner Tiefendimension gestört wird. Teile des Bewusstseins gehen eigene Wege, womit das Tiefenbewusstsein überfordert ist, denn es fehlt ihm das Verständnis für diesen Vorgang.

Die Gefahr einer ungehemmten Ausbreitung des Bewusstseinsfeldes, von dem Individuum anfänglich kaum bemerkt, ist gegeben. Doch mit der Zeit kommt es zu Irritationen. Bewusstseinsfetzen dringen in das Bewusstsein vor, die eigentlich dort nicht hingehören.

Ein Mensch verliert seine Eigenständigkeit, wenn er von fremden Bewusstseinsteilen infiltriert wird. Das fremde Bewusstsein neigt zur Verdichtung, denn es ist sich auf einer tieferen Ebene seiner Rolle bewusst.

Hat das fremde Bewusstsein gelernt, sich anzupassen, dann ist es für das Individuum kaum noch wahrnehmbar. Es bildet eine ‚Enklave', einen ‚Staat im Staate', der sich den Beschlüssen der Persönlichkeit ggf. widersetzt. Die freie Entscheidungsfähigkeit des individuellen Bewusstseinsfeldes ist somit eingeschränkt. Konfrontationen finden statt, Auseinandersetzungen, die es ohne die Infiltration nicht gäbe. Der Kern der Persönlichkeit wird angegriffen und schlimmstenfalls seiner Eigenständigkeit beraubt.

Ein individuelles Bewusstsein, welches seine Grenzen nicht aufrechterhalten kann, versinkt in Lethargie, wenn dem Prozess nicht Einhalt geboten wird. Die Persönlichkeitsentwicklung stagniert, denn das innere Bewusstsein kann seine Steuerung nicht aufrechterhalten.

Ein Schutz gegen diese Entwicklung ist kaum möglich, es sei denn, die Bilderflut wird eingedämmt und das Bewusstsein wieder in normale Bahnen gelenkt. Ein Zeitraum von ca. ½ Jahr ist erforderlich, um den Persönlichkeitskern wieder zu stabilisieren. Einen Schutz gibt es auch deshalb nicht, weil die Infiltrierung auf subtile, kaum merkliche Weise vor sich geht.

Schädliche Bildschirmstrahlung

Vom TV-Bildschirm gehen unsichtbare Strahlen aus, die den Zuschauer negativ beeinflussen. Für den Fernsehkonsum ist ein klares, gegenwärtiges Bewusstsein die Voraussetzung. Während der Fernseher läuft, sollte der Zuschauer sich durch nichts ablenken lassen, dann kann sich die destruktive Wirkung weit weniger entfalten. Nur im Zustand der Unkonzentriertheit können die Energiestrahlen ungehindert vordringen und das menschliche System infiltrieren. Ist das Bewusstsein nicht ganz bei sich, wird der Organismus massiv infiltriert von Strahlen, die destruktive Wirkungen entfalten können. Diese Wirkungen sind bislang wenig oder gar nicht erforscht, doch sensitive Menschen spüren sie und leiden entsprechend darunter.

Der Solarplexus ist eine sensible Zone, wo die Strahlen bei Unaufmerksamkeit ungehindert eindringen können. Dieses Problem zu erkennen reicht aber noch nicht aus, sondern wichtig ist es, Maßnahmen zur Vorbeugung zu ergreifen. Es gibt verschiedene Möglichkeiten, sich zu schützen. Dieser Schutz ist besonders notwendig, wenn die Aura instabil ist.

▶ Um die Bildschirmstrahlen abzuschwächen ist es vorteilhaft, ein Glas Wasser in die Nähe zu platzieren. Wasser sammelt die Strahlen wie ein Brennglas und lenkt sie somit ab. Diese Funktion ist allerdings nur dann wirksam, wenn sich das Glas in einer Linie mit dem Zuschauer befindet.

▶ Eine weitere Möglichkeit ist das Anbringen einer Schutzvorrichtung, welche die Strahlen auffängt. Hier kommen verschiedene Materialien infrage: Ein Kristall, in die Nähe des Bildschirms gehängt, absorbiert einen großen Teil der Strahlen.

▶ Den Bildschirm mit Seide abzudecken ist ebenfalls eine Möglichkeit, die Strahlen teilweise abzufangen.

▶ Am besten gelingt das Umleiten der Strahlen mit einem Becher Salz, direkt vor dem Bildschirm platziert. Salz hat bekanntlich eine reinigende Wirkung und ist imstande, nicht nur sichtbaren Schmutz zu reinigen, sondern ebenso unsichtbare Verunreinigungen aufzufangen, zu absorbieren und umzuwandeln. Diese Anwendungsmöglichkeit ist leider wenig bekannt und wird noch weniger angewendet. Salz kann den Solarplexus mehr schützen als alles andere. Es sollte möglichst frei von chemischen Verunreinigungen sein und eine feste Konsistenz besitzen, denn nur der Salzblock ist in der Lage, die Energie abzufangen und festzuhalten. Streusalz besitzt diese Eigenschaften in ungleich geringerem Maße.

Einen Salzblock herzustellen, ist nicht sehr schwierig; da das Salz sehr leicht seine Struktur verändern kann. Es nimmt Feuchtigkeit auf und bindet sie. Ein wenig klares Leitungswasser dürfte genügen, um das Salz zu einem Block zusammen zu schmelzen. Das überschüssige Wasser wird abgegossen; das Salz wird getrocknet. Ein Salzkristall vollbringt wahre Wunder im Auffangen und Umwandeln negativer Energien.

Hat eine Infiltration einmal stattgefunden, dann helfen Warmwasserduschen, um den Einfluss abzuschwächen, sowie strikte Enthaltung vom Fernsehkonsum. Auch das Sonnenbaden mindert den Einfluss beträchtlich.

Infiltration mit artfremder Energie

Häufiger Fernsehkonsum ist das Mittel, Systeme mit artfremder Energie zu infiltrieren und Zerstörungen zu bewirken. Es geht um einen Eroberungsfeldzug größten Ausmaßes, der Menschen dazu bringen soll, sich mit artfremder Energie zu verbinden und ihr letztendlich das Terrain zu überlassen.

Der Plan ist äußerst durchtrieben und geschickt. Er stößt bislang auf wenig Gegenwehr, da den Menschen nicht klar ist, was vor sich geht. Der TV-Konsum schadet nämlich nicht nur dem feinstofflichen Kleid, sondern auch dem physischen Körper, der ja auf die Signale aus dem Feinstofflichen angewiesen ist. Die Signale werden mit der Zeit immer verwirrender und chaotischer, so dass Fehlfunktionen im physiologischen Bereich die unvermeidbare Folge sind.

Die Infiltration erfolgt in einer Weise, die das körpereigene Abwehrsystem umgeht. Es ist nicht in der Lage, zu reagieren und entsprechende Schutzmaßnahmen zu ergreifen. Der körperliche Gesundheitszustand wird bei häufigem Fernsehkonsum immer desolater und anfällig für alle möglichen Infektionen und negativen Einflüsse. Die Menschen werden sozusagen ‚neu programmiert', ohne auch nur im Geringsten zu ahnen, was vor sich geht. Diese Programmierung gereicht ihnen aber durchweg zum Schaden, denn die Psyche und die körperliche Gesundheit werden bedroht.

Es kommt nicht nur zu mentalen Ausfällen, vorübergehenden Bewusstseins-Verlusten, sondern auch zu feinmotorischen Störungen, zu Bewegungs- und Sehstörungen. Das gesamte Körpersystem gerät in Aufruhr, denn es ist sich auf einer gewissen Ebene der Probleme bewusst, sieht sich aber nicht imstande, etwas dagegen zu unternehmen.

Die Urheber des Programms sind mächtige Wesenheiten, denen es darum geht, eine Vormachtstellung auf der Erde zu erreichen. Sie infiltrieren jedes System soweit wie irgend möglich, um dann in einem gegebenen Augenblick die Kontrolle zu übernehmen. Diese ‚feindliche Übernahme' erfolgt nach und nach, fast unmerklich für die Betroffenen. Sie werden ‚ausgebootet', ihre Psyche wird zurückgedrängt, um einem anderen, fremden Bewusstsein den Platz zu überlassen.

Existieren auch positive Aspekte dieses Bewusstseinswandels?

Das menschliche Bewusstsein wird verwandelt in ein anderes, das nicht es selbst ist. Dieser Umstand weist auf die Art des Bewusstseins hin, von dem es übernommen wird. Bewusstsein wird manipulierbar von Mächten, die es nicht kennt und die mit konspirativer Heimlichkeit zu Werke gehen. Die Seelenenergie wird gefangen in einer riesigen Datei, der sie nicht entfliehen kann. Sie erleidet enorme Einbußen, da ihr Erfahrungshorizont begrenzt wird. Diese Art der Erfahrungen hat mit dem menschlichen Dasein nichts mehr gemein.

Die heimtückische Vorgehensweise verhindert eine angemessene Gegenwehr, weshalb sich der Menschheit kaum Chancen bieten, zu entkommen. Diejenigen Menschen, die sich dem Fernsehkonsum entziehen - derer sind es nicht allzu viele -, werden den Abstieg der Menschheit kaum verhindern können.

Maschinenwesen waren im ursprünglichen Plan nicht vorgesehen! Die Menschheit wird mit der Zeit auf ein Niveau absinken, das zuvor unvorstellbar schien. Ein Sklavendasein im Cyberspace ist den natürlichen Vorgängen in keiner Weise überlegen.

Haben PCs nicht ähnliche Auswirkungen?

Ein PC sondert anders geartete Strahlungen ab. Diese befinden sich zwar ebenfalls im elektromagnetischen Spektrum (Feld), doch ist die Beeinflussung bei weitem nicht so nachhaltig und destruktiv. Der PC-Bildschirm hat den Vorteil, dass er negativ geladene Teilchen (Ionen) aussendet, welche das Körpersystem nur geringfügig angreifen. PCs sind als Instrumente geeignet, Arbeitsvorgänge zu erleichtern und abzukürzen, dennoch findet auch hier ein unmerklicher Einfluss statt, der nicht unterschätzt werden darf.

PCs senden Strahlungen ab, die das Bewusstseins-Feld durchdringen und wieder verlassen. Die Schädlichkeit ist nicht in gleicher Weise gegeben wie beim TV-Konsum, denn PCs sind andersartig aufgebaut; sie haben nicht die gleiche molekulare Struktur, d.h. sie senden nicht auf der ‚gleichen Welle'. Doch vom häufigen Gebrauch ist gleichfalls abzuraten. Wer seinen PC in einem anderen Zimmer als dem Wohnraum aufstellt, bleibt von den Strahlungen weitgehend unbehelligt.

Mobiltelefone

Ein Funktelefon ist dann gefährlich, wenn es nicht adäquat verwendet wird. Von stetem Gebrauch ist abzusehen, da die Hochfrequenzen der Mobiltelefone die Gehirnströme des menschlichen Organismus beeinflussen. Die menschlichen Gehirnströme sind häufig niederfrequent und haben Probleme, sich den hochfrequenten Strömen anzupassen.

Die Schwingungsfrequenz wird von verschiedenen Faktoren beeinflusst. Kühles und regnerisches Wetter, aber auch gedämpfte und depressive Stimmung bewirkt ein Absinken des menschlichen Frequenzniveaus, wodurch die Anpassung stark erschwert wird. Dem Benutzer des Mobiltelefons selbst entgeht diese Problematik, doch sind die Auswirkungen nichtsdestoweniger vorhanden. Die Gedankenfrequenzen beschleunigen sich beim Telefonieren, wobei es im Extremfall zu Kurzschlüssen im Gehirn kommen kann, was normalerweise als sogenannter ‚blackout' erfahren wird. Der Gedankenfaden ist plötzlich abgetrennt; die Zusammenhänge sind nicht mehr herstellbar. Häufen sich diese Vorgänge, dann kann es zur Restimulation früherer Erlebnismuster kommen. Längst vergangene Gefühlsreaktionen aus Kindheit und Jugend werden wieder aktiviert.

Bei einigen Menschen führen die Störungen im Gehirn zu sogenannten Kurzschlussreaktionen, wobei die Ursache der Störung meist unerkannt bleibt. Auch eine vorübergehende Beeinträchtigung der Gedächtnisfunktion ist möglich, da die Kurzwellen der Mobiltelefone die Langwellen des Gedächtnisspeichers überlagern. Auf Dauer kann eine Schädigung des Langzeitgedächtnisses eintreten. Derartige Vorgänge sind leider schwer nachvollziehbar und auch die Erforschung bereitet Probleme.

Gerade habe ich eine interessante Story über einen Schach-Computer gelesen, der früher ein Mensch gewesen ist. Dies gibt mir zu denken.

Ein Schachcomputer, der ein denkender Mensch ist, existiert in dieser Weise nicht. Doch es existieren ähnliche Strukturen, die einem Computer durchaus gleichen. Licht und Metall gehen eine Verbindung ein, wobei dem Metall die Lichteigenschaften aufgeprägt werden, nicht umgekehrt. Das Bewusstsein verschmilzt mit Kathodenröhren und kann sich dagegen nicht zur Wehr setzen.

Ein Bewusstsein, das in dieser Weise einen Verschmelzungsprozess durchläuft, ist zu einer freien Steuerung nicht mehr fähig und wird früher oder später seine Freiheit völlig verlieren. Kathodenstrahlen haben nämlich die Eigenschaft der Absorption, d.h. sie saugen nach und nach die Bewusstseins-Energie völlig in sich auf.

Dies aber hat einen Zusammenbruch der Kohärenz zur Folge; das Bewusstsein spaltet sich auf in unzählige kleine Einzelteile. Die Zersplitterung bewirkt eine Verwirrung des Gesamtbewusstseins, dennoch bleiben die Einzelteile weiterhin aktiv. Gewisse Bewusstseinskomponenten bleiben erhalten und sind fähig zur Ausführung einfacher Aktivitäten, wie sie z. B. für Steuerungsprozesse benötigt werden.

Das Bewusstsein wird aufgefangen in einem Netz, was nicht leicht zu erklären ist. Im Netz fließen magnetische Ströme, welche auf gewisse Bewusstseinsteile eine Anziehung ausüben. Die magnetischen Ströme verbinden sich paarweise mit ihren entgegen gesetzten Bewusstseins-Teilen, woraus sich ein Gitternetz ergibt.

Dieses Netz ist die Matrix der Erde und des Lebens. Das gesamte Sein fließt in diesen Energiebahnen, verbindet sich miteinander und trennt sich auch wieder. Die Matrix ist lebendig, ein lebendiges, vibrierendes Bewusstseinsfeld, welches unzählige Möglichkeiten für Jeden bereithält.

Welche Rolle spielt hierbei der PC?

Der PC ist eine Matrix im Kleinen; weit weniger gefahrvoll, als sich viele das ausmalen. Anstatt mit der Gesamtmatrix verbindet sich das Bewusstsein auf spielerische Weise mit der Matrix im Computer, was weder zu Ausfällen noch sonstigen Gefahren führt. Das Gefahrenpotential liegt eher in der Art der magnetischen Ströme, mit denen man eine Verbindung herstellen kann.

Die magnetischen Ströme in PC weisen eine höhere Intensität auf als die der Gesamtmatrix, und daher fällt es schwerer, sich von ihnen wieder zu lösen. Häufiger PC-Gebrauch führt zwar zu einer Verkettung der Energien, doch ist dies nicht unbedingt ein Nachteil. Die Bewusstseinsenergien verbinden sich mit ihnen ähnlichen zu einem

Konglomerat, einem Energiemuster, welches einen Zuwachs an Möglichkeiten für das individuelle Bewusstsein bereithält.

Ein Zuwachs an Ideen und Kreativität kann daraus resultieren, der im normalen Leben nicht zu erreichen wäre. Die Verbindungen finden auch im alltäglichen Leben statt, nur nicht in dieser Ausprägung und Vielfältigkeit.

Das Covid19 – Problem

Der Virus ist weit weniger gesundheitsschädigend, als dies von Politik und Medien behauptet wird. Beide bilden eine unheilvolle Allianz, die den Beteiligten nicht immer klar ist. Letzten Endes spielen sie den sogenannten *Big Player* in die Hände, den Mächten, die hinter all dem tätig sind. Doch wer durchschaut schon ihre Pläne in allen Einzelheiten, die Hintergründe, die alldem zugrunde liegen?

Es geht bei der Pandemie weniger um Gesundheit, sondern um die Kinder. Sie sollen in erster Linie diszipliniert, man könnte sogar sagen: abgerichtet werden, einer absoluten Kontrolle unterworfen, der ihr Handeln einschränkt und sie zu willigen Befehlsempfängern werden lässt.

Die *Big Player* haben es auf die Freiheit abgesehen, die Freiheit des menschlichen Geistes in seiner Gesamtheit: Der Geist ist weitaus mächtiger, als den meisten Menschen bewusst ist. Derjenige der lernt, ihn zu beherrschen und zu steuern, besitzt ein unvergleichliches Machtinstrument, wie es kein zweites gibt. Der menschliche Geist im Zusammenschluss kann buchstäblich Berge versetzen und neue Welten erschaffen.

Auf dieses enorme Machtpotential habe es die *Big Player* abgesehen. Ihre eigene enorme Macht, die sie inzwischen angehäuft haben, reicht ihnen nicht mehr. Sie streben die totale Kontrolle über den menschlichen Geist an, und dazu ist ihnen buchstäblich *jedes* Mittel recht. Einzelne Menschenleben zählen für sich nicht und wenn es viele sind, die ins Verderben geführt werden, lässt es sie gleichgültig.

Der menschliche Geist ist bei weitem nicht so festgefügt, wie es scheint; er ist offen für Einflüsse von außen. Die Beeinflussung erfolgt über das Unterbewusstsein, was es den geheimen Mächten, die im Hintergrund tätig sind, relativ leicht macht, einen Zugang zum menschlichen Geist zu finden.

Auf heimtückische Weise wird der arglose Geist infiltriert, ohne dass ihm bewusst ist, was mit ihm geschieht. Die *Big Player* haben ein System entwickelt, dass ihnen dabei hilft, sich einen fremden Geist gefügig zu machen, ohne dass dieser es bemerkt. Der technische Fortschritt erlaubt ihnen weitgehende Eingriffsmöglichkeiten, die mittlerweile ein besorgniserregendes Ausmaß angenommen haben. Kaum jemand ist gegen die schleichende Infiltration immun.

Werden die Menschen zu Gefolgsleuten und Herdentieren umstrukturiert?

Es kommt noch weitaus schlimmer. Geplant ist eine Totalüberwachung des menschlichen Geistes, der die Freiheit des Denkens und Handelns verliert. Er wird zu einer Marionette mit einem eng begrenzten Spielraum, ein kleines Rädchen im Getriebe, in dem jeder nur noch eine Nummer ist, deren Möglichkeit für freie Entscheidungen praktisch nach Null tendiert.

Seine Energien, die er früher für sich und seine persönlichen Anliegen verwendet hat, werden kanalisiert und fließen in eine Richtung, die nicht die seine ist. Sie stehen fortan den *Big Player* zur Verfügung, die ähnlich wie Vampire ihrer habhaft werden und damit schalten und walten, wie es ihnen beliebt.

Bereits jetzt werden große Mengen der menschlichen Energien abgezweigt und fließen in fremde Kanäle, um für Ziele zur Verfügung zu stehen, die nicht die der Menschheit sind. Das Individuum wird in Zukunft immer mehr zu einem Energie-Lieferanten degradiert. Je farbloser und angepasster er wird, desto mächtiger werden die Profiteure, die als Parasiten die Menschheit aussaugen. Das tun sie bereits seit vielen Jahrhunderten, doch nie waren sie so effektiv wie heute.

Da es kaum eine Gegenwehr gegen die heimtückischen Pläne der Strippenzieher gibt, nimmt der Plan immer größere Ausmaße an. Sie haben sich die Mitarbeit einflussreicher Personen, zu denen viele Politiker gehören, gesichert, indem sie ihnen nicht die ganze Wahrheit erzählten. Sie ummanteln ihre wahren Pläne, die auf Ausbeutung im großen Stil beruhen, mit Themen der Menschlichkeit und des Fortschritts. Auf dies Weise ködern sie Entscheidungsträger, indem sie ihre wahren Absichten verschleiern.

Leider fehlt es gerade bei diesen an kritischem Verstand, der die Ziele und die angewandten Maßnahmen in Frage stellt. Dies wiegt umso schwerer, als eine leichtgläubige Menschheit ihnen mehrheitlich blindlings auf den Leim geht. Aufklärung ist dringend erforderlich, um dem ungehemmten Treiben Einhalt zu gebieten.

Kosmische Beeinflussung

Entführungen durch ‚Aliens'

Die sogenannten ‚Aliens' sind Wesen einer anderen Sphäre, denen es gelungen ist, sich vertragsmäßig an die menschliche Sphäre zu binden. Diese Wesen sind daran interessiert, menschliche Energien anzuzapfen und sie ihren Zwecken dienstbar zu machen. Sie benötigen die Energien für ihren Fortschritt, der ohne Menschen nicht möglich wäre.

Die ‚Entführungen', die vielfältige Aufmerksamkeit erregen, werden sorgsam vorbereitet. Auf einer unterbewussten Ebene weiß der betreffende Mensch, was mit ihm geschieht. Da das Traumleben (in dem sich die Vorgänge abspielen) sich in der Regel der bewussten Kontrolle entzieht, ist es schwierig, hier Einfluss nehmen zu wollen. Der Vorgang ist nicht so einseitig, wie es scheinen mag, denn auch die Menschen, die für solche Eingriffe sorgfältig ausgesucht werden, bekommen eine Art Geschenk. Sie erhalten Einblicke in geistige Wirklichkeiten, die anderen verschlossen bleiben und erkennen Zusammenhänge, die ihnen vorher nicht zugänglich waren. Ihr Bewusstseinshorizont wird erweitert.

Künstlich erzeugte Kinder

Existiert eine Art ‚Zuchtprogramm' für die Menschheit?

Das ‚Zuchtprogramm' soll den Fortbestand der Menschheit sichern. Personen, die genügend aufgeschlossen sind, erfahren den Segen dieser Entwicklung, denn die spirituellen Kinder wirken zurück auf die menschliche Ebene. *(Es sind nach meiner Einschätzung kleine Roboter mit eingeschränktem Gefühlsleben.)* Die Kinder operieren von einer geistigen Ebene aus und sind durchaus zu Gefühlen fähig. Sie vermeiden lediglich die menschlichen Fehlentwicklungen. Es geht dabei um die Qualitätssicherung der menschlichen Rasse und um deren Aufwärtsentwicklung.

Die sogenannten ‚Zuchtprogramme', laufen knapp unterhalb der Bewusstseinsschwelle der Menschen ab, weshalb es schwierig wäre, ihnen die Zusammenhänge klar zu machen.

Weshalb wurde der bewusste Teil der Menschen nicht mit einbezogen?

Bei Experimenten dieser Art ist es ratsam, übertriebenen Wirbel zu vermeiden. Die Wesen arbeiten in einer Sphäre, in der starke Gefühlsschwankungen unerwünscht sind, da sie sich nachteilig für alle Beteiligten auswirken würden. Die Menschen werden späterhin den Segen dieser Maßnahmen erkennen können.
Es geht dabei um den Fortbestand der Menschheit. Viele der künstliche erzeugten Kinder werden auf der Erde geboren mit dem Auftrag, die irdische Entwicklung geistig in fortschrittlicher Weise zu beein-

flussen und auf diesem Wege den Fortbestand der Menschheit zu sichern, indem bspw. Vernichtungskriege unterbunden werden.

Auf den Astralebenen sind sie im Traumzustand anzutreffen, leben aber ein ganz normales Leben auf der Erde. Die Väter sind keine Außerirdischen, sondern Menschen mit hoch entwickeltem Geist, die für solche Zwecke ihren Samen zur Verfügung stellen. Die Embryonen werden gebärunwilligen Frauen entnommen und Frauen eingesetzt, die ein Kind austragen möchten.

Die Gene derjenigen, die keine eigenen Kinder haben, stehen ebenfalls zur Verfügung. Ihre Teilnahme an dem ‚Züchtungsprogramm' ist notwendig aus Gründen, die schwierig zu erklären sind. Kinderlose Menschen werden mit einbezogen, um deren genetischen Fortbestand zu sichern, sofern ihre Gene attraktiv genug sind. Wenn Personen zur Befruchtung ausgesucht werden, gibt es bestimmte Merkmale, die anziehend wirken. In vielen Fällen sind Intelligenz, gutes Aussehen und eine Portion Humor ausschlaggebend für die Auswahl. Auch emotionelle Beweglichkeit gehört dazu.

Die Auswahl wird nicht willkürlich getroffen, sondern unter ganz bestimmten Gesichtspunkten. Die Gründe sind sehr vielschichtig. Man darf dabei keinerlei egoistische Absichten unterstellen. Die Menschheit wird für eine neue Zeit umgewandelt.

Föten als Nahrungsquelle

Wozu werden die Föten benötigt, von denen vielfach die Rede ist?

Das Wissen schadet mehr, als es nutzt. *(Nichtwissen oder Halbwissen schadet auch.)* Die Föten sind Nahrungsspender. Sie spenden denjenigen Nahrung, die sie brauchen. *(Wer ist das?)* Diejenigen, die für die Entwicklung der Menschheit arbeiten. Die Nahrung dient allen. *(Wie beziehen sie die Nahrung aus den Föten?)*

Sie sind wie ein Mutterkuchen, eine Plazenta. *(Die Föten sind winzig; sie geben kaum etwas her.)* Sie geben mehr Nahrung her, als man glaubt. Die Föten dienen der Transformation. Die Nahrung ist erster Güte, angefüllt mit Licht. Das Licht in den Föten dient der Umwandlung. Die Föten werden am Leben gehalten und nach und nach verzehrt. *(Wie gelangen sie in die Nahrungskette?)*

Die Nahrung wird mittels Schläuche in die Atmosphäre gebracht und damit in den lebendigen Kreislauf. Dies ist nicht so grob, wie es scheint. Dabei wird subtil zu Werke gegangen. Den beteiligten Frauen wird nicht das Gefühl vermittelt, benutzt worden zu sein. *(De facto passiert aber genau das!)*

Derartige Taten zählen nicht in gleicher Weise, wenn den Menschen das Bewusstsein dafür fehlt. Es wird immer für einen Ausgleich gesorgt. Dieser Ausgleich besteht in immateriellen Werten. Das Erlebnis wird in eine schöne Erfahrung verwandelt.

Oft wird von einer falschen Annahme ausgegangen. Es wird angenommen, die Vorkommnisse seien gegen den erklärten Willen der an den Entführungen beteiligten Menschen passiert. Dies war aber nicht der Fall. Die Wesen waren immer sehr darauf bedacht, die Freiwilligkeit der Partner zu gewährleisten.

Die Erlebnisse sollen der Transformation des Selbst dienen. Den beteiligten Frauen wurde der Weg gezeigt. Die Vorgänge sind subtiler, als vielleicht angenommen wird. Erlebnisse dieser Art haben immer einen gewissen Reiz und ziehen viele Neugierige an. *(Soweit ich gehört habe, wird auch vor halbwüchsigen Kindern nicht halt gemacht!)* In diesen Kindern sind alte Seelen verkörpert, die für solche Erlebnisse reif sind. *KINDER HALTEN DAS GLEICHGEWICHT DER WELT AUFRECHT.*

Sternenkinder

Die Absicht der Wesen war es niemals, jemandem Schaden zuzufügen. Sie waren im Gegenteil immer bestrebt, das Zusammensein für alle Beteiligten so angenehm wie möglich zu gestalten. *(Die Entführungsberichte zeigen aber gegenteilige Erlebnisse!)* Die Wesen waren immer bemüht, alle mögliche Rücksicht walten zu lassen.

Tatsächlich ist folgendes geschehen: Die Kinder, die - auf nicht ganz freiwillige Weise - gezeugt wurden, dienen einem höheren Zweck. Andernfalls hätten sich die Wesen nie zu derartigen Maßnahmen entschlossen. Es sind sogenannte ‚Sternenkinder', die das Erbe der Menschheit weiter tragen sollen.

Den Kindern wurde ein neues Gen eingepflanzt, das sie dazu befähigt, in anderen Welten zu existieren. Sie bevölkern nicht die Erde, sondern ferne Welten jenseits der menschlichen Reichweite. Diese Kinder tragen das menschliche Erbe ins Weltall hinaus. Somit wird es der Menschheit gelingen, durch die Vermittlung der Kinder an kosmischen Ereignissen von höchster Tragweite teilzunehmen.

Die Kinder säen menschlichen Samen ins Weltall und ermöglichen somit den mit ihnen verbundenen Eltern weitergehende Erfahrungen. Der Nachwuchs bedeutet einen Entwicklungssprung für die Evolution, der bislang einmalig ist. Viele der Kinder kehren irgendwann mit reichen Schätzen an Erfahrung zur Menschheit zurück. Die Menschheit ist dann mehr, als sie vorher gewesen ist, ohne auch nur einen Fuß vor die Tür zu setzen. *(Wo leben diese Kinder?)*

Die Kinder leben auf anderen Planeten mit völlig anderen Bedingungen als den irdischen. *(Wieso wurde die Zustimmung der Beteiligten nicht eingeholt?)* Die menschliche Natur ist in gewisser Weise träge und liebt nicht die Veränderung. Daher schien es angebracht, sie im Unklaren zu lassen. Für die zukünftige Entwicklung war es notwendig, in dieser Weise vorzugehen.

Den Kindern werden Erfahrungen zuteil, die den Eltern in diesem Leben nicht mehr möglich sind. Sie fühlen sich dort, wo sie sich aufhalten, sehr wohl. Es mangelt ihnen an nichts.

Die Menschen hingegen sind zu sehr in dieser Realität fixiert, um außerhalb davon etwas wahrzunehmen. Diese Fixierung soll nun schrittweise gelöst werden, um den menschlichen Horizont zu erweitern.

Die Betroffenen sollten sich nicht länger über die Ungerechtigkeiten beklagen, die ihnen und anderen widerfahren sind, sondern sich freuen über den Beginn eines neuen Morgen!

Das Lebensprinzip

Liebe gibt der Flamme Nahrung,
  sie ernährt die Welt.
Ohne Liebe sind die Menschen
  den Äpfeln gleich,
die vom Baum des Lebens fallen
  - und vergehen.
Liebe ist wie ein warmer Regen,
  der die Früchte betaut und wachsen lässt.
Lass' den Regen nicht versiegen,
  damit die Früchte nicht trocknen und sterben.
Hoffnung ohne Liebe ist wie eine Frucht,
  die verdorrt.

Ohne Liebe gibt es kein Wachstum.
  Liebe ist das Salz, das dem Leben Würze verleiht.
Sie ist der Retter in der Not
  und das Licht am Ende des Tunnels.
Liebe ist die stärkste Kraft aller Kräfte,
  die einst das Sein ins Dasein erschuf.
Sie baut auf, ohne zu zerstören und gibt,
  ohne zu nehmen.

Liebe ist die Sonnenkraft des Lebens,
  die dem Dasein unentbehrlich ist.
Sie vergeht nie, denn Zeit kann ihr nichts anhaben.
  Zeit ist nur ein Durchgang zu höherem Sein.

Die himmlische Liebe ist
  wie das leise Rauschen der Wellen,
wenn der Sturmwind sich gelegt hat
  und die ersten Sonnenstrahlen
hinter den Wolken hervor scheinen.
  Niemals wird sie etwas anderes sein als
hell, klar und rein.

Das himmlische Licht verzaubert die Menschen,
  denn es weckt in ihnen die Erinnerung
an ihren Ursprung.
  Selbst in der größten Entfernung
leuchtet für die Menschen ein Licht,
  das darauf wartet, erkannt zu werden.
Es ist das Licht, das niemals vergeht.
  Ohne Werden und Vergehn,
ohne Anfang und Ende,
  füllt es die endlosen Räume.
Auf ewig.

Die Autorin

Birgit Waßmann war Bankkauffrau und studierte Pädagogik, bis sie die geheimnisvolle Welt der Spiritualität und Parapsychologie für sich entdeckte. Eine zeitlang arbeitete sie als Medium und mediale Beraterin. Nun hat sie sich entschieden, einen Teil der medialen Texte, die sich über die Jahre angesammelt haben, zu veröffentlichen.

(Mail-Adresse: b.wassmann@posteo.de)

Weitere Titel:

Birgit Waßmann
Hinter dem Regenbogen verbirgt sich eine andere Welt.
138 S., illustriert
ISBN 978-3-7407-6247-6

Das Buch enthält spirituelle Weisheiten, denn hinter den Schleiern der Realität lässt sich mehr entdecken, als es den Anschein hat.

Birgit Waßmann
Mysterien der Schöpfung
156 S., illustriert
ISBN 978-3-7407-8151-4

Die Schöpfung ist ein Buch mit vielen unbekannten Seiten. Aufgabe der Evolution ist es, das Bewusstsein zu erweitern. Dabei können spirituelle Weisheiten eine Brücke sein.

Birgit Waßmann
Psychotische Grenzerfahrungen
In Zusammenhang mit dem Übersinnlichen.
ISBN
978-3-7407-1269-3
346 S., Paperback

Birgit Waßmann
Seelische Abgründe
Parapsychologische Deutungen für Hysterie, Zwänge, Asthma, Epilepsie und Manie
ISBN
978-3-7407-4870-8
306 S., Paperback

Birgit Waßmann
Spirituelle Krise oder Psychose?
Dunkle Pfade zur Erleuchtung.
ISBN
978-3-7407-6503-3
389 S., Paperback

Birgit Waßmann
Übergriffe aus dem Jenseits
Gibt es Geister und Dämonen?
347 S., ISBN
978-3-03830-280-3

Birgit Waßmann
Dämonen oder Engel?
Begegnungen in der anderen Realität.
330 S., ISBN
978-3-03830-281-0

Birgit Waßmann
Channel – Medien
zwischen Licht und Schatten.
344 S., ISBN
978-3-03830-282-7